《新华新媒体研究系列丛书》编委会

执行主编：房　方　唐润华

新华新媒体
研究系列丛书

MEITI DE YANJIN QUSHI YU

媒体的演进趋势
与战略转型

钟沈军◎著

人民出版社

责任编辑：陈鹏鸣　周　澜　徐　芳
封面设计：北京市仁爱教育研究所

图书在版编目（CIP）数据

媒体的演进趋势与战略转型／钟沈军著．－北京：
人民出版社，2012.7
（新华新媒体研究系列丛书／李从军主编）
ISBN 978－7－01－011033－2

Ⅰ．①媒…　Ⅱ．①钟…　Ⅲ．①传播媒介－研究　Ⅳ．
①G206.2

中国版本图书馆 CIP 数据核字（2012）第 152351 号

媒体的演进趋势与战略转型
MEITI DE YANJING QUSHI YU ZHANLUE ZHUANXING

钟沈军　著

人 民 出 版 社　出版发行
（100706　北京朝阳门内大街 166 号）
北京中科印刷有限公司印刷　新华书店经销
2012 年 7 月第 1 版　2012 年 7 月北京第 1 次印刷
开本：787 毫米×1092 毫米　1/16　印张：11.5
字数：210 千字

ISBN 978－7－01－011033－2　定价：27.00 元

邮购地址　100706　北京朝阳门内大街 166 号
人民东方图书销售中心　电话（010）65250042　65289539

认识和把握新媒体发展带来的挑战与机遇
（总序）

李从军

进入二十一世纪以来，在以数字技术、网络技术为核心的信息传播技术的推动下，新媒体发展日新月异，媒介融合愈演愈烈，正在引发新闻信息生产和传播方式的重大演变，导致各国乃至世界范围内传媒格局的重大变革，并且对全球政治、经济和社会发展产生重大影响。

新媒体的迅猛发展打破了传媒机构对新闻信息传播的垄断，使得传播的主体更加多元。由于手机等信息网络移动终端以及各种社会化媒体的功能越来越先进，操作越来越简易便捷，不但极大地提升了信息传播的速度和广度，丰富了信息传播内容，而且对传统媒体机构的信息传播带来了挑战，也使社会舆论变得更加多元，增加了舆论传播的复杂性。

新媒体的发展及其带来的变化无疑将对传统媒体带来全方位的冲击。首先，传统媒体的主体市场地位受到影响。由于新媒体的崛起及其具有的独特优势，越来越多的受众从传统媒体流向新媒体。在一些发达国家，传统媒体已经呈现日益衰落迹象。其次，传统媒体的新闻信息生产方式受到影响。受众接收新闻信息行为习惯的改变，对传统媒体提供的新闻信息提出了全新的要求，原有的新闻信息内容结构、呈现方式和传播手段已经不能满足受众需求。新闻信息的采集、加工、发布方式必须加以改革才能适应形势发展。

面对这样的变化，传统媒体像过去那样依靠单一产品（业务）、单一市场、单一商业模式显然已经不能适应新的竞争环境，但要改变传统的经营方式却又面临观念、体制机制和人才资源等因素的制约，因此，求生存、谋发展面临空前的压力。但同时，对传统媒体来说，新媒体的发展也意味着新的机遇和可能，它为传统媒体改善现有业务、开发新兴业务、扩大受众范围、拓展市场空间等提供了新的手段、平台和途径。

在这样的大背景下，全球传媒业生存环境和竞争格局正在发生前所未有的深刻变化。随着世界多极化、经济全球化深入发展，特别是受国际金融危机的冲击，许多发达国家媒体发展速度放慢甚至出现运营危机，一些全球性媒体机构收缩调整业务，多家著名报刊被出售或停刊，不同国家、不同地区、不同形态的媒体之间整合重组愈发剧烈，世界范围内媒体机构实力此消彼长。世界各地媒体机构特别是国际一流传媒集团都在想方设法积极应对国际传媒格局调整，在组织架构、技术支撑、产品形态、传播载体、网络布局、品牌建设、市场推广等方面加大改革创新力度，力图进一步壮大实力，拓展业务和市场空间。传统媒体与新兴媒体在相互竞争的同时加快相互融合、逐步实现多元化共同发展，传媒业与其他行业的交流合作与渗透融合不断深化，跨媒介、跨产业融合的全球传播新格局正在逐步形成。

媒体机构要想在新的竞争环境和传媒格局中生存和发展，就必须积极应对和准确把握新媒体发展带来的挑战和机遇，顺应信息传播技术的新发展，顺应当代新闻信息传播的新变化，顺应媒介融合的新趋势，顺应公众和传媒市场的新需求，充分运用世界最先进的传播技术和手段，改造传统媒体业务，建设新的业态，抢占新兴媒体市场，拓宽传播渠道，提升产品和服务质量，增强权威性和公信力，创新传播载体手段和方式，不断提高传播能力和市场影响力，实现事业科学发展。

正是基于这样的认识，为了更好地适应数字化时代新闻信息传播发展趋势，不断提升新闻传播力、舆论引导力、市场竞争力和国际影响力，新华社近几年来实施了以"三个拓展"为重点的战略转型：

一是由传统新闻产品生产为主向现代多媒体新闻信息业态拓展。信息技术的迅猛发展，使多媒体新闻信息传播成为可能并逐渐形成强势，多元化的传播渠道对新闻信息产品提出了新的更高要求。如今，多媒体经营、不同媒体形态相互融合与拓展，已经成为世界媒体发展的大趋势，国际知名媒体机构一般都拥有报纸、广播、电视、网络等现代多媒体传播业态。要在激烈的新闻竞争中胜出，就必须转变传统的新闻信息产品生产观念，调整生产和传播模式，将多媒体运行理念和操作模式运用到新闻信息产品生产的全过程，积极运用新技术，创新内容、形式、方法和手段，加快建立多媒体新闻信息业态。

二是由面向媒体为主向直接面向终端受众拓展。在资讯高度发达、传播方式日趋多样化的今天，通讯社单一的向媒体供稿方式越来越不适应形势和现实的要求，迫切需要产品更多地直接面向终端受众。拓展直接面向终端受众的传播渠道和传播载体，是提高核心竞争力的必由之路。因此，要进一步创新思路，通过多种有效载体和传播途径，使报道、产品和业务尽可能更多地直接面向受众，直接服务受众，直接影响受众。

三是由立足国内为主向有重点地更大范围参与国际竞争拓展。长期以来，国际舆论竞争中"西强我弱"的总体态势没有得到根本转变，西方几大主要媒体几乎垄断了世界的新闻信息发布，他们从自身意识形态和价值观出发，制订标准，设立规则，控制国际舆论，影响世界受众。打破西方媒体垄断格局和话语霸权，努力构建国际舆论新秩序，已经成为一项十分紧迫的重大现实任务和战略课题。作为国家通讯社，新华社必须以更加积极主动的姿态，在更大范围参与竞争，努力抢夺在国际舆论体系中的话语权，不断增强国际影响力。

实施战略转型的目的是将新华社建设成为世界性现代国家通讯社和国际一流的现代全媒体机构。80年来，新华社不断拓展媒体业态，从过去以传统通讯社业务为主，发展到目前融通讯社业务、报刊业务、网络业务、新媒体业务、电视业务、金融信息业务和多媒体数据库业务为一体的全媒体业务形态，为提升传播力和影响力、更加有效地参与全球媒体竞争奠定了坚实基础。

一家媒体是否算得上真正的全媒体机构，可以从内容形态、媒介形态、产业形态和组织形态四个方面去考察。内容形态是指拥有全球性文字、图片、音视频、网络、新媒体、财经资讯等多媒体内容采编播发能力；媒介形态是指拥有以信息网络数字先进技术为支撑的、面向国际国内各类受众的现代新闻信息传播媒介、载体的终端；产业形态是指拥有通过资本化、公司化、市场化运作，广泛覆盖国际国内市场的各类新闻信息产品，并形成较为完善的产业链，以及若干支撑事业发展的支柱性产业和产业园区；组织形态是指拥有若干个媒体集群及公司的集团化组织架构、跨国跨地区的国际化机构、与现代传媒生产相适应的集约化管理体系。这四种形态构成有机统一体，缺一不可。要建设国际一流的现代全媒体机构，就必须始终不懈地在创新、完善、发展这四种形态上下功夫。

在传媒格局发生巨变的形势下，建设国际一流全媒体机构不但是一项重要而迫切的任务，也是一项极其艰巨和复杂的工程。在这个过程中，将面临很多从未遇到过的新情况、新问题，仅凭以往的知识积累和工作经验，将无法适应发展的新需要，无法解决实践的新问题。因此，必须结合形势发展和工作实际，自觉学习战略转型所需的各方面知识和技能，加快知识更新，优化知识结构，通过培养世界眼光，增强战略思维，提高综合素质，把握新趋势、破解新难题、实现新发展。

这正是我们编辑出版《新华新媒体研究系列丛书》的动因和初衷。希望这套丛书有助于大家对新媒体的理论与实践有更系统、更深入的了解，有助于传媒业界和学界人士开阔视野、拓宽思路，有助于我国传媒业的发展和研究。

作为编委会主任，我对这套丛书的诸位作者以及所有为丛书出版付出心血和辛劳的人致以衷心的谢意。

（作者系新华通讯社社长）

目　　录

第一章　引言

从农业文明到工业文明再到信息文明，第三次浪潮已经席卷全球，现在信息革命又从计算机、互联网，演进到信息内容本身。

美国麻省理工学院教授尼古拉斯·尼葛洛庞帝1995年在其出版的《数字化生存》中提出，如果说物质时代世界的基本粒子是"原子"的话，那么构成信息时代新世界的基本粒子就是"比特"（bit，binary digit之缩写）。"比特，作为信息的DNA正迅速取代原子而成为人类社会的基本要素"，"比特没有颜色、尺寸或重量，能以光速传播。它就好比人体内的DNA一样，是信息的最小单位。信息高速公路的含义就是以光速在全球传输没有重量的比特"等等。在《数字化生存》中，尼葛洛庞帝将数字化提高到了前所未有的地步。他认为"从原子到比特的飞跃已是势不可当、无法逆转"，"计算不再和计算机有关，它将决定我们的生存"。[①]

在数字革命深刻变革的背景下，整个世界都在进入一个数字化生存的时代。在以比特为DNA的数字时代，媒体同样正在演绎一场空前的大变局。以网络为代表的新媒体群体性崛起，传统媒体纷纷战略转型；手机作为第五媒体已经初露端倪，并迅速开启移动互联的新时代。此外，在基于共同的网络平台基础上，媒介进入大融合时代。与此同时，信息需求的多样化，传受一体化，终端个性化，导致媒介最终将出现个性化的新的趋势。可以说，传播技术与媒介形态的演进带来整个传播生态环境的剧变，而且将进一步带来传媒业内容采集、生产加工、系统营销乃至生存方式的深刻变革。

第一节　数字时代及其媒介特质分析

一、数字、数字化与数字时代

数字是相对于模拟而言的。模拟指相似物或类似物，有"连续的数值"的含意。数字则具有"数值"、"离散值"等含意，例如：0，1，……模拟传输是把信息作为"连续值"处理，数字传输是把信息作为"数值"处理。

---

① 尼古拉斯·尼葛洛庞帝：《数字化生存》第5—9页，海南出版社，1997年

信息的"模拟"处理向"数字"处理转化，即所谓的数字化。数字化是指信息领域的数字技术向人类生活各个领域全面推进的过程，包括通信领域、大众传播领域内的传播技术手段向数字制式全面替代传统模拟制式的转变过程。[①]

数字化是电子计算机的基础，计算机的一切运算和功能都是用数字来完成的。20 世纪 40 年代香农证明了采样定理（即在一定条件下，用离散的序列可以完全代表一个连续函数），为数字技术奠定了重要基础。根据采样定理，数字、文字、图像、语音等，都可以用 0 和 1 来表示。这种 0 或 1 的二进制起初用于通讯和信息网络的数据处理，就是将许多复杂多变的信息转变为可以度量的数字、数据，再以这些数字、数据建立起适当的数字化模型，把它们转变为一系列二进制代码（比特），引入计算机内部，进行统一处理。二进制记数方法代替传统的十进制方法，即信息"模拟"处理向"数字"处理转化。

数字化是多媒体技术的基础，0 和 1 的比特组合可以表示各种多媒体的形象。从电子计算机的角度来看，文字、图像、音频等只不过是大小不一、结构不同、输入输出条件不等的数字化文件而已。文字、图形、影像、音频和动画都可以在数字信息中融合为一体，可以大批量生产、复制和储存，并能够实现网络化的高速交互式传送。

数字时代作为一个渐进的概念，是指人类社会进入到一个以压缩、存储、传输等为代表的数字技术为主要时代特征标志的时代。在数字时代，数字技术无所不在、无时不在，最富有活力与创新，影响并改变着整个时代。譬如数字技术首先将图书、通讯社、报刊、广播、电视和目前的传统互联网和无线互联网等媒体将在先进的信息技术基础上融合为声像图文并茂的多媒体信息平台，其次现代化的数字媒体又与电子商务、电子政务、电子公务、电子医务、电子教务以及其他社会功能融合为人类赖以生存的"数字社会"，成为一种与传统人类文明互补的人类文明新形态。[②]

二、数字时代媒介特质分析

（一）传媒最本质变化是数字化

---

① 闵大洪：《数字传媒概要》第 1 页，复旦大学出版社，2003 年
② 姜岩：《网络媒体已经成年》，第六届亚太科技传播论坛论文集，2008 年 11 月

数字技术是数字时代最基本的技术支撑，其深层机理在于"协议"，因为有了"协议"这样的概念，全球的一台台计算机才能够互相联结成网络，才能相互打通融合，才能够平等对话与互动。数字时代媒介表现为数字化、信息化、网络化、互动化与融合化。数字技术推动了范围广泛的产品革命，从家用电器到办公设备，从通信网络到传统媒体，整个社会都在向数字化方向发展，进一步带动了社会信息化进步。

在数字时代，数字技术成为当代各类传媒的核心技术和普遍技术，它始终贯穿于数字时代。数字化就是具有数字技术记录、储存、呈现和传播的特点，同时具有海量与易检性的特点。中国数字媒体研究学者闵大洪认为，数字化最本质的特征是开放、兼容、共享，传媒最本质的变化就是数字化。[①]

（二）网络化是数字媒介的基本表现形式

正如美国学者曼纽尔·卡斯特尔在《网络社会的崛起》一书中指出：作为一种历史趋势，信息时代的主要功能和方法均是围绕网络构成的，网络构成了我们社会新的社会形态，是支配和改变我们社会的源泉。[②] 因此，从某种意义上来说，数字社会可以理解为网络社会，网络是信息时代最具革命性的技术媒介，网络化是数字媒介的基本表现形式。

从上个世纪 60 年代美国开始建立的阿帕网到现在的互联网，人们生活中存在各种网络，比如有移动通信网、有线电视网、固定电话网、卫星通信网、园区局域网、楼宇智能网等等，信息经过数字化以后在网络中传播。网络媒介具有即时性、互联性、非地域性（全球性）与海量信息的特点，其本质特征体现为超强的信息处理功能，可以便捷地实现信息的存储、共享与检索。信息的超链接、多媒体等特点亦都是建立在超强的信息处理功能的基础上。根据网络发展的梅特卡夫法则：电脑网络的价值与联结到网上电脑数量的平方成正比。网络之间的相互联通，使得网络的价值呈指数级递增。

在数字时代，网络成为信息社会的重要传播渠道，而且随着网络带宽不断增加，各种网络也在不断融合，欧盟于 1997 年发布《迈向信息社会之路》，认为网络融合不仅是不同技术的融合，而且是不同业务（包括电信、电视、广播和图像及交互型多媒体业务）的融合，这种融合可以让用户通过地面广播网、卫星网、电缆网和宽带电话网享用各种宽带数字业务。

（三）融合与互动成为数字媒介的重要特征

---

① 闵大洪：《数字传媒概要》第 3 页，复旦大学出版社，2003 年
② 曼纽尔·卡斯特：《网络社会的崛起》第 434 页，社会科学文献出版社，2000 年

融合与互动正在构成当前媒介生态环境演变的重要动力，并构成数字媒介的重要特征。

为什么说互动与融合是数字时代媒介的重要特征呢？我们有必要回顾一下人类现代文明的传播史。作为第一生产力的科学技术，是现代新闻事业发展的历史性杠杆。在400多年的现代新闻史上，由于技术的创新，曾经发生过五次信息传播大革命，每一次革命都给人类的政治、经济、文化和社会生活带来不可估量的影响，推动着人类的文明不断向更高层次迈进。

第一次媒体革命发生在15到16世纪，当时德国人古登堡发明的机器印刷技术得到推广，促使"新闻纸"问世，从而奠定了现代报刊业的基础。第二次媒体革命发生在19世纪上半叶，以电报的发明应用为标志的技术革新催生了新闻通讯社，进一步促进了报纸媒体的发展壮大。第三次媒体革命发生在本世纪二三十年代到五十年代，电力和电子技术革命导致了广播、电视新闻媒体的诞生、扩展和空前繁荣，使其成为影响人数众多、涉及面很广、感染力很强的大众传播工具。第四次媒体革命发生在上世纪90年代中期，以数字化、网络化为特征，诞生了网络媒体，这种被称为继报纸、广播、电视之后的"第四媒体"的出现，给媒体传播带来了具有里程碑意义的大革命。

人类现在正在进入第五次媒体革命。当前传播的网络化、无线化加快更新换代，而且两者之间相互结合、相互促进，从而开始形成以数字化无线宽带网络为基础，以无线移动通信工具为载体，以开放式、自主式、互动式交流和服务为特征，以多媒体即时传播为特点的第五次新闻媒体大革命。第五次媒体革命实际上是网络媒体的进一步发展与移动通信技术的升级换代共同造就的，在第一阶段，从互联网1.0（Web0.1）到互联网2.0（Web2.0）；第二阶段，新一代移动通信从G1＼G2到G3＼G4手机通讯；第三阶段，互联网2.0＋G3＼G4通讯终端相结合，形成了新一代可移动的网络传播，即互联网3.0阶段，第五次媒体革命产生了第五媒体，即真正的移动多媒体。我们正在进入移动多媒体时代。如下图所示：

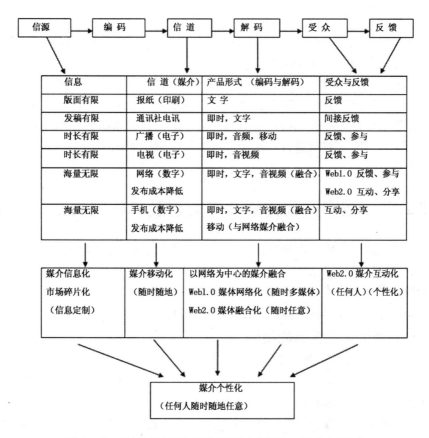

图 1-1 宏观发展显示数字媒介特征：融合与互动

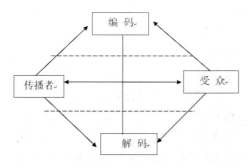

图 1-2 微观传播活动的融合与互动

从以上分析可以看出，数字时代的媒介主要是指包括以网络为代表的第四媒介和以手机为代表的移动媒介。在数字时代，媒介首先表现为网络媒介，其信息采集与发布全球化，信息向海量信息发展，信息采集可以即时发布。其次，各种信息产品在网络平台进行融合，形成多媒体融合产品。其三，网络使传播本位由传播者向受传者转移，受传者与传播者趋于平等，传受互动化。手机等移动数字媒介出现以后，新增了一项便携与移动的功能。其四，手机媒体在向下兼容的同时，与印刷媒介、电子媒介、网络媒介进行融合，其个性化的互动特征得以强化。

综上所述，在数字时代，随着时间的推移和技术的成熟，媒介的特质与表征在第一阶段更多地表现为网络化的表现形式，在第二阶段将更多地表现为基于网络平台的传受互动化、以网络为中心的媒介大融合。网络表现形式以及基于网络的互动与融合，这是数字时代区别于印刷时代、电子时代的重要标志。

第二节　数字时代传媒战略转型及其研究的三个维度

数字比特的本质特点是即时、海量、融合与互动，这些特点的发掘与应用是数字时代人的信息需求得以满足的技术基础。比特相对于原子、融合相对于细分、互动传播相对于以前的单向传播，都是方向性的大的变革，这些变革是传媒战略转型的前提，并且将继续引领技术改革与媒介演进的方向。

一、数字时代传媒战略转型

（一）战略转型的概念界定

战略一词最早是军事方面的概念。在现代被引申至政治和经济领域，其涵义演变为泛指统领性的、全局性的、左右胜败的谋略、方案和对策，其本质特征体现为四个方面：整体性、长期性、基本性，计谋性。在战略体系中，有侧重于某一方面的技术开发战略、市场营销战略、信息化战略、人才战略等，有事关全局的竞争战略、发展战略。

所谓战略转型，即事物的整体发展战略、发展方向出现重大调整，在运行模式方面出现重大转变。战略转型不是战略的局部调整，而是各个战略层次上的方向性改变。战略转型不仅仅是为了短期量的增长，而是寻求发展道路上的质的飞跃。因此，战略转型首先需要以事物自身发展为基础，在对事物未来发展的环境分析和预测的基础上，对事物的战略目标进行修正与革新，并通过知识创新、技术创新、管理创新、市场创新等各种手段使其资源配置服从和服务于其整体战略转型目标，使其战略各要素在创新中获得竞争优势，确保战略转型目标的实现。

数字时代传媒战略转型即在数字时代，面对数字化、网络化、融合化、互动化的机遇与挑战，传播由传者本位向受众本位方向变化，从而使其发展方向和运行模式乃至战略目标面临重大调整，并围绕战略目标调整，传统媒体对各战略要素进行了一系列创新和变革。在此，特别需要指出的是，本文所指的媒体如没有特别交代，即指通讯社、报刊、广播、电视等传统媒体。

迈克尔·波特的"竞争战略"在世界影响很大，很多人认为战略就是竞争战略，实际上却并非如此。竞争战略着眼于怎样竞争，是对竞争中整体性、长期性、基本性问题的谋略，发展战略着眼于怎样发展，是对发展中整体性、长期性、基本性问题的谋略。企业不仅需要竞争战略，也需要发展战略，就像军队一样，竞争战略着眼于怎样打胜仗，而发展战略着眼于怎样为打胜仗创造条件。竞争战略侧重于搞市场及竞争关系等分析，其主要要素是竞争内容、竞争对手、竞争策略、竞争手段等，而发展战略侧重于搞发展基础、发展矛盾、发展条件及发展机遇等分析，其主要要素是发展方向、发展步骤、发展重点、发展措施等。需要明确的是，本文研究的战略转型是发展战略转型，不是竞争战略转型。

（二）数字时代传媒战略转型

生产力的发展必然要求生产关系、上层建筑与之相适应。在数字时代，信息技术变革引发了全球范围内波澜壮阔、此起彼伏的战略转型。1993 年 9 月，美国克林顿政府正式推出了兴建"信息高速公路"的计划，建立连接全国的高速信息网。1995 年 2 月，在美国主持下，《全球信息基础结构：合作日程》形成，该文件指出，信息是形成世界经济体系的至关重要的力量，信息产生的速度、信息的获取和信息的无数用途将会使各国经济发生更具有根本意义的变化。在美国之后，欧洲与日本都先后推出了本地区的信息高速公路计划。由此，大力推动信息化建设，推动社会转型逐渐扩展到全世界。法国汤姆逊集团通过出售旗下家电业务，一步步将自己由一个传统的电视机生产厂商塑造成一个"媒体和娱乐行业的合作伙伴"。IBM 在 20 世纪 90 年代开始从硬件向软件和服务转型，20 世纪末由 PC 制造商向 IT 信息服务提供商转型。

在数字时代，传播生态环境剧变。互联网的出现彻底改变了社会信息传播系统，凭借开放兼容的多媒体网络平台，搜索引擎、门户网站等网络媒体成为社会主流媒体，对大众传媒进行融合与整合，实现了内容生产的社会化与专业化，对传统媒体形成了空前挑战。另一方面，传统媒体借助网络渠道以多媒体形式直达消费终端，基于网络平台进行战略转型，突显内容为王的优势。

在这样大变革的时刻，显然战略方向远比具体操作要重要的多。这是本文的重要背景和思考的出发点。

二、数字时代传媒战略转型研究的三个维度

媒介运行这种深刻的变革是信息技术、政治经济等社会影响及媒介环境三个方面合力的结果，因此考察世界性传媒战略转型的运行规律与趋势亦应从这三个维度进行整体把握。

（一）信息技术影响

综合考察目前传播科技与媒介形态创新现状与趋势，具体有以下十大发展动向，即网络宽带化、传输流媒体化、数字无线化、电视数字化、多网合一化、网址无限化、检索智能化、终端便携化、传受互动化、信息聚合化。在上述技术发展与媒介创新动向的交叉作用之下，新闻信息传播体现了以下五大发展趋势，即以视频为引领的多媒体网络化、以融合为中心的多媒体系统化、以交互为特征的多媒体传授一体化、以定制为特点的多媒体聚合化、以移动为标志的多媒体无线化。在数字时代，海量信息、即时传播、融合与互动，是数字媒体区分于其他媒体的重要标志。对于传媒而言，已经深刻体验到数字海量信息即时传播的冲击，媒介融合影响已经显现，而如何跟上媒介互动的步伐才刚刚切题。另外，无线移动通信、虚拟现实技术、传感网络技术、生物媒介技术等可能会在不久的将来对媒介传播生态环境产生重大影响。在新一轮技术创新的共同机遇与挑战面前，后发者往往面临后来居上的时代机遇。

（二）社会综合影响

政治经济的发展带来整个游戏规则的改变，特别体现在社会由工业时代的标准化大生产开始逐渐进入到满足个性化需求的新时代。在经济营销领域，经营理念亦发生重大变化。即由短缺转向过剩，由卖方市场转向买方市场，进一步确立消费者中心格局，营销理念发生由以满足市场需求为目标的4P 理论①向以追求顾客满意为目标的4C 理论②、以建立顾客忠诚为目标的4R 理论③转变的变革，营销方式进一步由提供产品向提供服务甚至是提供体验服务转变。企业营销方式向精确营销转型。另外，全球经济政治格局与国家实力变化也将影响世界传媒发展格局。综合考察对传媒产生社会影响的诸多变迁因素，如全球经济一体化、世界政治多极化、世界文化多元化。在后冷战时代，街头政治一度席卷前苏联地区，国家竞争软实力较量更加突出、更加显著。另外，华尔街金融风暴席卷全球以后，国际政治经济新秩序、金融新秩序有待建立。在21 世纪，中国作为一个发展中大国和平发展与加速融入世界政治经济体系对于世界传媒领域同样产生重大影响。在政治方面，中国开始在世界政治舞台扮演更积极的角色；在经济方面，中国加入WTO，全面融入

---

① 美国营销学者麦卡锡教授在20 世纪的60 年代提出了著名的4P 营销组合策略，4P 即产品（Product）、价格（Price）、渠道（Place）和促销（Promotion）

② 4C 理论是由美国营销专家劳特朋教授在1990 年提出的，它以消费者需求为导向，重新设定了市场营销组合的四个基本要素，即消费者（Consumer）、成本（Cost）、便利（Convenience）和沟通（Communication）

③ 4R 即关联（Relativity）、反应（Reaction）、关系（Relation）和回报（Retribution），21 世纪伊始，《4R 营销》的作者艾略特·艾登伯格提出4R 营销理论。4R 理论以关系营销为核心，重在建立顾客忠诚

世界经济一体化；在价值观建构方面，中国实践科学发展观，努力建设和谐社会，开始逐渐占领新闻信息价值传播的制高点。

（三）媒介环境影响

传播对人类社会的全面渗透成为 20 世纪最大的变化之一，全球化传播日益成为时代的焦点。电视已经使得人们对媒介的依赖性大为增强。现在由于互联网与手机的出现，使媒介对我们的影响程度大大加深，改变了我们对世界的认知途径和体验方式，改变了我们的思维方式。在比特时代，媒体数字化带来传媒大变局，新媒体群体性崛起，传统媒体纷纷战略转型，在基于共同的网络平台基础上，媒介进入大融合时代。与此同时，信息需求的多样化、传受一体化、终端个性化，导致媒介最终将出现个性化的新的趋势。此外，手机媒体作为第五媒体已初露端倪，移动多媒体通信正在成为未来新媒体的最主要特征，并有可能使今后整个媒体传播生态和信息产业重心发生历史性的大转移，即由以计算机为中心转移到以可便携的多媒体为中心。在世界新闻信息市场，全球经济一体化发展趋势造成的全球资源包括信息资源重新进行分配，美联社、路透社、彭博社、新闻集团等西方传媒全球化进程加快。目前来看，70% 以上信息由西方三大世界性通讯社提供，西强我弱格局没有根本改变。网络全球化，带来世界信息市场竞争更趋激烈，尤其在竞争最为激烈的国际新闻信息市场，围绕建立国际信息新秩序和维护信息安全的较量，在世界性传媒之间将展开激烈角逐。随着市场环境与国际接轨及跨国公司对中国市场新一轮进入，西方传媒对中国市场渗透不断加强。另一方面，在网络全球化、经济一体化与中国加速融入全球体系的进程中，中国传媒开放加快，很多媒体提出国际化战略。

第二章　数字时代信息技术发展动向与趋势

当今世界，全球信息传播趋于全球化、多媒体化，各种思想、意识、文化相互激荡，政治制度、价值观念、意识形态、文化取向、生活方式在相互交流中亦演绎着不断的碰撞与融合，其影响不仅取决于传播的内容是否具有高度与吸引力，而且取决于是否具有先进的传播手段和强大的传播能力。

信息技术是第一传播力。信息技术变革使信息传播更及时、更快捷、成本更低，是当前传媒传播生态环境剧变的技术基础，其发展趋势亦将决定传媒战略转型的未来空间走向。全面梳理当前信息技术的发展动向与趋势，深刻理解数字媒介的特质，意在从源头上把握传媒战略转型的驱动力，顺应信息技术革命的大趋势，以更好地应对数字时代的机遇与挑战。

第一节　信息技术是第一传播力

马克思主义一贯重视科学技术在社会生产力发展和生产方式变革中所发挥的重要作用。早在一百多年前，马克思就指出，"社会的劳动生产力，首先是科学的力量"；工具机革命"是十八世纪工业革命的起点"。在中国改革开放的新时代，邓小平进一步鲜明地提出，"科学技术是生产力，而且是第一生产力"。如果说科学技术是第一生产力，那么信息技术的进步与创新，就成为推动新闻信息传播不断发展的决定性力量。从这个意义上说，信息技术就是第一传播力。[①]

一、信息技术变革是媒介发展的决定性力量

（一）媒介决定论的提出

20世纪中叶以来，著名传播学者哈罗德·英尼斯、马歇尔·麦克卢汉、威尔伯·施拉姆、尼尔·波兹曼、曼纽尔·卡斯特等先后对媒介技术与人类行为、社会文明和历史进程的关系进行深入的研究。英尼斯将媒介看成是人的思维的延伸，麦克卢汉1964年在他传播学代表作《理解媒介：论人的延

---

① 刘江、钟沈军：《顺应新媒体革命大趋势 加快向世界性现代国家传媒战略转型》，《加快建设世界性现代国家传媒——2008年新华社新闻学术年会论文选》，第3页，新华社新闻研究所编，新华出版社，2008年

伸》中提出了著名的传播观——"媒介即讯息",认为媒介形式的变革导致我们感知世界的方式和行为发生变革,乃至导致社会结构发生变革。① 威尔伯·施拉姆说:"人类传播的每一次重大发展都是从传播技术的新的重大发展开始的。"② 著名传播学者尼尔·波兹曼认为,"媒介是一种技术,在这种技术当中,文化得以成长;也就是说,媒介赋予文化的政治形式、社会组织形式以及思维习惯形式。"③ 波兹曼以此将科技、媒介、文化三个概念联系起来,便构成了"媒介生态学"的一个研究框架,即媒介首先是一种技术,这种技术的发展带来了传播方式的变化,传播方式的变化又影响了构成人类文化的政治形式、社会组织方式以及思维习惯定式。曼纽尔·卡斯特认为,"由于信息技术革命普遍渗透了人类活动的全部领域,所以它是我分析正在成型的新经济、社会与文化之复杂状态的切入点"。④

这些著名的传媒学者都言及信息技术对于媒介发展的重大作用。其中英尼斯甚至提出了"媒介决定论"。麦克卢汉继承了英尼斯的重要思想,他提出"真正可以支配人类文明演变的,并非传播科技的内容,而是传播科技这个形式本身。"⑤ 麦克卢汉强调,媒介对于人类社会的真正意义,主要不是它作为载体所承载的信息,而是它本身作为"人体的延长"所带来的人类感知世界、认识世界、把握世界方式的改变以及由于这种改变而带来的对于社会发展的影响。

在传播与技术的研究文献中,对于媒介技术重要性的研究汗牛充栋。但是,对"媒介决定论"、"技术决定论",相当多学者持一种批判的理论倾向,麦克卢汉"媒介即讯息"的著名论断也成为一个被批判的靶子,原因在于"新的传播技术的产生、发展和应用通常都受到了更为广阔的社会语境的影响,而并不能被简单化地视为某种内在的技术逻辑的产物。"⑥ 但是,到了20世纪90年代,随着全球卫星电视和网络传播作用的日益凸现,麦克卢汉"媒介即讯息"的观点再次引起学界和业界的广泛重视与争鸣。

(二) 从历史时空看先进技术手段是媒介发展的决定性力量

在一个相对大的时空来看,先进的技术手段是媒体发展的决定性力量,一般来说,新的媒介形态更具有生命力。

---

① 马歇尔·麦克卢汉:《理解媒介:论人的延伸》第33页,商务印书馆,2005年
② 威尔伯·施拉姆:《传播学概论》第18页,新华出版社,1984年
③ NeilPostman(2000):The Humanism of Media Ecology, Keynote Address Delivered at the Inaugural Media Ecology Association Convention, Fordham University, New York, June 16 - 17, 2000
④ 曼纽尔·卡斯特:《网络社会的崛起》第4页,社会科学文献出版社,2000年
⑤ 《手机媒体对我国文化产业的影响》,《科技和产业》,2008年第5期
⑥ 居姆斯·卡伦:《媒体与权力》第67页,清华大学出版社,2006年

回顾人类文明的传播史，信息技术每一次大的进步无不带来媒体形态的巨大变革，信息技术的每一次重大突破无不一次又一次推动人类传播质的飞跃和提升。人类早期传播是"零技术时代"，只是处于"开口说"和"用手写"这样小范围、超简单的人工传播状态，传播速度十分缓慢，传播范围十分狭窄。到了公元二世纪、七世纪和十一世纪造纸技术和印刷技术的陆续出现和广泛流传，使得人类的传播拥有了报纸、书籍和杂志等大众性的印刷媒介，这种大众媒介的可复制、可批量生产的特性提升、扩大了"口说"和"手写"的传播速度和空间。再到十九世纪30年代后，随着电报机、电话机、收音机、电视机和计算机的发明，人类进入了电子传播的信息时代，于是信息传输的时间越来越短、信息传输的距离越来越大，甚至达到了速度上的即时性和空间上的全球化。

可以说，正是传播技术革命带来了传播时间上的"提速"和传播空间上的"延展"。比如造纸、印刷术的发明及广泛应用，使文化传播依托纸质媒介进行跨时空传播成为了现实；电磁波的产生与无线电技术的发展，使人类进入了电子传媒的时代，为新闻传媒进行全球化即时传播起到了空前的推动作用。随着数字编码、光纤传输、分组交换以及TCP/IP协议的普遍采用，互联网这一具有延伸性、立体性、融合性新媒体应运而生，新闻传播由此走向互动化、虚拟化、多媒体化。随着信息技术的演进，手机与其他传播手段与传播内容的整合过程中，自身服务类型与文化内涵得以不断丰富与完善，手机从一种简单的话音通讯工具延伸扩展为集视听娱乐于一体的复合型传播媒介。

正因如此，许多学者也正是根据传播技术的更迭与推进将新闻传播的历史划分为印刷时代、广播时代、电视时代、网络时代等阶段。信息时代的本质正显示了信息时代的第一特征。先进的信息技术手段是媒体发展的决定性力量，这从时代的技术标签就可以略见一斑。

（三）技术变革推动市场发展

回顾现代媒介发展的历史，可以发现其驱动力因素体现在科技、市场、国家及政策影响三个方面。在这三大因素中具体表现为以下关系：一是信息技术革命是媒介发展的深层次动力因素，决定媒介演进趋势与未来走向，是媒介发展的根本驱动力；二是市场经济是媒介发展的直接动力因素，市场需求为科技创新提供动力，并回馈科技创新；三是国家与国家政策在媒介某一历史阶段作用十分明显，阻碍或推进媒介发展的速度。

探讨美国广播事业的起源不难发现，促成广播媒介兴起的最初动力，并不在于新闻信息的传播，而是来自商业利润的驱动，而市场扩张的前提是新技术创造了新的市场。用埃默里父子的话说，"促成全国无线电广播发展的最重要因素其实是通信和电气制造业中的大公司——美国电话电报公司、威斯汀豪斯公司和通用电气公司。电台的发展意味着它们的产品和服务有了更加广泛的出路。① 这种情形恰似当代互联网的崛起——互联网大规模市场推广应用，最初实际上是源于诸如微软公司等 IT 企业推销其产品的需要，而阿帕网的发明创造了市场需求。作为当前具有强大生命力的媒体，互联网首先表现为一种信息技术手段，再演变成一种新兴产业，然后成长为在社会生活中扮演重要角色的新媒体。

从历史趋势来看，人类社会每经历一次大的信息技术变革，都引起社会诸多领域翻天覆地的变化。信息技术变革应用于市场，既是技术变革的动力，也是技术变革的报偿，技术变革往往通过应用于商业领域从而收获巨大的财富。与信息技术变革趋势遥相呼应，商业领域会发生一系列与技术变革对应的巨大变化。比如，数字技术使全球化加速，市场距离缩短，生产、销售、消费之间的隔阂消失。互联网使大企业变小，使小企业变大。数字技术不仅改造了我们的媒体观，而且改造了我们的商业观，改造了我们的时代观。数字时代媒介传播生态的剧变，虽然不能简单地归因于因特网，但确实是技术变革驱动的一系列经济、管理和文化的力量共同造就了新闻业性质的巨变。②

（四）技术趋势推动政策改革

1996 年 2 月，美国新通信法案生效，由此电子集团与媒介集团兼并找到了法律依据。2003 年 6 月，美国联邦通讯委员会推出了新法规，进一步给媒体松绑，规定美国任何一家传媒公司的电视观众覆盖率由以前 35% 的上限提高到 45%，过去规定禁止一个媒体公司在同一城市同时拥有电子媒体和平面媒体，新规定允许它们在大中型市场交叉持股，一家公司在一个城市可以同时拥有的电视台数量也由两家增加到三家。但对于四大电视网，通讯委员会仍禁止它们相互合并。美国联邦政府的政策，特别是 1996 年的电信传播法案，开所有传播通信服务业自由竞争之先河，开创了一个数字化的时代，继而引发了大汇流。立法者认为，这个新的法案向人们展示了 21 世纪的传播蓝图。③

但是，如果我们更多地了解这一事实的进程，我们却会发现，所谓的国家政策最终需要顺应技术发展的趋势与市场发展的需要。上个世纪 70 年代，美国印刷媒介、电子广播媒介和公共载体电话系统之间界线相对分明，但是，在最近几十年中，由于各种形式的传播开始互相重叠，引发了法律和管理的困境。正是基于解决这一问题，才导致美国 1996 年联邦政策的全面重大

---

① 迈克尔·埃默里：《美国新闻史》315 页，新华出版社，2001 年
② 约翰·V·帕天利克：《新闻业与新媒介》第 3 页，新华出版社，2005 年
③ 托马斯·鲍德温·史蒂文森·麦克沃依、查尔斯·斯坦菲尔德：《大汇流：整合媒介、信息与传播》第 1 页，华夏出版社，2000 年

修订。

二、数字时代凸显先进技术的重要性

（一）数字时代媒体正在进入技术密集型行业

我们现在所处的是一个数字时代。如果我们把视野进一步放大至整个人类漫长的传播史来看，我们所经历的电讯时代、广播时代、电视时代与数字时代这些现代媒介时代被统称为数字语言时代——人类经历了四个语言种类时代，即表达式语言、口头语言、书面语言和数字语言。[①]

用数字来编码并处理信息的数字语言，被开发出来以利机器和它们的元件之间的沟通。因此，数字语言的起源可以追溯到电流发明的那一刻。电流实质上是原子的基本微粒电子在导体中的规则流动，电流通过特定设计的电路连贯地传送信息，这一发现使得电报得以发明，也使得同步传播成为可能。反过来，同步传播意味着应用和信息数量方面的巨大增长。[②] 因此，我们可以看到，随着电应用于传播和数字语言的普及，在不到两个世纪里，人类传播系统出现人类历史上史无前例的高速转型和扩张。在这个短暂的时间内，以这些技术更新作为强大催化剂的第三次媒介形态变化，给几乎每个人、社会和文化带来深刻影响。人类对于距离、时间和现实的观念本身，已经因刚刚出现并扩散到全世界的新媒介形式而发生了急剧的改变。[③]

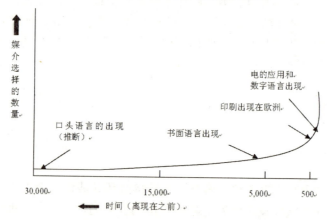

图 2-1　媒介技术含量日益提高加速度发展

约 30000 年前，口头语言出现；约 5000 年前，书面语言出现；约 500 年前，印刷出现在欧洲；在近代，电的应用和数字语言出现，并获得广泛应用，

---

① 罗杰·菲德勒：《媒介形态变化——认识新媒介》第 60 页，华夏出版社，2000 年
② 转引自罗杰·菲德勒：《媒介形态变化——认识新媒介》第 70 页，华夏出版社，2000 年
③ 罗杰·菲德勒：《媒介形态变化——认识新媒介》第 88 页，华夏出版社，2000 年

媒介选择数量呈上升趋势。①

　　数字技术的日新月异进一步凸显先进技术的重要性。早在 1998 年 4 月，美国商务部发表互联网报告《崛起的数字经济》认为，互联网发展的速度超过了它以前的所有其他媒体技术。比如，无线电广播问世 38 年后拥有 5000 万听众，电视诞生 13 年后拥有同样数量的观众。而互联网从 1993 年对公众开放到拥有 5000 万用户只花了 4 年时间。而到今天，网络已经渗透到全世界社会生活的方方面面，网民数量迅速增长。

　　具体来说，信息技术三大变化促成了数字内容革命的发生，一是生产工具的民主化，即生产工具越来越多地为人们所使用，人们可以比以往更容易地生产并传播内容；二是宽带的普及，现在全球至少约有 2.5 亿家庭、10 亿网民在使用宽带；三是数字存储成本的降低，人们过去在获取和存储信息时的各种限制因素如今正在逐渐消失。CPU 的处理速度提高了 3500 倍，记忆芯片的价格是过去的 1/45000，软盘的价格是过去的 1/3600000。②

　　世界范围的信息技术革命为信息服务提供了持续技术改进的可能，首先是信息处理、传输技术突飞猛进的发展。其次，通过研究人脑的智能化过程，运用智能化技术对信息资源进行充分有效的挖掘利用。最后，信息存储技术也发生了变革，信息可以压缩存储，为信息的规模化检索与整理提供了重要的平台。信息技术在信息收集、整理、分析、浏览、传输等各个方面的技术应用越来越多，信息服务商提升技术水平以抢占市场、改善产品质量、丰富产品种类。

　　在当前数字时代传播生态环境发生剧变的条件下，信息技术创新呈现加速度趋势，其重要性正更加凸显。媒介的技术含量越来越高，媒介正在进入技术密集型行业。

（二）数字时代内容产业从"内容为王"到"产品为王"

　　中国人民大学喻国明教授认为，媒体传播力归根结底在于媒体影响力，其本质在于它作为资讯传播渠道而对其受众的社会认知、社会判断、社会决策和社会行为所打上的属于自己的那种"渠道烙印"。这种"渠道烙印"大致可以分为两个基本的方面：一是传媒的物质技术属性，如广播、电视、报纸、杂志作为不同类型的传播渠道在传播资讯时所打上的各自的物质技术烙印，并由此产生的对于人们认知、社会判断和社会行为的影响；一是传媒的社会能动属性。如传媒通过其对于资讯的选择、处理、解读及整合分析等等

―――――――――

① 罗杰·菲德勒：《媒介形态变化——认识新媒介》第 208 页，华夏出版社，2000 年

② 胡必亮、何德旭：《信息化是转变经济增长方式与促进经济可持续发展的重要保障》，《经济研究参考》，2007 年第 14 期

在传播资讯时所打上的各自的社会能动性的烙印，并由此产生的对于人们认知、社会判断和社会行为的影响。两种能动属性其实提出的正是当下新闻传播界争议较大的"渠道为王"还是"内容为王"的问题。，渠道为王还是内容为王两者其实是循环往复的，在技术出现代差情况下渠道为王，反之内容为王，内容与渠道是一个不断寻求平衡的过程，最终是稀缺为王。

在目前阶段，数字化使内容产业的竞争已不仅仅局限于内容本身，而是整合了技术、表现形式、渠道和传播方式、游戏规则等因素的综合运营模式之争。数字时代内容产业已经从传统的"内容为王"转变为体现当今内容产业竞争特点和要求的"产品为王"，即内容虽然确实重要，但内容获取方式的方便性，传播方式是否符合数字化时代读者的阅读习惯，正变得越来越重要。

三、第一传播力在不同的时代有不同的内涵

第一传播力在不同的时代有不同的内涵，内涵随着时代的发展而发展。

报纸曾经代表当时最先进的传播力。毛泽东同志1948年对《晋绥日报》编辑人员谈话时指出，报纸的作用和力量就在它能使党的纲领路线、方针政策、工作任务和工作方法，最迅速最广泛地同群众见面。但是，随着时代的发展，在使党的纲领路线、方针政策、工作任务和工作方法"最迅速""最广泛"地同群众见面方面，第一传播力的内涵亦随之而发展。在党的十七大报告中，胡锦涛总书记明确指出，"要加强网络文化建设与管理，营造良好的网络环境"。他要求站在时代的高起点上推动"传播手段创新"，运用高新技术加快构建"传输快捷""覆盖广泛"的文化传播体系。① 胡锦涛同志的这一论断，不仅和毛泽东同志"最迅速""最广泛"的新闻观一脉相承，而且在高新技术快速发展的背景下，与时俱进地提出了通过"传播手段创新"，构建新的传播体系，实现"最迅速""最广泛"传播的方法论，这是对马克思主义新闻观的继承和发展，是站在时代制高点上的重要论断。

第二节　数字时代信息技术变革动向

上文已经分析，从传媒的发展来看，媒介的技术含量越来越高，媒介正在进入技术密集型行业。进入数字时代以后，在传媒战略转型因素中，信息技术变革成为主导媒介变革与影响传播生态环境变化的至关重要的因素。因此，研究传媒的战略转型需要把握当前信息技术的发展动向与媒介演进趋势，以从源头上把握传媒战略转型的根本驱动力。

目前信息传播科技的现状，有十个方面的重要动向值得关注：

---

① 《胡锦涛在党的十七大上的报告》，新华社，2007年10月24日

一、网络宽带化

网络带宽是互联网尤其是需要高码流传输的网络视频发展的突出瓶颈。为此，早在 1996 年，美国政府就发起了信息高速公路计划，日本及欧洲各国也纷纷跟进，并于上世纪末初步建立了以光纤材料为主干网、以光缆和 ADSL 为用户接入网的宽带互联网络。

中国一直致力于具有数字知识产权保护功能的宽带网研究，至 2006 年 9 月 23 日基于 128 位编码技术的 IPv6 互联网协议，已通过国家验收。具有自主知识产权的第二代 IPv6 主干网的传输水平达到万兆，传输速度达到 2.5G/秒，是当今普通网速的 100 倍。

带宽迅速拓宽的重要意义，是解决了视频等高码流信息的传输瓶颈问题，使网络视频传输速度大大加快，传输成本不断降低。在带宽 40 兆比特的条件下，下载一个十五分钟的视频只需要 1 秒钟。网络宽带化使 IPTV 的技术根基日益坚固。

二、传输流媒体化

所谓"流媒体"并非指流动媒体，而是指采用"流式传输"的技术方式在网络上播放的媒体格式。它是指商家用视频传送服务器把节目打成数据包传送到网络上，用户不必等到整个文件全部下载完毕后再观看，而是通过用户计算机的相关软件将多媒体视频文件的下载、解压、解码、再现形成源源不断的"流"，一边供前台观看，一边将剩余文件继续下载、解压，从而使得视频信息的发送和接收时滞极短，基本上可达到同步，用户可以边下载边播放观看视频文件。

流媒体的技术意义，在于实现了高码流视频信息的即时传播、即时接收和即时享用，而且这种即时传播还可以是双向的，从而使得视频、音频信息的即时性互动成为可能。目前，流媒体技术正广泛运用于多媒体新闻发布、在线直播、视频点播、远程视频会议、语音聊天、视频聊天、网络广告、电子商务、远程教育、远程医疗等许多方面，不仅为网络新闻视频服务奠定了基础，而且能更好地满足人们在互联网上对视频的多样化、个性化需求。

三、数字无线化

数字技术最早是依赖有线网络发展起来的，数字通信特别是高码流的数字视频通信实现由有线向无线的飞跃，关键在于数字化无线通信技术的成熟和发展。目前，数字化无线通信技术已经发展到第三代（3G），3G 的最大优势，是使传统手机的功能从单纯的语音通信扩展到文字、图片、视频、音频等多媒体信息处理，从无线电话通信扩展到无线网络通信，从而使手机朝向无线移动多媒体网络计算机终端的方向迈出了重要的一步。

现在，世界上一些发达国家正在大力研发第四代（4G）移动通信技术。在视频业务爆炸性增长的刺激下，许多技术运营商也在加快对4G网络的投资。移动运营商T－Mobile在德国波恩对4G网络的测试中，获得了每秒40兆（40Mbps）的下载速率，这是目前固定线路宽带上网网速的3倍多。从3G到4G的带宽是革命性的变化。如果说，3G是"第一代无线信息高速公路"，使手机从语音时代跨入图像和视频时代的门槛，那么4G将作为"第二代无线信息高速公路"，把手机推上移动网络视频时代的新高峰。

在"无线信息高速公路"建设如火如荼之时，与其相配套的其他无线移动通信技术，从天空中的卫星到地面上的接收站、从有线网络到无线网络、从广域网络到局域网络、从移动通信软件到手机、电脑等计算机硬件，都在加快发展。无线移动的手机、计算机及其通信网络的质量性能日益提高，运营和服务成本却在不断下降。数字无线技术向社会生活各个领域加速渗透，以更经济的手段向用户提供更高水平的服务，不仅会激活一个具有数十亿用户的全球无线通信大市场，而且将在整个信息产业引发一场"无线化"的巨大变革。

四、电视数字化

在相当长一段时间里，电视节目使用的是模拟视频技术。在数字化的初始阶段，视频信号需要将模拟信号转换成数字视频文件后存储在数字硬盘中，需要使用时，就将硬盘中的数字视频文件还原成为模拟信号的视频输出。现在，摄像机、影碟机、计算机等已经实现了数字化，其采集或摄录的已经是数字信号，加之后期的存储、加工、利用方式等也完全数字化，从而可以省略掉从模拟到数字又到模拟这样的反复转换过程。

电视数字化具有多重意义。首先，它有利于电视、电影等媒体数据的采集、制作、存储和加工利用；其次，它使电视、电影等媒体达到高清晰度水平；再者，它为电视、电影等影像媒体与有线和无线网络等电信载体找到了统一、通用的"数字语言"，从而创造了网络视频传输的前提条件，奠定了多网合一的技术基础，为网络视频、手机视频的兴起和繁荣开辟了道路。

五、多网合一化

"多网合一"主要指电信网、互联网、广电网三大主干网的网络融合。另外，在固定网、移动网和无线接入网之间，基础通信网、应用网和射频感应网之间，网络融合亦在加速推进。

技术的发展是网络融合的根本性推动力量。TCP/IP协议的普遍采用，使得各种以IP为基础的业务在不同的网上实现互通；数字化技术尤其是数字信息处理技术，使电话、数据和图像等信号都可以通过数字编码进行传输和交换；光通信技术为综合传送各种业务信息提供了必要的宽带和传输质量，也使不同的传送网互联互通成为可能；接入技术的进步已可以实现多种业务的接入，并将越来越趋向于宽带化。目前，三大主干网的技术特征正逐渐趋向一致，特别是逐渐向 IP 协议的汇聚已成为下一步发展的主导趋势，这就为多网融合奠定了坚实的基础。

多网融合技术将带来多种通信的线路合一、终端合一、功能合一，使人们可以通过电视来使用电脑，通过电脑来观看电视，通过电视、电脑来打视频电话，通过电话和手机来欣赏电视和操作电脑。多网合一还可以减少网络建设成本，简化网络管理，节约运营资金，降低服务费用，从而进一步推动个人通信的多媒体化、移动化、即时化和互动化。

六、网址无限化

网络地址如同电话号码，是互联网最基础的地址资源。目前全球普遍使用的互联网协议地址 IPV4 主要存在两大问题：一是网址资源有限，难以适应互联网迅猛发展的需求。截至 2008 年 6 月，全世界计算机网络 43 亿个 IPV4 网址中，已大约用了三分之二；专家预测，到 2012 年前后，所有 IPV4 地址将会耗尽。二是网址资源分配不平衡。全世界 13 台最大的主服务器绝大多数设在美国，56.9% 的 IPV4 地址资源集中在美国，日本占 5.8%，中国仅占 5.9%。

正是在这一背景下，国际网域名称及位址管理机构推出了新一代网络协议 IPV6 的新技术，将地址长度增加到 2128 位，使网址容量比 IPV4 增长 25000 兆倍，从而使互联网网址数量几乎可以无限扩张，让世界上每个人、每个设施都可以拥有自己的互联网通讯协定（IP）地址。目前 IPV6 已经被加入根服务器系统中，将与 IPV4 并行使用约 20 年，以确保任何缺陷或系统错误都能被清除。在 IPV6 的基础上，IPV9 地址容量可以进一步增加到 2256 位，而且由于采用了将原有计算机网、有线广播电视网和电信网的业务进行分类编码，因而效率与安全性能会更高。

网址的无限化发展，大大降低了网络传播的门槛，为使传播真正走向大众化与个性化敞开了大门。每个人都能拥有一个网址，意味着每个人都可以成为一个"网媒"，这将使各种网络社区进一步蓬勃兴起，使博客、播客、维客、掘客等个性化网络媒体进一步风起云涌，真正迎来一个互联网"客"媒体时代。

七、检索智能化

在海量信息大爆炸的背景下，检索成为信息有效利用的关键。没有检索的海量信息，只能是海量垃圾信息。因此，搜索引擎日益凸显"搜索为王"

的特征，发挥着信息引导、整合和高效服务的作用。第一代搜索引擎是用人工的方法将互联网上各式各样的网站根据其主要属性分门别类，供人们查找使用；第二代搜索引擎用技术而非人工的方法，以关键词为中心建立新的索引体系，但是第二代搜索引擎把用户的搜索结果当作搜索服务的全部，而下一代搜索引擎认为这只是搜索服务的开始。

目前正在研发中的第三代搜索引擎体现出以下重要动向：其一，搜索智能化。信息检索将能够实现分词技术、同义词技术、概念搜索、短语识别以及机器翻译技术；一旦互联网上出现用户关心的新内容，搜索引擎便能主动提醒用户。其二，搜索专业化。不同网民对信息搜索往往有自己的专业要求，专业垂直引擎只针对某一领域，可保证此领域信息收录更加齐全，更新更加快捷，检索更加方便。其三，搜索社区化。搜索引擎能适应 Web2.0 时代"用户做出贡献、用户创造价值"的理念，更好地满足各种网络社区和"客"媒体的资源检索和整合需求。其四，搜索移动化。搜索引擎将与无线通信技术相结合，从互联网络拓展到手机、PDA 及其他移动"掌媒"上，搜索将无时不有、无处不在。

八、终端便携化

随着信息技术的发展，包括计算机、手机、电视、收音机在内的各种信息终端愈来愈多样化；与此同时，各类信息终端都出现了追求便携化的共同趋势，并且都在向移动计算机通信的功能日益靠拢。

首先，计算机终端向超级便携化方向发展。第一台计算机在美国诞生的时候，重达 30 吨，耗资 100 万美元，根本无法移动。此后，计算机终端不断向小型化、可移动化方向发展。近年来，许多厂家推出了"超级移动个人计算机"（UMPC，Ultra – mobile Personal Computer），即新一代超便携式笔记本电脑，它们体积很小、超轻超薄，但功能齐全，可以随时随地处理文件、上网并进行音视频通讯。

其次，手机向便携化的多媒体计算机终端方向发展。随着芯片技术、电池技术的发展，手机媒体逐渐突破信息容量、存储空间、屏幕尺寸、电池容量的限制，由以前的"大哥大"向便携化、超薄超轻方向发展；随着无线宽带技术的进步，手机已经可以像计算机终端一样上网、接收视频节目。手机正在变成一个便携移动的多媒体个人计算机终端。

再者，卫星通信终端、MP3、MP4 播放器、电子阅览器等信息终端在功能整合的同时走向便携化。市场上现已出现了一种集成产品——新媒体机，该产品能提供包括实时信息、收发邮件、数字电视、GPS 智能导航、电子书、MP3、MP4 等多项服务。

终端便携化使随时随地沟通交流的移动媒介成为可能。随着移动终端用户的迅速增加，移动多媒体通信正在成为未来新媒体的最主要特征，并有可能使今后整个媒体传播生态和信息产业重心发生历史性的大转移，即由以计算机为中心转移到以可便携的多媒体为中心。

九、传受一体化

P2P技术也称为对等网络（Peer to Peer）技术，它与目前网络中占据主导地位的客户端、服务器结构一个本质区别是，整个网络结构中不存在中心节点（或中心服务器）。在P2P结构中，每一个节点（peer）大都同时具有信息消费者、信息提供者和信息通讯等三方面的功能。在P2P网络中每一个节点所拥有的权利和义务都是对等的。P2P技术是网络媒体分权的一种技术基础，它使得作为"中心"的新闻网站的权力受到削弱。此外，RSS技术、博客技术、维客技术等，也都具有一种赋予个体权力的能力。与以往的网络技术相比，博客技术、维基技术等给予了网络用户更多的成为信息生产者的能量，加剧了传受一体化进程。

网络上现有的许多服务可以归入P2P的行列，例如即时通信系统QQ、MSN Messenger，风靡一时的BT下载工具，更是一种典型的P2P技术应用。P2P的能量不仅隐藏在它的商业应用前景中，还在于它再一次将网络的结构指向"去中心化"、"分权"的方向。因此，P2P技术的日益发展必将带来产业上的震荡，"博客"、"维客"等应用方式对网络中的专业媒体机构权力会形成较大的冲击，并可能引起政治、经济及社会的各种力量的较量。P2P技术对应的网络平等化思想，加大了对政府层面的冲击。因传播结构，使网络信息传播的管理与控制更为困难，对不良内容的传播控制、版权管理更为复杂。

维基技术也是Web2.0技术时代最具革命意义的技术之一，它为人类提供了一种新的信息创造模式。有专家预言"随着互联网技术的普及，特别是信息采集、信息编辑、信息播发技术的便捷，随着互联网用户人群的数量增长和分布区域的扩大，维基技术会越来越多地被使用于新闻信息的传播，从而改变新闻传播的传统模式"。①

十、信息聚合化

电子时代信息爆炸以及数字时代海量信息的出现戏剧性地影响着人们接受或摒弃信息的方式。通讯过度与信息超载改变了向人们传递信息并对人们产生影响的全过程。

---

① 高钢：《谁是未来新闻的报道者？——维基技术的本质及对新闻报道的影响》，《国际新闻界》，2006年第6期

万维网思想的创始者伯纳斯·李由此提出了语义网思想，即机器可识别文件信息意义，机器不仅可以处理信息，还能像人一样理解信息的含义，读懂网页的内容。语义网思想引领基于互联网的新一轮人工智能技术的开发。人工智能的背后是 RSS 技术。RSS 可以解释为 Really Simple Syndication（真正简单的聚合），也可以解释为 Rich Site Summary（丰富站点摘要），现在国内通常把 RSS 新闻称为"聚合新闻"。RSS 技术可以自动浏览和监视某些指定网站的内容，将这些网站的内容定时传送给用户。用户利用 RSS 阅读器就可以方便地读到送上门来的新闻，而无需到各家网站逐一浏览。RSS 技术对于现有的网络信息的生产与消费的革命性冲击在于，从生产端来看，它依赖于机器的智能化自动处理，对于人工新闻的"拷贝＋粘贴"模式是一个挑战；从消费端来看，它打破了现有互联网信息浏览以用户自己"拉"为主的模式，实现了高效率的"推"式发布，同时又可以实现个性化。

第三节　当前新闻信息传播发展趋势

在上述技术发展与媒介创新动向的交叉作用之下，新闻信息传播体现了以下五大发展趋势，即以视频为引领的多媒体网络化、以融合为中心的多媒体系统化、以交互为特征的多媒体传受一体化、以定制为特点的多媒体聚合化、以移动为标志的多媒体无线化。

一、向以视频为引领的多媒体网络化发展

（一）网络视频将成为互联网应用的主流

众所周知，新浪、搜狐、网易等发挥了互联网快速、海量的特点，整合、复制传统媒体形成了第一代门户网站，但由于受到带宽限制，网络视频内容清晰度不够高，高清内容不多，对于广播、电视类媒体的整合尚处在空白状态。而伴随网络传播进一步宽带化，这一进程明显加快。第一视频、土豆、优酷、我乐等视频分享类网站及播客大量兴起，互联网将具备整合广播、电视媒体的能力，多元化视频传播平台将逐渐形成。

在目前的整个传播格局中，网络已无可置疑地成为强势媒体。今后媒体传播方式将进一步网络化，向全天候、全媒体、全球化的新格局方向发展，网络视频将成为互联网应用的主流。

（二）多媒体网络传播中以视频为引领作用原因分析

多媒体网络化已经成为不争的事实，但是为什么要说视频将会在多媒体网络传播中发挥引领作用呢？

其一，是视觉和听觉能够感受形象和声音，而形声则是人类最原始、最基本、最有效的信息传播和交流方式。人的感官有"眼、耳、鼻、舌、身"，

"眼"和"耳"放在前面，说明人们将它们看作是接触外界信息的最重要的感受器官。人在观察世界、接收信息时，第一本能是关注外界的影像，特别是运动的影像。美国传播学家做过试验，人获得的信息中有百分之二十左右来自文字，百分之三十左右来自声音，百分之四十以上来自图形和图像；在传播过程中调动受众的感官越多，传播的效果就越好。计算机是人的感官的延伸，视频信息比较感性、直观、生动，易沟通、易理解、易感染，并且通过与音频的组合，往往可以调动多种感官传递信息。正因如此，电视和广播自上世纪前半叶诞生后，立即以史无前例的速度风靡全球，仅用了数十年时间便覆盖了世界绝大多数地区和数十亿人口，在传统媒体时代独领风骚。

其二，在于信息技术的新发展，正突破视频网络传播的技术瓶颈，推动单一的"电视"向多样的"网视"迈进，逐步形成视频平台多元化的新格局，展现出数字化、网络化新形势下更加新颖多样、丰富多彩的视频大舞台。

在网络时代初期，由于带宽很窄，加上计算机缺乏高效的数据包解压和解码技术，高码流的视频信息的传输速度很慢，且成本昂贵，致使网络视频难以普及。近几年来，网络和计算机技术取得一系列突破性进展：网络宽带化使得高码流视频节目可以在网络上高速传输，"流媒体"技术解决了视频节目与计算机终端的高速即时性对接，而两者的结合则实现了网络视频的即时传播和互动；电视数字化与多网合一化促进了传统电视节目与网络和移动媒体视频的资源整合，网址无限化与数字无线化则为广大网民在固定和移动的不同条件下源源不断地上载视频产品提供了可能，这一切极大地丰富了网络视频数据库；数字无线化解决了视频由固定网络进入移动网络的技术难题，从而极大地扩展了视频信息终端用户。美国微软公司前董事长比尔·盖茨2007年1月在瑞士达沃斯世界经济论坛年会发表演讲称，互联网将"颠覆"电视[①]。谷歌公司首席互联网讲师、被尊称为"互联网之父"的维特·瑟夫也认为，随着上网速度越来越快，宽带越来越宽，未来的网络视频将会像今天的 iTunes 模式，用户下载之后可以利用各种方便的设备或者终端来欣赏。瑟夫表示认同盖茨的预言，即更多的人今后将通过互联网观看视频节目，传统的电视台模式将退出历史舞台。[②]

其三，伴随着大众休闲时代的到来，电视的娱乐功能会得到进一步强化。在数字时代的新阶段下，画面的多种表现形式，如网络电视、手机电视、交互电视、IP 电视、移动电视、户外电视等更是拓宽了电视的表现方法。正因

---

① 比尔·盖茨：互联网将"颠覆"电视地位，新华社电讯稿，2007年1月28日

② 维特·瑟夫：《互联网之父：网络视频将走向下载而非在线流媒体》，2008年7月6日，搜狐IT，http://it.sohu.com/20080706/n257978351.shtml

如此，网络、手机主动与电视联姻，电视和互联网、手机等新兴媒体近年来出现了不断靠拢和交叉的迹象。[①] 譬如，视频共享网站 YouTube2007 年 6 月就和美国一个拥有多家地方电视台的传媒公司合作，YouTube 在各个频道中播出来自对方旗下五家电视台的电视节目，双方分享视频广告收入。越来越多的业界人士认为，在门户网站、搜索引擎相继创下商业神话后，互联网的下一个"金矿"将是网络视频。据美国权威互联网研究机构 Emarketer 的分析，直至 2010 年，网络视频广告将以 45% 的速度增长。国内互联网研究公司 iResearch 预测，2010 年该市场规模有望达到 34 亿元，未来五年的复合增长率高达 60%。Google 于 2006 年 10 月斥资 16.5 亿美元收购创建不到 2 年的视频网站 Youtube 更是印证了网络视频的商业前景。

二、向以融合为中心的多媒体系统化发展

最早提出媒介融合理论的是美国的尼古拉·尼葛洛庞蒂。他在 30 年前就提出，计算机产业、出版印刷产业和广播电影产业即将和正在趋于融合。尼葛洛庞蒂这里所讲的只是媒介产业的融合，而在数字革命的强力推动下，在技术、产业、媒体、社会的相互作用下，融合的现象正在更多领域、更大范围内发生，融合的内涵和外延也随之扩展。归纳起来，融合主要表现在以下四个方面：传播技术的融合，传播媒介的融合，技术运营与内容提供的融合，传播媒介与社会的融合。

（一）传播技术的融合

过去我们熟悉的媒体几乎都是以模拟的方式进行存储和传播的，而数字媒介却是以比特的形式通过计算机进行存储、处理和传播。数字媒介用计算机记录和传播信息，其共同的重要特点就是信息的最小单元是比特（bit）"0"或"1"，因此比特易于复制，可以快速传播和重复使用，不同媒体之间可以相互混合。比特可以用来表现文字、图像、动画、影视、语音及音乐等信息，文本数据、声音、图像、动画等的融合被称为多媒体。多媒体传播系统能够处理文、图、声、像等多种信息，适合人类交换信息的媒体多样化特性。多媒体的实质不仅在于多种媒体的表现，而且在于媒体（比特流）的可重复使用和相互转换。

由于数字技术的成熟，文字、图片、图表、语音、音像、动漫等任何信息都可以统一编码，这使得传播技术的基础发生根本性变化，而这一变化又促使原有的分割的电信产业市场发生重组和融合。传播网络融合，即电信网、广电网、互联网以及无线宽带网的多网合一，将有可能形成统一的信息传输渠道；信息终端融合，即计算机、手机及其他电子通讯产品的融合，产生了

---

① 张朝阳：《竞合成为主旋律 网络主动与电视联姻》，经济参考报，2008 年 12 月 19 日

新的可移动的、多功能合一的、智能化的多媒体处理器。这一切将给电信产业以及计算机、手机、电视机、收音机、音视频播放器、卫星通信设备等产业的业态发生重大而深远的影响。

（二）传播媒介融合

媒介融合包括三个层次：第一层次是媒介内容的变化和融合。过去，传统媒体大多数是单一的媒介形态，如书籍、报刊是纸质媒介，承载的是符号信息；广播是声音媒介，承载的是听觉信息；电视、电影是影像和声音的综合媒介，承载的是音视频信息。网络打破了传统媒介形态之间的技术鸿沟，集中了传统媒介形态各自具有的优势，将过去需要通过不同通道的信息汇集在同一通道上进行数字化处理，促使各种媒介内容发生融合，从而生产出集文字、图片、图表、音频、视频、动漫于一体的多媒体集合产品。比如，在一些有关北京奥运会的新闻网站，人们能够在一个专题报道中看到围绕某方面内容或某个主题的多媒体集合报道，既有文字图片，又有音频视频，还有flash，甚至还有游戏。第二层次是媒介传播业态的变化和融合。随着多媒体网络技术的飞跃进展，传统媒体之间的历史分工被打破，不同类型媒体之间的界线日益模糊。报刊杂志等平面媒体纷纷开设包括音视频在内的多媒体网站，有的甚至成立了音视频报道队伍，开始涉足音视频业务；广播电视等音像媒体不仅利用网站充分展示自己的视频节目，而且大力加强文字、图片报道，形成多媒体传播合力；一些报刊集团和广电集团在手机短信、手机报、手机电视等非传统业务领域不断突破，在跨平台、跨媒体新兴业务方面取得长足进展。第三个层次是媒介终端融合。在媒介终端市场，MP3、电子阅览器、收音机、手机成为网络、广播、电信等各自技术渠道的传播终端，但目前以市场受众需求为牵动力，各种终端亦出现融合趋势。其中，最具基本信息价值的当属手机。手机首先是满足受众的基本"交流"需要，其媒介功能最实用，而且可以实现信息的互动。在兼容MP3、收音机等功能后，可以为用户提供更为便利和高效的信息服务。

媒介融合使不同类型的媒体之间的界线日益模糊，出现了"多媒体通讯社化、通讯社多媒体化"的局面，各媒体加速向多媒体网络化转型，媒体传播方式进一步向全天候、全媒体、全球化的新格局方向发展。一方面24小时实时滚动报道的通讯社出现网络化、媒体化倾向，通讯社开展跨媒体供稿业务，并借助网络以多媒体形式直达受众终端，通讯社网站成为迅速增长的新媒体，通讯社自办媒体加强，并多渠道试水各种新媒体，直接参与市场竞争。但另一方面，报刊、广播、电视等各种传统媒体出现网络化、通讯社化倾向，报网融合后的报纸网站同样24小时滚动发稿，初步具备了通讯社的某些特征。比如，南方日报传媒集团已经建设了集团图片库，南方新闻数码港整合集团内新闻资源，成为区域新闻的"消息总汇"，具备一个区域性通讯社的功能，完全可以为其他媒体供稿。在国外，美国大选期间创下电视新闻收视新高的美国有线电视新闻网（CNN），开始与财务吃紧的美国报纸合作，低价抢攻新闻传媒市场，意图取代美联社的地位。目前"CNN通讯社"开始试运行，并已向部分美国报纸提供新闻。据悉，这家新兴传媒的报道触角能覆盖全美及国际大事，同时包括地方新闻，信息供应规模虽不及美联社，但收费更加低廉。

（三）技术运营商与内容生产商融合

数字技术新发展不仅在逐步消弭广电、电信、网络之间的技术界限，而且在日益打破内容生产商与技术运营商之间的壁垒，为彼此融合创造了条件。内容生产商、技术运营商开始从过去各自独立运营的模式，转向强强合作、互利共赢。比如，近年来，新华社与中国移动、中国联通合作发展手机报、手机电视等，使这些新媒体业务在很短时间获得高速发展。另外，技术运营商与内容生产商开始出现向对方领域渗透扩展的迹象。比如，中国移动参股凤凰卫视、CCTV，悄然完成了进入国内主要视频内容生产领域的战略布局；中国移动在与新华社展开手机终端合作的同时，还独立组织内容生产，推出了该公司自办的手机报。作为搜索引擎、即时通讯等关键核心技术运营商，百度、谷歌、腾讯等网站进军媒体产业也已初试锋芒，使媒介市场化的压力空前加大。与此同时，一些内容生产商也在发展新媒体的过程中，开始积极参与技术运营业务。比如，一些城市电视台在有线电视数字化转换过程中，建立了互动电视、宽带业务、语音业务等三大增值业务，向成为技术运营商的方向靠拢。但总体来讲，目前技术运营商凭借数以亿计的终端用户资源和比较成熟的经营模式，在与内容生产商的相互融合中保持了强势地位。

（四）传播媒介与社会融合

新技术推动媒介与社会融合，主要体现在四个层面：首先，是传统媒介与社会的互动得到强化。传统报刊、电台、电视台通过网络、手机等方式广开新闻来源，加强用户反馈，有效地扩大了报道面，提高了传播时效，增进了引导舆论的实效。例如，传统媒体及时利用网络新闻线索，跟踪报道了"假虎照"、"黑煤窑"等重大事件，形成了积极的社会影响。其次，是新媒体与广大民众的联系越来越广泛。当前，网络、手机等数字化新媒体正在迅速地向更多人群延伸；特别是通过手机短信和手机电视，多媒体传播出现了移动化、即时化、互动化，人与人之间交往乃至整个社会的联系愈发紧密。再者，数字媒介拓展了社会信息服务的领域，使传播媒介进一步融入生活、融入社会。随着信息技术的创新，出现了电子商务、电子政务、远程教育、远程医疗、网络电话等一系列新的信息服务业务。目前全球大概每天都要产生 2.74 亿小时固定电话网呼叫、1.7 亿小时移动呼叫，每天发送 310 亿封电子邮件、15 亿条短信。[①] 新媒介正以前所未有的速度、深度、广度和强度，与人类的政治、经济、文化、生活等各个方面紧密融合。

可以预见，随着网络媒体的成熟和技术的进一步发展，媒体的业态将产生两次大融合。第一次大融合是图书、传媒、报刊、广播、电视和目前的传统互联网和无线互联网等媒体将在先进的信息技术基础上融合为声像图文并茂的多媒体信息平台。第二次大融合是现代化的媒体与电子商务、电子政务、电子公务、电子医务、电子教务以及其他社会功能融合为人类赖以生存的"数字社会"，成为一种与传统人类文明互补的人类文明新形态。[②]

三、向以交互为特点的多媒体传受一体化发展

网址的无限化以及 P－TO－P、即时互动等数字技术开放、兼容、共享的本质特点，导致各种"客"媒体和自主参与的网络社区如雨后春笋般地涌现，促使信息传播实现"传（媒）受（众）一体化"，亦即每个人都可以成为媒体，每个人又都是媒体用户，传播进一步打破时空制约，造就了信息爆炸、信息完全开放，甚至一人一媒体、所有人向所有人传播的新局面。[③]

数字技术的深层机理在于网络"协议"，因为有了"协议"这样的概念，全球的一台台计算机才能够互相联结起来，才能相互打通融合，才能够平等对话与互动。，以交互为特点的多媒体传受一体化体现在以下三个方面：

（一）博客、播客、掘客、酷客等"客媒体"崛起

进入数字时代后，信息技术的发展使得新闻信息传播的门槛几乎降为零，互联网的发展提供了一种任何人在任何地点、任何时间，与任何人进行多种形式的信息交流的可能。越来越多的网民通过网络发布他们采集的新闻信息，从而不再单纯是新闻信息的受众，而成为新闻信息传播的主体。博客、播客等客媒体的迅猛发展，加剧了这一趋势。据统计，2006 年，美国首发新闻信息的 40% 是普通人以博客、播客等形式发布的，而不是由专业的新闻工作者报道的；研究者还预测，到 2010 年，美国的上述比例将会扩大到 70% 以上，"i－report"（即普通人向大众传媒提供多媒体新闻）将成为一种更加普遍的现象。[④]

业内人士认为，博客、视频等用户自创的内容不仅改变了互联网的面貌，

---

① 刘江、钟沈军：《多媒体时代信息传播的五大趋势》，《科技传播》，2009 年第 2 期
② 姜岩：《新华社战略转型的突破口》，2008 年新华社新闻学术年会论文
③ 闵大洪：《草根媒体——传播格局中的新力量》，《新闻世界》，2008 年第 7 期
④ 喻国明：中国新媒体年会上的演讲稿，2008 年 5 月

也将改变移动通讯行业的格局。因此，手机越来越多的应用正在要求手机制造商制造满足用户需求的手机，也就是说，制造商必须针对这些创新应用提供完善的解决方案，比如更完善的多媒体处理器，更大、更清晰的显示屏幕。第一代互联网中，网民更多的是通过无意的行为在进行着新闻的再生产，那么，在新一代互联网中，网民则可以通过博客、维客等手段，更制度化地、更专业地参与到原创性的新闻生产中。尽管博客们还无法成为网络新闻传播的中坚力量，但是作为新闻信息的再加工者、整合者以及解读者，已经越来越显现出在新闻生产环节中的独特价值。

（二）传播者与消费者趋于互动平等

以博客大众化及各类 Web2.0 网站的涌现为标志，传播者与消费者的关系进入一个新的阶段。以"P2P"、"SNS"、"TAG"等为代表的多种传播方式放大强化了交互性的优点，传播者与消费者地位趋于平等，传播主动权向受众方向发生转移。Web 2.0 以个人为基础，以满足个性化需求为手段，通过鼓励建立人与人之间的关系，形成社区化的生活方式的平台，其本质是"参与式的架构"，最重要的特点就是以用户为中心，充分激发用户的主动性，发挥用户的原创能力。传播过程中传受双方的地位更加对等，受众的参与性增强，"个人化"选择也成为可能。臂如，以"维客"、"博客"、"播客"为代表的"全民 DIY"内容生产模式使得传播话语权趋向民主化，以"RSS"技术主导的网络文摘推动了满足个人兴趣的"我的报纸"形成，更具个人化的新闻或者原生态语言等"微内容"的传播也随着聚合重组方式的实现而不断凸显其社会价值与商业价值。集 Web2.0 与移动优势的手机等传播平台出现，将使完全个性化的传播平台出现。

四、向以定制为特征的多媒体聚合化发展

进入数字时代以后，计算机和信息超高速公路，通过光导纤维、光盘驱动器，源源不断地传送海量信息。《新定位》的作者特劳特、瑞维金在书中披露，近 30 年产生的信息量比过去 5000 年间产生的还要多。印刷品的全部信息量每 4 年或 5 年翻一番。《纽约时报》一个工作日发表的信息量比 17 世纪平均每个英国人终生获取的信息量还要大。[①]

1949 年发表的著名的《通讯的数学原理》，是一篇划时代的论文。作者称，信息可以"减少不确定性"。然而事实是"信息时代"却是信息的大爆炸、数据的大爆炸。互联网就像汪洋大海，充满了未经编辑的数据。这些海量信息越多，人们的头脑越混乱，因而信息非但不能接收，反而让许多人可能患上"百科全书恐惧症"，担心被电子"百科全书"淹没。在新闻信息传

---

① 杰克·特劳特，史蒂夫·瑞维金：《新定位》第 3 页，中国财政经济出版社，2002 年

播走向数字化、信息化的背景下，信息聚合体现为以下特点：

（一）搜索引擎优势进一步加强

海量信息自动搜索、分类、筛选、识别、聚合提上日程，网络信息生产模式、生产格局、消费方式均已发生了巨变。目前 Google 新闻利用软件的自动抓取功能实现了每 15 分钟更新一次新闻，根据美国第三方独立流量监测者的数据分析，Google 新闻程序抓取新闻是传统手动更新时 280 人 24 小时不间断工作效率的 3 倍。可以预见，随着搜索引擎智能化、个性化以及垂直专业化的快速发展，数据库作为一种新的媒介终端可能会越来越具有强大的生命力。

（二）用户根据需要信息定制 信息生产者主动推送信息

利用 RSS 技术，用户可以根据自身需要通过多家网站进行信息定制，信息生产者主动按需推送信息。目前 RSS 阅读器推出的信息仍然过于庞杂，信息分类过粗。为了满足用户的需要，需要进一步细化信息分类。比如，通过搜索引擎提供关键词订阅信息，信息内容采用分级的方式，使用户订阅不同数量、不同重要程度的信息，以便更好地适应个性化需求。在这一前提下，网络信息生产的层次得以更加清晰，高层信息加工、信息整合及信息解读等工作可以得到更好的保障。因此，网站需要逐渐摆脱大而全的生产架构，集中精力做好一个或几个专业内容，并且使之尽早占领用户的 RSS 阅读器。

（三）原创型信息生产将得到更多利益

用户运用 RSS 定制信息，可以使信息消费便利与降低成本，同时使信息原始生产者与用户之间的关系变得更加直接，中介性网站的作用退居其次，因此传统媒体在下一轮的新闻竞争中，将有可能摆脱一些商业网站强大的习惯势力的影响，更好地将自己的原创能力转化为影响力。另外，RSS 技术使得博客的活动进一步冲出了个人的樊篱，使博客成为更加具有竞争力的信息来源。个人在未来的网络信息生产中，地位将继续提升，在与专业传媒机构之间可能将实现更加有机的结合甚至是无缝集成。

五、向以移动为标志的多媒体无线化发展

网络通信的理想境界，是为任何人、在任何时间、任何地点、通过任何信息终端、实现任何形式的信息交换。目前伴随着市场需求的不断增长，各种无线技术应用正在向社会生活的各个领域加速渗透，无线通信已步入到了融合发展的新阶段。通过网络的无线化和终端的便携化、多媒体化，形成了一种新的移动媒介终端。

（一）无线多媒体拓展了"第三空间"

无线多媒体通信的发展，顺应了信息时代人们在日益增多的移动环境下对各种信息的需求。在信息时代，人员流动性增强，人们的活动空间扩大，

出行时间增加，在办公室和家庭之外的所谓"第三空间"中的时间越来越长。此外，新一代年轻人完全是在计算机网络文化的熏陶下成长起来的，他们在工作、学习、生活、娱乐等各个方面都对无线网络有着旺盛的需求。便携终端设备以及无线通信成本的不断下降，将进一步扩大整个社会对移动多媒体通信的需求量。

多媒体无线化大大拓展了媒体的服务领域。除了手机报、手机电视、WAP 网站等形式的无线终端媒体外，公交地铁、火车、航空等交通工具上的移动电视也在迅速发展。目前，北京、南京、深圳等数十个城市已制定了"无线城市"计划，目标是在整个城市范围内实现无线网络的覆盖和服务，提供随时随地接入和速度更快的无线网络。多媒体无线化的普及，将给移动传媒提供巨大的发展空间。

（二）手机移动多媒体终端显示越来越重要的战略地位

相对其他类型的移动媒体而言，被称为"第五媒体"的便携式移动多媒体终端——手机，正在显示出越来越重要的战略地位。我国手持移动终端数以亿计，是全国日报发行量的数倍、亦远远高于互联网的用户。手机媒体既可以打造成为像报纸、广播、电视一样的大众传播平台，又可以成为类似网络媒体的分众传播社区平台，还可以成为更多地体现个人兴趣、个人需求的个性化的传播平台。手机随身便携的特点，可以使信息实现实时接收、动态传播，降低了人们获得高满意度信息所需付出的时间和精力代价，从而使信息的多媒体实时传播成为移动通信时代的主旋律。

Web 3.0 就是 Web 2.0 的无线版，其特点是在移动中进一步扩展 Web 2.0 的开放性、自主性、融合性、互动性、聚合性，凸显其个性化的特征。人们将可以利用手机上网开设博客、播客及其他各种"客"媒体，利用手机参与各种网络社区，利用手机发布即时性多媒体信息，利用手机进行阅读、影像、音乐、游戏等文化消费并同时进行自由的多媒体文化创作，利用手机投身于政治、经济、社会、文化等各个领域的活动和公共管理，利用手机进行智能搜索，利用手机进行信息定制，利用手机建立个人门户……从这个意义上说，手机将不再是手机，而是成为通信功能超强的掌上电脑，成为个人生存和发展须臾不可离身的"器官"，成为人类社会紧密联系、和谐进步必不可少的重要纽带。

随着移动终端用户的迅速增加，移动多媒体通信正在成为未来新媒体的最主要特征，并有可能使今后整个媒体传播生态和信息产业重心发生历史性的大转移，即由以计算机为中心转移到以可便携的多媒体为中心，人类真正进入移动多媒体时代。

对未来传媒整体趋势和可能出现的几种形态进行全面梳理后可以看到，

从网媒（网络媒体）到掌媒（手机媒体），下一步媒介创新趋势将进一步延续媒体已经出现的泛媒体化和全媒体化趋势、媒体从简单的资讯传播媒介进一步和交易、生活融合。人的需求引领着媒体的发展方向。从技术和社会进步的角度看，媒介的终极进化方向不仅是各种媒介的融合，而且还要实现人媒合一，即完全打破信息制造者、传播者和接受者的身份界限，借助传播媒介，随时、随地、随心、随意地收发信息，实现无障碍沟通和交流，按照自己的意志和方式满足各种需求。在未来十年或二十年内，在可视听之外，可触、可摸、可以感觉、可以创造情境体验的虚拟现实技术或将成为主流，可能将再次改写技术的边界。另外，传播科技可能将向生物媒介方向发展，通信技术与生命科学交叉领域的记忆内置存储技术以及芯片植入技术等可能出现，并将有可能推动媒介形态的进一步创新乃至突破。

第三章 数字时代传播生态环境变化与世界媒体变局

数字时代信息技术的发展对传统大众传播模式、传播规则、传播理论形成巨大的冲击，引起了世界媒体的大变局。以数字技术为基础的技术创新催生了"第四媒体"网络与"第五媒体"手机，改造了报纸、广播及电视等传统媒体，改写了现有传媒市场的版图和游戏规则，由此带来传媒传播生态环境、市场环境、意识形态环境的巨大变化。

与以往广播、电视出现引发媒体变局不同的是，上两次变局仅仅增添了新的介质，催生了新的业态，其大众传播模式并没有改变，亦未能实现新老媒体的互相替代。数字时代的媒体变局使大众传播模式出现颠覆式的创新，传播走向网络化、融合化、互动化，旧有的运作架构和赢利模式日渐式微，新媒体和新型产业模式显示出蓬勃生机，从而改变了传媒的整个生态环境，从而使得本次媒体大变局具有了不同以往的革命性质，亦使数字时代传统媒体的战略转型显得格外迫切。

第一节 数字时代媒介传播生态环境变化分析

数字时代媒介创新与融合，出现了传播产品多媒体化、传播渠道复合化趋势，并进一步引发了当前传播生态环境的剧变。

一、传播模式的颠覆与创新

传播媒介的网络化、融合化、互动化，使传媒信息传播模式、传播生态发生剧变，并由此导致传媒传播内容与传播方式的全方位的嬗变。

从传播角度来看，传媒传播生态环境的剧变主要直接体现在以下四个方面。

（一）传播方向：从线性链条式单向传播向系统交互式双向传播拓展

众所周知，传统的大众传播模式即大规模的媒介组织向大范围的受众传递大批量信息，即点对面的单向、线性传播，并根据有限的、不精确的反馈信息和传播者对公众需要的估测及适应传播政策的要求，传递被认为是适合大多数受众需要的信息。其特征是单向、线性链条传播，因而其研究方法同样也是单向、线性的链条分析，其中最具代表性的是拉斯弗尔5W模式分析与香农—韦弗的传播模式。（如图3-1）

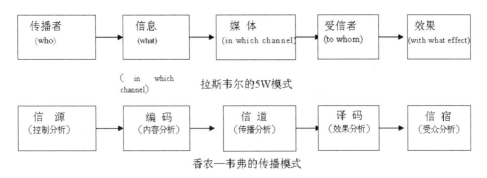

图 3-1 传统媒体的传播模型：线性单向传播

但是，自提姆·柏纳李（Tim Berners Lee）发明 Web 以来，互联网传播就显示了不同于传统大众传播的特点。布朗大学教授乔治·蓝道（George Landow）把计算机的超级文本概念和文化结合起来，提出了超媒体的概念。范德比尔大学（Vanderbilt University）两位工商管理教授霍夫曼和纳瓦克（Donna L. Hoffman and Thomas P. Novak）认为，传统大众传媒是一对多的传播过程，由一个媒介发到大量的受众，而以计算机为媒介的超媒体传播方式延伸成多人的互动沟通模式，传播者与消费者之间信息传递是双向互动、非线性的、多途径的过程。（如图 3-2）

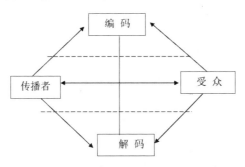

图 3-2 数字时代媒体的传播模型：系统交互传播

（二）传播方式：从大众传播向分众传播、个性化传播拓展

在数字时代，网络传播的出现和发展拓展了传播的广度和深度，打破了以往人类多种信息传播形式的界限，它可以实现点对点、点对面、面对面等传播形式。特别是进入 Web2.0 以后，网络传播形式更加多样化，个性化特征得以彰显，互动功能得以强化，多种传播形式的组合赋予网络传播多重特征。由此，以往的单向传播走向互动传播，单一媒体走向融合媒体，"传受分离"走向"传受合一"，从传统线性传播链条向一种散布型、非线性的星状网络传播系统转化。与此同时，以往大众传统媒介一对多、点对面的传播（如图 3-

3）向一对一、一对多以及同步及异步传播（如图3-4）转化，从大众传播走向分众传播、个性化传播。

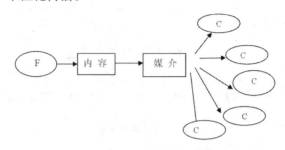

图3-3　一对多的单向传播方式

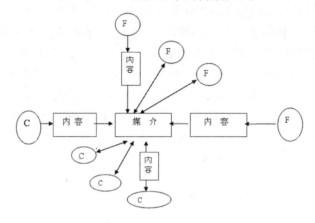

图3-4　一对一、一对多的互动传播方式

（三）产品业态：由单一产品向多媒体融合产品发展。

正如上文分析媒介融合所指出，在电子时代，模拟信号的文本、图片、音视频、动漫的各种信息业态互不兼容。一种媒介形态内容产品要转化为另外一种媒介产品，就必须按照另外一种媒介的特性进行改造，而且成本非常高昂。进入数字时代以后，由于文本、图片、音视频、动漫等各件形式文件基本单位都是"0"和"1"这样的信息的最小单位比特字节式生存方式，因而可以在渠道终端信息形态上针对不同载体需要，对原始内容要素进行标准化、数字化的加工和存储，形成集文本、图片、音视频、动漫等多种形式于一身的新闻信息多媒体产品。

（四）信息渠道：由单一渠道的跨媒体传播向渠道复合化传播拓展

与报纸、广播、电视这些传统的大众传媒相比，通过互联网、手机等数字媒介传播，为信息传播提供了更广阔的舞台。数字传播载体层出不穷，使内容和形式线性组合向复合、交叉、多元非线组合发展，使报道内容更加全面、传播形式更加丰富、传达效果更加明显。另外，从整个社会范围来看，新闻传播方式从传统媒介主导的单向式变为专业媒介组织与普通公民共同参与的分享式、互动式，大众传播与人际传播更加紧密结合。

二、传播规则的颠覆与创新

（一）任何传播者都只能参与而不能垄断传播

数字时代以前，大众传播是一种点对面的传播，传播成为有组织的大规模的定向的活动。大众传媒是一种传播工具、一种生产资料，同时也是一种社会舆论工具，大众传媒的拥有者和使用者同时是信息和舆论传播的控制者。因此，在大众传播中，谁掌握了媒介谁就控制了信息和舆论。但是，数字媒介改变了传播者与传播工具之间关系，数字媒介既有点对点的传播又有点对面的传播，还有面对点、多点对多点的传播。数字媒介为众多个人或非专业组织和团体参与社会传播提供了手段和机会，任何传播者都只能参与而不能垄断传播。

（二）从根本上改变了受众在传播中的地位

在传统大众传播中，随着时间的推移，受众需求越来越得到重视。在一些传播模式中也强调了反馈的概念，传播者可以根据受传者对传播者发出的信息所做出的反应来检验传播的效果，并据此来采取进一步的行动，以实现信息传播的目的。但总体而言，受众在大众传媒有组织、有计划的传播活动面前是被动的。进入数字时代，数字媒介的传受双向互动的特点，从根本上改变了"受众"在传播中的地位。Web1.0时代，传统媒体开始注重前馈与反馈的互动，网络媒体则进一步发挥网络的互动功能，推动网上网下互动、虚拟与实体互动。Web 2.0时代，自媒体"传受合一"，受众既可以是消费者，也可以是生产者，传播方式以用户为中心，呈发散式、交互式状态，受众传统的下游角色成分开始发生深刻变化。

三、传播理论的颠覆与创新

（一）"把关人"理论遇到挑战

传播学奠基人之一的库尔特·卢因在他1947年发表的《群体生活渠道》一文中最早提出"把关人"（Gatekeeper）的概念，他认为：信息的传播过程中布满了把关人，这些把关人负责把关，过滤信息的进出流通。对信息进行的过滤、加工就是把关。在传统媒体中，传播者在大众传播中承担着"把关人"的角色，在传播过程中具有以下几方面的决定权：

"（1）决定传播的时间、内容和形式；（2）对传播的信息进行选择、搜集、编辑、制作和传递；（3）对整个传播进程进行控制和制约。"[1]

---

[1]　周庆山：《传播学概论》第152页，北京大学出版社，2004年版

"把关人"理论确立了传播者在信息传播中的垄断地位，大众传播学的许多理论，如早期的"子弹论"、"皮下注射论"，以后的"意见领袖论"和"两级传播论"，以及20世纪70年代后的"议题设置功能论"和"文化规范论"等，都是以传播者为中心的。但数字媒介的出现动摇了大众传播中传播者的垄断地位，在网络这个自由、开放、平等的空间中没有传统意义上的把关人，信息不再经层层过滤与筛选才能传播。当然，这并不是说在网络空间没有把关人，而是说把关人的作用大大地弱化了。网络等数字媒介信息传播的双向、乃至多向互动性，使数字媒介中的传播者和受传者处于相对平等的地位，甚至可以意义互换，受传者可以成为信息的传播者，传播者也可以成为信息的接受者。因此，数字媒介使昔日的把关人失去了信息传播中的特权，传统媒体的"把关人"模式受到挑战。

（二）议程设置理论遇到挑战

议程设置理论由美国传播学家麦库姆斯和肖提出，其主要观点是在传统大众传播时代，大众传播具有为公众设置"议事日程"的功能，传媒的活动赋予各种"议题"不同程度的显著性（salience）的方式，影响着人们对周围世界大事及其重要性的判断。在数字媒介时代，传播者可以利用博客、播客这样的个人媒体，直接参与对于公众传播的"议程设置"。比如，美国吉拉德利用博客设置了克林顿绯闻事件议程。现在，大众媒体的"议程设置"还占据主导的地位，但其垄断的地位已经成为历史。

（三）沉默的螺旋理论遇到挑战

德国女传播学家伊丽莎白·诺埃勒·诺依曼在对历史进行研究的基础上，经过多年民意调查实证研究，于20世纪70年代提出了一种描述舆论形成的理论假设——"沉默的螺旋"。诺埃勒1974年在《传播学刊》上发表论文《重归大众传播的强力观》，1980年她又在《沉默的螺旋：舆论——我们的社会皮肤》一文中进一步发展了该理论。沉默的螺旋概念描述了这样一个现象：人们在表达自己想法和观点时，如果看到自己赞同的观点受到广泛欢迎，就会积极参与进来，这类观点越发大胆地发表和扩散；而发觉某一观点无人或很少有人理会，即使自己赞同它，也会保持沉默。意见一方的沉默造成另一方意见的增势，如此循环往复，便形成一方的声音越来越强大，另一方越来越沉默下去的螺旋发展过程。但是，进入数字时代，互联网给了每个人能够甚至可以匿名发出自己声音提供了可能性，产生社会对立的意见的螺旋的能量大大消解。另外随着社会和谐进步，言论渠道多样化和个体化，人们独立思考能力、获得信息的渠道能力增强，从众心理大大弱化。虽然言论不可能实现完全的自由和平等，但沉默的螺旋更多转化为喧嚣的多股意见并存的"潮流"。另外，博客具有了独立的表达能力和传播能力，受众不再是舆论环境中的"哑巴"，成为舆论格局中不可忽视的角色。

第二节　数字时代世界媒体变局

数字时代以网络、手机为代表的数字媒体展开了咄咄逼人的市场攻势，传统传媒市场遭遇新媒体的猛烈冲击，市场格局剧烈变动。传统报纸、广播、电视台看到"数字化"前途之后，纷纷提出基于网络平台的战略转型。在战略转型过程中，各媒介不断进行发展战略、运行机制、产品形态、营销策略与生态环境相适应的大调整，而根据各媒体调整策略的不同，市场发生此消彼长的变化，从而带来传媒市场的大洗牌，形成新的传播格局。

一、网络新媒体开始成为社会强势媒体

（一）网络已从一种技术手段演变为具有重要影响的新媒体

自上世纪90年代大众化应用以来，互联网经过十几年的发展显示了强大的生命力，成为社会各界人士公认的主流媒体。调查显示，2005年欧洲消费者用于上网的时间首次超过读报和看杂志的时间。[①] 美国哈佛大学2007年7月一项调查结果显示，美国12岁至17岁的中学生有28%不闻天下事，另有多达46%的中学生完全不读报。调查显示，人们阅读习惯已全面转移至互联网。[②]

2007年9月，美国的一份调查数据表明，互联网和电视是人们最为青睐的传媒，但互联网已跃居电视之上。大约1/3阅读在线电子新闻的用户对传统媒体失去了兴趣，电视收视率下降了35%，广播收听率下降了25%，报纸购买率下降了18%，网络传播咄咄逼人的发展态势给传统媒介带来巨大的影响和压力。据Nielsen/NetRatings的统计，2007年美国新闻网站平均每月页面浏览量近30亿，比2006年的月平均浏览量增加约3亿。2008年1月，美国新闻网站的页面浏览量一举突破30亿大关，达到近33亿。一些网民特别是美国青少年网民已习惯于每天登录门户网站获取各类信息。2008年年底，美国互联网首次超过报纸成为读者主要新闻来源。[③]

---

① 英国《金融时报》中文网（ftchinese.com），2006年10月9日

② 《中国青年报》，2007年7月12日

③ 新浪科技　http://www.chinalabs.com/html/jiaodiandaodu/TNTyejie/2009/0422/23071.html，2008年12月29日

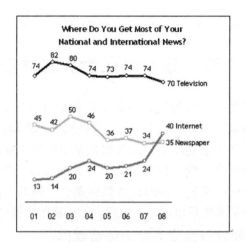

图 3 - 5　互联网超报纸成美国读者主要新闻来源

　　2008 年北京奥运会上，网络媒体首次正式成为奥运会特权转播商，以其报道规模大、原创率高、市场运作和技术水平高等优势，显示了网络媒体巨大的影响力。中国网络媒体在 2008 年覆盖人群绝对数量增长超过六成，并且在拉萨"3·14"事件、汶川大地震、奥运圣火传递等事件报道的表现作为历史性标志，表明中国网络媒体作为一种新生力量在具有强大影响力同时已开始承担一定的社会责任。

　　第六届亚太地区媒体与科技和社会发展研讨会 2008 年 11 月 22 日在北京开幕，连续六届出任该研讨会大会主席的中国科协名誉主席周光召院士致开幕词称，互联网已由一种信息技术手段，演变为在社会生活中扮演重要角色的新媒体。如今，网络媒体发展已日趋成熟，以互联网、移动媒体为代表的新媒体，正在带来跨媒介、跨产业融合的全球传播新格局。网络媒体的迅猛发展再次证明科技进步是推动人类文明发展的根本动力，以即时、海量、互动为特征的网络文化的兴起，其影响涉及到人类生活的方方面面。传统媒体与新媒体未来将在竞争与融合的基础上，实现多元化的共同发展。

（二）网络导致传媒基本形态、组织模式、运行方式发生变化

　　网络集各种媒介优势之大成，可以以声音、图像、文字等多媒体形式进行传播，可以实现即时互动传播，并具有海量延伸的特点。而且，网络媒体在一开始就处于激烈的市场竞争之下，目前已经形成比较成熟的市场运作机制和运作流程。因此，伴随着目前媒介之间越来越呈现出相互进入、融合的趋势，各种媒介都将向基于网络平台的全媒体方向发展。这种媒介形态的加速演变，使得不同媒介间的依存关系、功能边界发生了变化，从而使传媒的传播生态环境发生了改变，并由此导致传媒外部环境、基本形态、组织模式、运行方式、竞争方式等等发生了变化。

案例一：新浪网中国驻南联盟使馆遭遇轰炸事件报道

北京时间 1999 年 5 月 8 日晨 6 时左右，中国驻南联盟大使馆遭到北约飞机轰炸，网络媒体与传统媒体发稿时间对比一览：

06：24 新浪网值班编辑发布"快讯：中国驻南联盟大使馆 8 日凌晨被炸"；

06：40 新浪网值班编辑发布"详讯：中国驻南联盟大使馆 8 日晨 6 时被炸"；

9 时后，新华社发布我使馆被炸报道；

12：00 CCTV《午间新闻》播出；

次日，人民日报、光明日报、经济日报等中央大报报道。

综上所述，网络媒体即时、快速、海量报道体现了新优势，日益发展成为许多受众尤其是新生代受众获取外界新闻信息的第一选择。

2000 年 12 月，新浪网被批准成为第一家拥有登载新闻资格的门户网站，随后在 1999 年 3 月科索沃战争、1999 年 5 月北约轰炸中国大使馆事件、1999 年 9 月台湾 921 大地震、2001 年 9 月"9·11"事件等报道中发挥快速、海量、独家、首发优势，赢得了中国商业网站新闻第一门户的美誉。

以人民网、新华网、新浪网为代表的新闻网站飞速发展推动中国网络新闻快速发展、空前繁荣发达，网络新闻使用率大幅攀升。2008 年上半年，中国网络新闻用户较 2007 年增长了 5164 万人，达到 2.06 亿人。到 2009 年 6 月，中国网络新闻使用用户高达 2.6601 亿人，占网民总数的 68.6%，中国社科院发布 2009 年《社会蓝皮书》，其中《2008 年中国互联网舆情分析报告》指出，互联网已成为社会舆论的重要发源地。

案例二：雅虎直接参与新闻采访

众所周知，网络媒体一般只集成新闻，而不自采新闻，但现在雅虎等网络媒体正在打破这种局面。战地记者 Kevin Sites 将赶赴全球热点地区，负责采集多媒体素材，包括独家视频、文字及声音资料，并讲述卷入冲突的一些人和事，对世界各地正在发生的武装冲突进行全面报道。Sites 在雅虎上发布报道的栏目被命名为"Sites 在热点地区"，用户可直接与 Sites 进行在线交流，并收看他在危险环境下采访的场景，还可点击新闻相关的信息。该行动标志着雅虎的一次重要转变，在此之前，雅虎仅仅扮演了一个新闻集成器的搜集者角色，雅虎新闻可对 8000 个互联网新闻站点进行搜索。据法新社报道，雅虎正在打造互联网时代的新闻服务，利用其五亿网民受众赢取对各国领导人的独家专访。雅虎节目主编杰西卡·巴伦（Jessica Barron）表示，雅虎想成为互联网上排名首位的独立新闻渠道。与其他从互联网上采集新闻的网站不同，雅虎正在减少与传媒和其他传统媒体的内容合作，相反加强对自身记者的投入。美国总统乔治·W·布什、韩国总统李明博、美国国务卿赖斯等接受了雅虎新闻频道的专访，雅虎采访布什的内容在36小时之内被500多万网民观看。①

网络媒体过去的做法一直是集成传统媒体的新闻报道，现在雅虎将向热点地区派出自己的报道力量，以音视频、文字等形式，进行独家报道，并发挥网络媒体特点进行互动报道。这一做法，将可能对媒体格局产生较大影响。在世界范围内，新闻传播的吸引力和影响力都在向新媒体转移的新形势下，网络门户媒体加入新闻采集行列的这一动向值得关注。

案例三："平民记者"网站梦想成为世界最大通讯社

被《时代周刊》列为2007年50大网站的"平民记者"网站NowPublic宣布，已获得1060万美元的注资，有望发展成世界最大新闻传媒。业内人士认为，根植于大众理念与开放办社的方针让"平民记者"网站或许不容小视。

总部设在温哥华的这个网站称，它们以每月35%的增长率扩展，在140多个国家拥有近12万名"投稿记者"。NowPublic允许任何拥有数码相机或可拍照手机的公众，把新闻照片或新闻录像片段上传到网上，然后通过互联网向全世界发布消息。

（三）互联网成为主流舆论平台

互联网舆论是所有人对所有人的传播，通过多媒体、多渠道、多形式传播，成为人们表达政治意见社会文化诉求的重要方式。互联网舆论集纳网民情绪、认知和行为倾向，其载体形式多达十多种，括网络新闻、新闻跟帖、论坛帖文、电子邮件、网上调查、网上签名、即时通讯、手机媒体、博客、播客、维客等等。百度与google、新浪与雅虎网站以及各类传媒网站成为具有全球影响的网络新闻传播的重要渠道，MSN、QQ、社交网站、微博客等成为人们在线交流资讯、人际传播新工具。

世界各国领导人高度重视互联网舆论，美国总统奥巴马、德国总理默克尔、俄国总统梅德韦杰夫、前总统、现总理普京、越南总理纷纷走近网络以影响舆论。走向网络视频聊天室、开通博客与网民面对面、英国女王、罗马教皇通过视频分享网站YouTube发表新年贺辞、美国总统候选人通过网络宣传政治主张、通过网络与网民对话、募集选票、赢得选举胜利……网络已经成为人类政治生活中不可缺少的重要组成部分。

美国的民主党候选人奥巴马借着互联网颠覆了美国以往总统大选的模式。奥巴马充分利用互联网的作用，依靠网络新闻、搜索引擎、YouTube视频点

---

① 《雅虎本月底将采访韩总统李明博 内容全程直播》2008年8月5日，http：//it.sohu.com/20080805/n258613475.shtml

播、博客、播客、电子邮件、网络游戏内置广告、手机短信、Myspace、Facebook 社区网站、在线购买、铃声下载等互联网新技术新手段，用最小的代价达到了最佳传播效果。奥巴马在 Myspace 网站上有 41.5 万个朋友，在 Facebook 网站上吸引了 100 万"粉丝"。

中国国家主席胡锦涛、总理温家宝等领导人也重度重视互联网舆论。2007 年 1 月 23 日，中共中央政治局新年第一次集体学习，主题就是网络文化建设与管理。胡锦涛总书记在主持集体学习时提出：加强网上思想舆论阵地建设，掌握网上舆论主导权，提高网上引导水平，讲求引导艺术，积极运用新技术，加大正面宣传力度，形成积极向上的主流舆论。2008 年 6 月 20 日中共中央总书记、国家主席、中央军委主席胡锦涛专门来到人民网，并通过强国论坛同网友在线交流。2009 年、2010 年中国人大会前后，温家宝总理两次来到中国政府网、新华网访谈室，与网友进行在线交流。在两次交流期间，每次提问的帖子超过 30 万个，页面访问量达到 1.5 亿，100 多万人同时在线观看视频。

二、传统媒体战略转型

（一）报业

网络、手机等新媒体的出现和进一步演变，对传统报业生存提出了直接的挑战，传统报业向数字出版转化，向报网融合战略转型，传播方式进一步网络化、多媒体化，向全天候、全媒体化方向发展。譬如，湖北日报报业集团更名为湖北日报传媒集团，迅速进行数字化跨媒体转型。辽沈晚报推出 ES 战略，"E"是"数字化"的代名词，"S"是"Service"（服务）的缩写。具体表现为"3E"法则："全媒体、全平台、全天候。"Every Media（全媒体），指内容采集与生成在技术形态上具有多元性，简称"E－Media"；Every Platform（全平台），指内容发布在实施手段上呈现多样介质，简称"E－Platform"；Every Time（全天候），指内容采集及发布在时间坐标中没有断点，简称"E－Time"。解放日报推动 4I 战略，即 i－news（手机报）i－mook（电子杂志）i－paper（电子报纸）i－street（公共新闻视频）。目前中国数字报业实验室已将报纸网站、手机报、多媒体数字报刊、数字化平台、手机二维码、电子商务、户外数字媒体、电子阅读器、移动采编系统等九大类数字报业项目为创新方向。

在国际报业方面，拥有《洛杉矶时报》《芝加哥论坛报》《巴尔的摩太阳报》等 10 家日报和 23 家广播电视台的美国第二大报业集团—论坛公司，因为不敌广告严重下滑与网络媒体的冲击，于 2008 年 12 月 8 日正式宣布申请破产保护，成为网络普及以来首家申请破产的美国主要报业集团。具有百年历史，曾 7 次获普利策奖的《基督教科学箴言报》也因亏损而停刊印刷版，从

2009 年 4 月仅出网络版,成为美国首份专注网络版的报纸。

(二)电视媒体

在第一轮新媒体浪潮中落后的中国传统电视媒体,现在加大了新媒体转型进程。中国中央电视台成立了网络资源整合领导小组和实施工作小组,详细制订了中央电视台网络资源整合工作的近期、中期和远期发展目标,着力打造像电视品牌一样的网络品牌。2009 年 12 月 28 日,中国网络电视台正式开播,成为中央电视台向互联网扩张的重要一步。中国网络电视台提供视频直播、点播、上传、分享、搜索等全功能服务,是以视听互动为核心、融网络特色和电视特色于一体的全球化、多语种、多终端的公共服务平台。通过中国网络电视台可以收看所有电视台正在播出的节目,特设的爱西柚和爱布谷频道则可提供视频上传和受众点播,使传统电视的互动瓶颈得以突破,从而使电视观众选择性、自主性得以进一步实现。

在国外,美国电视新闻网 CNN、英国广播公司 BBC 等广播电视集团也纷纷向网络进军。比如,美国有线电视新闻网 CNN 在上个世纪 90 年代开设网站以后,又开拓了网络图文、网络广播、网络视频等全媒体业务,2006 年推出"我报道"(I – Report)频道,开辟邮箱和网站专门频道,鼓励普通观众在第一时间、第一现场把自己身边的新闻记录下来传给 CNN 播发。2008 年 CNN 又与微博 Twitter 和社交网络门户 Facebook 合作直播美国总统奥巴马总统大选和就职典礼。CNN 还尝试使用诺基亚 ME ON TV 技术,让手机用户直接上传现场视频新闻。运用这些新媒体技术手段,CNN 在一系列重大全球突发事件中保持领先传播力,进一步扩大了在数字时代的世界舆论影响力。

2006 年 4 月,BBC 推出了"创造性的未来"计划,其核心内容就是要筹集数十亿资金开拓数码媒体领域,使媒介形态"超越广播"(Beyond broadcasting),创造出一个"按需索取的世界"(World on – demand)。由于意识到传统广播已经不能适应用户对于随时点播,多种设备随时播放的需求,BBC 开放其 1937 年以来的多达上百万个节目的历史内容存档库,提供给用户。用户可以随时随地观看和使用 BBC 的节目内容;另外,BBC 不仅仅把自己看做是内容的制作者,也将用户看作是内容的制作者。BBC 不仅是广播商,而且需要为用户制做的内容提供更好的平台,让用户参与讨论和创作。广播听众可以通过 BBC 提供的播客平台创建个性化的电台,还可以在其网站上传视频内容。

(三)通讯社

面对数字时代传播生态环境剧变带来的机遇与挑战,路透、美联、法新、新华等世界性通讯社经历了短暂的彷徨和困顿之后,都先后开始了战略转型。路透社开始实施"基于网络平台"的运作,美联社提出"电子美联"计划,法新社提出大力发展新媒体，中国的新华社亦提出"向终端拓展、向多媒体业态拓展、向全球化拓展"的战略转型。在数字革命深刻变革的背景下，世界四大通讯社或主动或被动地向全媒体方向拓展，以多种形式直达用户终端，从而使其服务对象、基本内涵以及"媒介中的媒介"的角色定位均发生巨大变化，出现了媒体通讯社化与通讯社多媒体化的融合趋势。

三、传播主体多元化趋势进一步加剧

随着技术的发展和政策的变化，网络渠道商、技术运营商乃至银行等都在进入媒体信息市场。新闻信息业已不再是独立高地，不再是壁垒森严、难以进入的行业，其他行业与信息内容产业之间的界限越来越模糊，越来越多的行业经营战略的调整都是以增强信息服务为主要选择之一。

（一）移动技术渠道运营商发展内容产业

掌控传输渠道的电信运营商不甘于仅仅作为通道维护者，在内容与渠道的博弈中，正在朝着综合通信与信息服务提供商角色实施战略转型，成为信息传播的主体。比如，从 2005 年开始，中国移动就提出了从移动通信专家跃升为移动信息专家的计划。进入 2006 年，中国联通实施了"TIME"计划，即以电信服务、信息服务、传媒、娱乐四大内容为中心，逐步进入信息服务、媒体、娱乐、通信通道服务四大产业。中国电信也提出要从传统的基础网络运营商向现代综合信息服务提供商转型。

（二）搜索引擎技术运营商加入媒体行列

凭借搜索技术的整合作用，谷歌、百度等搜索引擎技术运营商迅速跨入具有影响力的媒体行列。CNNIC 最近的几次调查均显示，中国网民上网的活动中，上网看网络新闻和使用搜索引擎的比例已经非常接近：①网络新闻73.6%、搜索引擎 72.4%（2008.1）；网络新闻 77.3%、搜索引擎 74.8%（2007.7）；网络新闻 53.5%、搜索引擎 51.5%（2007.1）；网络新闻 66.3%、搜索引擎 55.3%（2006.7）①。从 Alexa 的排名情况来看，从 2007 年 8 月以来，百度访问量排名大多时候都位于新浪之前②，名列中国网站访问量排名第一位，而新浪在中国新闻网站中排名最高。

（三）金融证券业的最新服务模式已具有信息业的特征和功能

1996 年美国国会通过了《银行法案》和《电信法案》，允许银行混业经营，允许有线电视业、长途电话业和本地电话业互相进入，从而完全改变了原有的金融业和通信业格局。花旗银行给客户的已不仅仅是传统银行业务，而是以客户需要为中心的综合信息服务。也就是说，其赢利模式发生了重要

---

① 资料来源：www.cnnic.net.cn

② http://www.alexa.com/data/details/traffic_details/baidu.com

的变化，不再只是提供金融产品，而是以出售服务为中心赢得对客户的吸引与控制，以提供信息、切入信息传播领域保持并不断增强对市场的控制力。

在中国，很多的金融证券公司都对客户提供了丰富而翔实的财经金融信息。而这一块的业务正吸引越来越多的潜在进入者。正是在这样的背景和对未来的战略前瞻下，中国银行同样表明了对媒体的极大兴趣。

四、各种传播主体抢占 IPTV、无线互联等新媒体高地

随着 3G 时代到来与技术平台的不断成熟，IPTV、无线互联等正在成为新媒体高地。目前各种传播主体在做强做大传统主业的同时，积极抢占网络电视、互动电视、移动电视、楼宇电视等新兴媒体市场。CCTV 借助奥运时机，一方面与移动电信运营商实现手机电视联合转播，另一方面以广播制式的手机电视进行联合同步转播 CCTV 电视频道，此外还适时推出了奥运手机报。上海文广传媒集团获得了国内第一张 IPTV 牌照后，正式与上海电信开始联手大规模推广 IPTV 业务。据上海文广旗下专门负责 IPTV 业务的百视通公司介绍，上海文广将上海电信宽带捆绑，推广"宽带业务 + IPTV"的捆绑资费套餐服务，仅广告投入就达一亿元。上海文广的目标是实现从一个地方广播电视播出机构转变为一个面向全国，乃至全球华语世界的内容提供商、发行商、运营商和服务商。

综上所述，传播技术创新带来媒介形态演变与媒介的大融合，使传播生态环境发生剧变，从而使媒介发展战略、运行机制、产品形态、营销策略不得不出现与生态环境相适应的大调整，根据各个媒体调整策略的不同，市场将发生此消彼长的变化，从而带来传媒格局的大洗牌。

冷静观察发展大势就可以发现，新闻信息业已不再是独立高地，不再是对别的行业壁垒森严、难以进入的地方，其他行业与信息业之间的界限越来越模糊，越来越多的行业经营战略的调整都是以增强信息服务为主要选择之一。

第三节　数字时代传媒意识形态环境变化分析

新闻信息产品作为具有意识形态属性的精神产品，它的生产与消费无疑要受到意识形态规律的影响和制约。

伴随 20 世纪 70 年代兴起的以信息技术为核心的新技术革命的蓬勃发展，世界经济呈现出前所未有的全球化态势。到上个世纪 90 年代，一个新的全球化的国际体系取代了冷战格局，使全球化不仅仅成为一种经济趋势，同时它改变了一个国家的政治选择、经济政策、文化交往、外交关系和军事活动，甚至于于上述行为背后的观念、信仰、动机等意识形态构成强烈的冲击。数字时代全球化传播态势，进一步使国家主权向虚拟主权方向延伸，使国家软实力的较量浮出水面。

进入数字时代以后，全球化传播特征进一步明显，意识形态环境的变化也促使传媒的作用进一步加强，使传媒之间争夺话语权的竞争进一步加剧，推动传媒加快战略转型步伐。

一、数字时代意识形态环境出现新的特征

（一）社会制度意识形态之争转为隐性、复杂的价值观冲突

苏联、东欧社会主义国家演变解体后，西方大国利用各种方式，宣传共产主义意识形态终结，推动资本主义的"民主制度"和"人权原则"，使得资本主义意识形态上升成为世界主导性的意识形态。随着全球化程度加深和范围扩大，西方意识形态、价值观念、生活方式得以在全世界传播。由此大多数意识形态理解似乎陷入两种误区：一种观点认为，共产主义意识形态已经终结，全球化意味着资本主义"自由民主制度"的世界大同；另一种观点则认为，在全球化形势下不宜多提"意识形态"，否则就有延续冷战思维的嫌疑。

实际上，冷战后以社会制度和意识形态为界的一分为二的国际局面虽然消失，但作为一种包含某种价值判断的指导人类实践的世界观和方法论，意识形态并没有退出社会生活，反而意识形态竞争更加微妙、更加复杂，由以前赤裸裸的社会制度之争转为更加隐性的、多样的、复杂的价值观冲突。这种冲突在国内体现为社会各阶层政治文化、思想意识以及利益诉求的多元化，在国际上则体现为发达国家和发展中国家因获益不同而产生价值观冲突，比如主权与人权、生存权与发展权，民族认同和宗教信仰分歧与民主价值观的争论等等。

（二）网络文化呈现草根性特征

作为一种人类基本的生产、生活的工具，互联网渗透并影响了我们沟通交流、学习、研究、生活、工作、娱乐、炒股等生活的各个方面。互联网对于政治、文化、意识形态的影响并不亚于其对经济的影响。作为虚拟互联网传播平台，它与传统报刊、广播、电视等媒体不同，互联网构建的是虚拟社会，它的呈现具有如下特点：全民性、互动性、自由性、创新性、全球性、海量性、草根性。从意识形态角度而言，互联网从源头、渠道到终端全面影响现实社会，在全球化的语境里，中国互联网既对整个传统权威体系进行分权，又给每一个个性化的网民赋权，任何人可在任何时候任何地点匿名传播自己的思想观点。因此，和其他媒介相比，网络文化呈现鲜明的草根性特征。网络的虚拟性、自由性和独立性，不像以前舆论由国家机器垄断，而是意见领袖、公众知识分子

乃至草根民众都可以参与话语平台,极大地拓展了公众话语空间。

美国学者米德在研究人的自我意识与内省活动之际发现"主我与客我"理论:"自我可以分解为相互联系和相互作用的两个方面:一方面是作为意志和行为主体的'主我',它通过个人对事物的行为和反应具体表现出来;另一方面是作为他人的社会评价和社会期待之代表的'客我',它是自我意识的社会关系的体现。人的思维、内省活动就是一个"主我"和"客我"之间双向互动的传播过程。"这个理论说明人在很大程度上是活在他人的判断之下的,人们渴望认识客我,渴望得到他人的肯定。因此,网络文化的草根性在早期阶段很多时候体现为一种恶搞与宣泄,但随着时间的推移,网络文化逐渐走向更加自觉、自省,走向理性。

(三)国家软实力竞争日趋激烈

全球化时代,国际间运输和通讯成本大大降低,从而有力地促进了国际间政治经济文化活动的开展。跨国公司的投资和金融财团对超额利润的追逐以及战后市场经济体制的扩展,使得世界市场空前扩大,为加速资本在世界范围的流动和扩大国际分工提供了新的契机。在全球化背景下,一国内政与外交的界线也变得日益模糊,民族与国家作为权力实体和文化意识概念受到全球化的双重挑战。另一方面,全球化促进了国家与民族的对话与和平进程,国际合作也呈增长势头。另外,类似臭氧层变薄、大气污染、全球变暖、毒品泛滥等全球性问题的日益严重化,激发了人类整体意识,凸现了加强全球协商与合作的必要性和紧迫性。各国围绕汇率、技术、贸易、太空开发、气候变化等一系列全球经济问题上话语权的争夺更加激烈。

在这一格局之下,特别是冷战以后,虽然军事力量在全球格局中仍将是一种重要的权力因素,但是类似文化、意识形态、社会制度等因素在国际政治中的地位越来越重要。在这一背景下,美国学者约瑟夫·奈在上世纪90年代初提出国家"软实力"(softpower)这一概念以后,就迅速引起各国的重视。所谓"软实力",就是"在以信息为基础的经济发展和跨国合作的时代里,力量变得越来越不可转化,越来越无形,越来越失去强制性。"[①] 软实力是指国家在思想、文化、价值观和生活方式等方面具有的影响力和感召力,其核心是强调思想、价值观和文化等因素在国家实力中具有的重要作用。

(四)国家网络主权面临新挑战

---

① 约瑟夫·奈:《美国定能领导世界吗》第27页,军事译文出版社,1992年

早在 2005 年，美国公布的《国防战略报告》明确将网络空间和陆、海、空、太空定义为同等重要的领域，是需要美国维持决定性优势的五大空间。英国首相布朗说："正如 19 世纪必须保卫海洋，20 世纪必须保卫天空那样，21 世纪我们必须要保卫网络空间。"①

网络空间正在成为重要的战略资源，国家"网络主权"与国家的政治主权、经济主权、文化主权密切相关，后者在未来社会中将越来越依赖于前者，依赖于信息遏制、信息威慑和信息封锁等等方面的力量。但是伴随着数字时代数字化进程的日渐深入，信息全球传播态势进一步使各国政府在相当大的程度上已失去了控制资金从他们的国家流入和流出的能力，而且越来越难以控制思想、技术、商品和人员的流动。简而言之，国家边界已日益变得容易被渗透。② 尽管信息技术的发展使得世界各国可以借助互联网在世界上传播自己的文化，但事实是源于西方发达国家的信息技术不可避免地充当了这些国家传播他们语言、他们文化的工具。在网络空间中，传统国家主权受到质疑，主导数字时代游戏规则的一些国家依靠网络，将自己的"网络疆域"无形地扩展到许多国家，对别国的"网络主权"构成威胁，而身处弱势地位的发展中国家网络主权则受到侵蚀。

（五）数字鸿沟使传播秩序不平衡现象加剧

进入 90 年代，以国际互联网为代表的新兴通讯技术出现了爆炸式增长，虽然使世界各国利用信息技术加大自己文化的传播提供了可能，但是这却并不意味着所有的国家都能够平等地享用这种技术。西方国家主导着技术的研发和使用，垄断着技术和利益，进而掌控信息流动的方向、规模，而一些发展中国家则只能被动地接受信息的传播，从而使全球范围出现信息传播新的贫富差距，即日益扩大的"数字鸿沟"。"数字鸿沟"即指人们由于获取新的传播技术方面的不平等，导致新的历史时期在分配、有效使用信息和通讯资源方面，两种或多种人类群体之间实际存在的不对称，获得信息内容、享有信息资源、运用信息技术、享用信息便利条件等方面的差异和不平等。

由于目前全球传播更加依赖于复杂的技术和庞大的资本，传播能力的差距将会随着技术和资金的不平衡更加明显，那些掌握了资金和技术优势的国家在技术研发和市场开拓方面具有更大的优势，相反资金和技术相对匮乏的国家则无力承担越来越高昂的技术研究和市场开发的成本，最终导致越是发

①　李大光：《网络空间争霸战》，《时事报告》，2009 年 8 月
②　塞缪尔·亨廷顿：《文明的冲突与世界秩序的重建》第 16 页，新华出版社，2005 年版

达国家越能获取新的技术和利益的"马太效应"，结果只能是发达国家与欠发达国家的数字鸿沟可能不断拉大。

二、数字时代传播媒介作为意识形态工具重要性加强

（一）数字时代互联网开始成为国际舆论斗争的主战场

一国的民族文化，综合代表着这个民族的价值观念、思维方式、民族情感、道德伦理。新闻媒体在承载与传承社会文化方面扮演着特殊且极其重要的角色。在国际新闻报道领域，意识形态竞争的痕迹更为明显。正如美国学者塞缪尔·亨廷顿指出："对一个传统社会的稳定来说，构成主要威胁的，并非来自外国军队和坦克进攻，而是来自外国观念的侵入，印刷品比军队和坦克推进得更快、更深入。"[①]

进入数字时代，作为中性的信息通道和载体，互联网由于具有公开、自由、便利、匿名等特征，已成为各种思想文化、价值观念和意识形态竞逐的集中地。网络传播的开放性、无中心性和多元化使互联网上各种思潮并存并相互激荡，导致人们信息选择和价值取向的多样化。互联网"淡化了人们对本国文化的归属感和认同感，……对国家和民族的传统的忠诚都已经被虚拟的世界所取代"。[②] 因此，以现代科技为支撑的互联网已成为国内外敌对势力进行"和平演变"、意识形态渗透的重要工具和武器。

（二）国际传播能力是文化软实力的组成部分

目前世界各国越来越重视思想和文化发生影响力的软实力，而思想和文化发生影响力的前提是通过传播使之得到充分的传播和扩散，因此提升国家软实力在很大程度上要依托和借助强大的传播实力。国际传播能力是文化软实力的组成部分，是维护国家形象、传播国家文化的重要手段。

当一个国家、一个地区的政治、经济、文化具备了相当程度的国际影响力，或者当地发生了具有相当国际影响力的重大事件，便有可能为其建立世界话语权创造契机。但是，能否变为现实取决于实力和事件以外的因素——最重要的是传播内容与形式的价值因素。

---

① 塞缪尔·亨廷顿：《变化社会中的政治秩序》第 141 页，三联书店，1989 年版
② 黄仁伟、刘杰：《国家主权新论》第 60 页，时事出版社，2004 年版

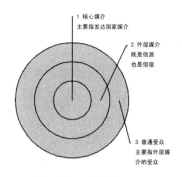

1. 核心媒介
主要指发达国家媒介

2. 外层媒介
既是信源
也是信宿

3. 普通受众
主要指外层媒
介的受众

图 3 - 7 媒介发布与传播同心圆结构

如（图 3 - 7）在信息的流动中，首先是核心的媒介发布信息，然后再经过外一层媒介传播给更多的受众，外一层媒介既是信宿，又是信源。同心圆结构不仅说明了媒介的彼此关系，更建构了媒介间的一种类权力关系。居于核心的媒介直接掌握着诠释、解读事实的权力，并且依据这种优先权构建意义，外围的媒介只能被动地接受，从而失去对信息传播的主动权。西方国家软实力的形成与强大，正是得益于以西方强大的跨国媒介控制的全球信息传播体系。在这个体系内制造和流通的新闻和娱乐产品弘扬西方的制度、组织机构和主流价值观，并使其合法化。①

（三）主权国家对网络等数字传媒重视空前提高

互联网没有国界，却是一国综合国力、国家软实力的核心竞争力要素。2005 年 8 月底，法国总统希拉克高调宣布，为了应对全球网络巨擘 google 和雅虎等美国网络新势力的垄断，法国政府加快步伐资助包括本国公司在内的欧洲高科技公司，创建属于法国自己的互联网搜索引擎。法国以政府名义向互联网"入侵者"宣战，强调民族互联网工业是本国优先发展重点。

在互联网领域领先的美国亦强调网络安全的重要性。2007 年 3 月，美国众议院一致通过了加强国家对外国投资监督的法案，严格对外国投资商的立法限制。美国政府下属的外资并购审查机构——美国外国投资委员会出台的一项新举措规定：一旦外资收购交易被裁定危及美国国家安全，就将对相关外国企业处以高达数千万美元的罚款。当中国的 IT 设备厂商华为公司与美国投资公司贝 恩资本共同斥资 22 亿美元收购美国 3Com 公司时，就遭到美国海外投资委员会的反对，而其理由就是出于"国家安全方面的顾虑"。

三、数字时代国际舆论环境现状分析

对于传媒而言，所涉及的意识形态竞争更多地体现为政治与国家因素作

---

① 李希光、周庆安：《软力量与全球传播》第 33 页，清华大学出版社，2005 年版

用的变化，特别表现为国际舆论环境变化。

（一）国际舆论失衡加剧

所谓国际舆论失衡是指西方发达国家凭借掌握的传播资源垄断了意见的生产与传播，并借此使西方的声音在世界范围内具有主导性的地位，由此建构了符合西方国家利益的国际舆论环境，并为西方国家推行干涉性的外交政策提供合法性论证。进入数字时代以后，西方发达国家凭借在数字媒介领域的先发优势，使国际舆论失衡现象加剧。

互联网发轫、兴盛于美国，因而被深深地打上美国文化的烙印。美国至今仍掌控着信息网络的核心技术，把持控制着整个网络信息传播体系。在当前的国际信息网络中，90%以上为英文信息，中文信息不足0.4%。全球近3000个世界性的大型数据库70%设在美国，全球访问量最大的100个网站终点，有94个在美国。[1] 美国对互联网的控制不仅仅在技术上，而且还体现在文化上。网络系统从硬件到软件到各种标准，都是由发达国家来制造和控制的，互联网在很大程度上是以美国语言、思想、文化为核心的全球传播体系。美联社、路透社、法新社等西方主要通讯社以及英国广播公司BBC、美国有线电视新闻网CNN、美国之音VOA等凭其雄厚资本优势和先进技术手段拼争全球首发、首播，以加大突发事件快速反应能力和国际传播能力，从而主导国际舆论。

从世界范围内看，国际舆论的失衡与同质化表现为发达国家垄断了国际舆论的话语权，控制了媒介的议程设置功能，并主导了媒介与信源、媒介与媒介、媒介与受众三者的互动，掌控着国际舆论的生成和传播。比如，9.11之后，美国成立了"全球宣传办公室"，将反恐作为第一要务，凭借自身的实力，特别是利用网络、电视等媒体，将"反恐"深入人心，使许多国家加入到了"反恐"统一战线。美国国会还批准可动用5000万美元资助信息办公室，用以"阻止互联网被高压政权干扰和查封。"但另一方面，朝鲜、伊拉克、伊朗等一些国家的信息却无法向世界传递，使国际舆论长期处于失衡状态。

（二）国际舆论战呈现"西强我弱"不对称局面

建立国际传播新秩序的呼声由来已久。20世纪70年代，广大发展中国家即要求建立国际政治经济新秩序，不结盟运动首次倡议"世界信息与传播新秩序"。进入数字时代以来，广大发展中国家强烈呼吁"全球信息共享"、反对"网络霸权主义"、维护国家网络主权。目前来看，虽然发展中国家网络舆论力量加强，但总体而言，仍然呈现"西强我弱"的不对称局面。就新闻信

---

① 顾洪英：《信息网络化条件下的社会主义意识形态建设》，《求实》，2009年第9期

息传播而言，仍存在着"反差""落差"和"逆差"现象。所谓"反差"，是指中国改革开放、快速发展、与时俱进的真实面貌，与西方媒体所认曲解和妖魔化的中国"舆论形象"形成较大反差；所谓"落差"，是指我们的新闻信息传播能力不强，与我国日益增强的国际影响力之间存在较大落差；所谓"逆差"，是指西方媒体对我进行的新闻信息强势输入，与我们的声音难以传播出去形成较大"逆差"。因此，如何逐步缩小并不断消除这些"反差"、"落差"和"逆差"，是摆在我们面前的严峻挑战和艰苦任务。[①]

可以预见，中国改革开放 30 年来，相对于经济、科技、军事实力的发展，思想文化领域的发展相对滞后，核心价值体系还没有成型。随着"中国模式"越来越获得了世界的认同，西方一些人士提出未来的中西之争，可能由经济、军事实力之争上升到核心价值观——"普世价值"之争。正如胡锦涛 2008 年 6 月 20 日在人民日报社考察工作时指出："新闻舆论处在意识形态领域的前沿，对社会精神生活和人们思想意识有着重大影响。当今社会，随着经济社会快速发展和科技不断进步，信息传递和获取越来越快捷，新闻舆论的作用越来越突出。做好新闻宣传工作，关系党和国家工作全局，关系改革和经济社会发展大局，关系国家长治久安。""特别值得注意的是，当前世界范围内各种思想文化交流、交融、交锋更加频繁，'西强我弱'的国际舆论格局还没有根本改变，新闻舆论领域的斗争更趋激烈、更趋复杂。在这样的情况下，新闻宣传工作任务更为艰巨、责任更加重大。"[②]

十七大报告也提出："建设社会主义核心价值体系，增强社会主义意识形态的吸引力和凝聚力。社会主义核心价值体系是社会主义意识形态的本质体现。"[③]

（三）西方媒体在信息全球化中加紧向中国渗透

面对信息的全球化，中国媒介环境日益开放。2008 年汶川地震报道成为"开放性报道"的标志性事件，赢得了世界好评。当年夏天，全球各地媒体聚焦北京奥运会，从电视收视情况来看，根据尼尔森的数据，收看北京奥运会的观众达到了 47 亿人，约占全球人口的 70%，创下历届奥运会的收视纪录。

中国媒介开放使境外新闻信息机构加紧向中国市场渗透，尤其是西方大传媒集团近年以直接或间接的方式，大举进军中国大陆市场。目前已经有 30 多个境外电视频道在中国大陆有限落地，美联社、路透汤姆森集团、法新社等西方传媒都加大了全球化步伐，特别是加紧向中国市场渗透。美联社、彭

① 何平：《从新的起点出发开创新华社新闻报道工作新局面》，《中国记者》2009 年第 2 期
② 胡锦涛：《在人民日报社考察工作时的讲话》，《人民日报》，2008 年 6 月 21 日
③ 胡锦涛：《胡锦涛在党的十七大上的报告》，新华社，2007 年 10 月 24 日

博、道琼斯等其他媒体和信息机构也在以各种方式销售或推荐自己的产品。

据不完全统计，目前我国每天新增网站近 3000 家，其中大部分是体制外的商业网站，另外外资大量渗透进入我国互联网企业，从四大门户网站到各种细分行业垂直网站，从搜索引擎到电子商务，几乎都有外资背景。目前中国具代表性的 16 家上市互联网企业中有 14 家在纳斯达克上市，2 家在香港上市。如表 3-1 所示，中国 B2B 研究中心 2009 年对外发布的《中国互联网外资控制调查报告》指出，外资过去十年在促进中国互联网普及的同时，也逐步从资本层面控制了中国互联网产业各个领域。该报告认为，如果互联网产业的主流由外资控制，其影响力不亚于一个国家的军队由外国势力操纵，引发的种种潜在后果将十分严重。

表 3-1　中国外资背景互联网企业榜单[①]

被投资公司	外资风投	被投资公司	外资风投
汽车服务领域（10 家）			
中国汽车网	高盛、GGV	易车网	NVCC、DCM
爱卡	CNET	汽车之家、che168	澳洲电信
51 汽车	德同	二度车	启明创投
安美途	IDG、海纳亚洲	车盟网	华登国际、德同资本
UAA	凯鹏华盈、CCAS	CHE168、AUTOHOME	澳洲电信
医疗健康服务领域（4 家）			
39 健康网	IDG	爱康网	华登国际、ePlanet、中经合
健康中国	IDG	金思特科技	凯鹏华盈
房地产服务领域（1 家）			
搜房网	澳洲电信		
IT 传媒服务领域（5 家）			
ZOL	CNET	PCHOME	CNET
PCPOP	澳州电讯	IT168	澳洲电讯

---

①　北京守望者博客：外资全盘控制中国互联网 呼吁政府重视，2009 年 6 月 7 日，http：//blog. cnr. cn/79438/viewspace - 14155. html

被投资公司	外资风投	被投资公司	外资风投
天极	日本 impress		
人才招聘服务领域（3家）			
智联招聘	SEEK、麦格理	中华英才网	美国 Monster
前程无忧	美国 DCM		
旅游机票酒店服务领域（3家）			
携程	日本乐天 Rakuten	去哪儿	美国 Priceline
E龙	Expedia		
电子商务服务领域（20家）			
阿里巴巴	日本软银、美国雅虎	慧聪网	IDG
万网	SYNNEX	中国网库	富基旋风
淘宝网	日本软银、美国雅虎	TOM 易趣	美国 EBAY
卓越	亚马逊	当当网	华登国际、DCM
红孩子	北极光、NEA、凯鹏华盈	乐友	永威
宝宝树	经纬创投	九钻网	美国 KPCB、启明创投、RAPAPORT
珂兰钻石网	美国某上市公司	PPG	TDF、JAFCOAsia、KPCB
VANCL	启明创投、IDG、软银赛富等	手机之家	PacificNet
北斗手机网	IDG、高原资本等	京东商城	今日资本、雄牛资本、亚洲著名投资银行家梁伯韬私人公司
莎啦啦	IDT	饭统网	日本亚洲投资、伊藤忠商事株式会社、CA－JAIC 基金
时尚资讯服务领域（3家）			
55bbs	CNET	Onlady	CNET

被投资公司	外资风投	被投资公司	外资风投
YOKA 时尚网	IDG		
博客服务领域（2家）			
博客网	软银赛富、GGV	女性博客社区	通用电气旗下投资机构 Venrock and Peacock Equity、Azure Capital
在线视频服务领域（5家）			
土豆网	IDG、General Catalyst、GGV、美国洛克菲勒家族	酷讯网	联创策源、SIG
影风影音	经纬创投、IDG	我乐网	HPE、SIG、ASI、CID 集团、红杉资本、Steamboat Venture
酷6网	德丰杰、德同、百度、软银投资、UMC Capital、和通投资、伊藤忠商社等		
SNS 社交服务领域（4家）			
校内网	日本软银	51.com	巨人（美国上市公司）
开心网	北极光	占座网	红杉中国
IT 传媒服务领域（4家）			
分众传媒	软银、鼎辉投资基金、美国高盛和欧洲3i 等	计算机世界	IDG 投资
世通华纳	国泰财富基金、鼎晖创投、华登国际、成为基金、霸菱投资	触动传媒	CDIB、TLC、Mustang
金融证券服务领域（2家）			
金融界	IDG	中国投资网	美国律商联讯集团全资收购
无线互联网与增值服务领域（2家）			

被投资公司	外资风投	被投资公司	外资风投
至德讯通	戈壁创投	58 同城网	软银赛富
网络安全服务领域（2 家）			
金山	英特尔、新加坡国有投资公司淡马锡、英特尔投资基金等	安全卫士 360	红杉资本、高原资本、红点投资、Matrix Partners、IDG
网络游戏服务领域（4 家）			
完美时空	软银赛福	汉森信息	松禾资本
盛大	软银亚洲 SAIF	久游网	Dragon Groove Inc、美国凯雷集团亚洲风险投资基金、中韩移动投资基金等
婚恋交友服务领域（2 家）			
世纪佳缘	启明创投	珍爱网	美国对冲基金 BridgerCapital
在线教育服务领域（2 家）			
东方剑桥	启明创投、美国 Ignition Parters	天才宝贝	智基创投、德同资本、CID

　　综上所述，传媒全球化既有信息产业全球化的一般特征，同时又有意识形态领域的个性特点。虽然外资背景的媒体进入中国会极力淡化外资背景，但是其价值观的渗透却是潜移默化的。面对复杂的国际舆论环境，世界各大传媒纷纷从提升软实力出发，通过各种媒介手段抢夺话语权、增强传播能力。路透、美联等世界级传媒虽极力淡化老东家的色彩，但整体而言，西方三大通讯社依然打上了西方国家价值观的烙印。新华社、人民日报、中央电视台等中国国家级传媒在传媒中代表第三世界国家的声音，同时又兼有鲜明的中国国家传媒的特点，有中国风格和中国气派。由于面临"西强我弱"的国际舆论环境，中国传媒的战略转型显得更加迫切。

第四章　数字时代传媒战略转型现实路径选择

正如前文指出，面对数字时代传播生态环境的剧变，报业、电视台、通讯社等传统媒体纷纷加快战略转型，引发世界媒体格局发生巨变。

综观世界各企业战略转型案例，其原则与方法主要体现在以下三个方面。其一，根据内部条件与外部环境的变化，按照核心竞争力扩张原则制定企业战略转型路径选择；其二，顺应技术发展趋势，根据微笑曲线原则进行长远的战略调整；其三，根据当前的市场状况与价值流动走向，进行价值创新，实施蓝海战略。在数字时代，传媒战略转型首先要对数字技术趋势走向有大体的把握，对数字时代各方面的战略性的、全局性的变化有深刻的理解；其次对传媒的基因、核心竞争力要有深刻的感悟。只有如此，才能从战略的高度进行全方位的梳理与思考。

通过对数字时代传媒产业价值链变化进行分析，可以反映数字时代的本质与传媒产业特征，并进而在准确把握所处时代本质特征与外部环境变化趋势的基础上，在一个比较宽广的视野框架下，从全局的高度进行综合战略分析，从而科学地实施战略转型。由于在接下来的两章中，将探讨媒介大融合与整合战略，媒介个性化时代与蓝海战略，因此本章将深入探讨数字时代传播生态环境剧变后的传媒全方位数字化战略转型，聚焦传媒战略转型的现实路径选择。

第一节　数字时代传媒产业价值链变化分析

一、从价值链角度解构传媒产业竞争力

（一）数字时代传媒战略转型的原则与方法

进入数字时代，网络媒体异军突起，通讯社、报纸、广播、电视台等传统媒体战略转型，经历一番激烈的碰撞与融合，最后将向自己最本质、最有核心竞争力的领域回归，同时将谋求创建新的竞争优势，实现企业价值提升。

1、核心竞争力扩张原则

1990 年著名美国企业战略管理专家普拉哈拉德（C·K·Prahalad）和哈默尔（Gary Hamel）在《哈佛商业评论》首次提出核心竞争力概念，即核心

竞争力是在一组织内部经过整合了的知识和技能，尤其是关于怎样协调多种生产技能和整合不同技术的知识和技能。这种技能和知识的结合具有使一项或多项业务达到竞争领域一流水平、具有明显优势的能力。核心竞争力是独特的、难以模仿的、不可替代的能力，这种能力可以是多种要素的集合体，存在的要素越多，核心竞争力就越强大。

近年来，国内传媒界也开始引入"核心竞争力"理论。郑保卫教授认为，新闻媒体的核心竞争力是该传媒以其主体业务为核心形成的能够赢得受众、占领市场、获得最佳经济和社会效益，并在众多传媒中保持独特竞争优势的那些资源和能力。相对于竞争对手而言，这些资源和能力应具有明显的、独特的优势，而且是竞争对手难以企及和模仿的。[①] 喻国明教授认为，核心竞争力就是指别人拿不走、学不去的、专属于自己的那种产业竞争能力。对于新闻媒体来说，不同介质媒体之间的核心竞争力的构成要素又有所差异。因此，传媒核心竞争力包含两个层面内涵：一是指不同媒体之间的"类别"性质的核心竞争力；二是指同一类别的媒体内某个媒体的"个别"性质的核心竞争力。这种媒体的"类别属"性质的竞争力无疑与其技术可能性的开发程度成正相关的关系。[②] 新闻媒体的核心竞争力既有共性也有个性，作为媒体，共性的方面居多，个性的方面则是依据不同媒体的特性而定。

2、微笑曲线原则

宏基集团创办人施振荣先生 1992 年为了"再造宏基"提出了有名的"微笑曲线"理论，即微笑嘴型的一条曲线，两端朝上，微笑曲线中间是制造；左边是研发，右边是营销。在产业链中，附加值更多体现在两端的设计研发和市场营销，处于中间环节的制造供过于求而且附加值最低。因此产业未来应朝微笑曲线的两端发展，加强研发创造智慧，加强客户导向的营销与服务。

3、价值创新原则

实施战略转型，除了上述转型以外，还有更加重要的一条是进行企业的价值创新，开辟一片价值的蓝海，即实施蓝海战略。蓝海战略（Blue Ocean Strategy）由 W·钱·金（W. Chan Kim）和勒妮·莫博涅（Renée Mauborgne）于 2005 年 2 月在《蓝海战略》一书中提出。蓝海战略认为，聚焦于竞争极端激烈的"红海"，等于接受了市场诸多限制性因素，企业被迫参与市场成本竞争。运用蓝海战略，视线将超越竞争对手移向买方需求，跨越现有竞争边界，将不同市场的买方价值元素筛选并重新排序，从给定结构下的定位选择向改变市场结构本身转变。"蓝海"也不是一个没有竞争的领域，

① 郑保卫、唐远清：《试论新闻传媒核心竞争力的开发》，《新闻战线》2003 年第 1 期
② 喻国明：《全民 DIY：第三代网络盈利模式》，《新闻与传播》2005 年第 11 期

而是一个通过差异化手段得到的崭新的市场领域。

（二）企业战略转型实证及分析

1、IBM 战略转型

二战以后 IBM 集团多次成功实施战略转型。1961 年 IBM 开始开发 System/360，并于 1964 年研制成功，确立了自己在世界电脑市场的统治地位。1981 年 IBM 发布第一台 PC，掀开个人电脑新纪元。在 20 世纪 90 年代 IBM 又开始从硬件向软件和服务转型，20 世纪末由 PC 制造商向 IT 信息服务提供商转型。2004 年 IBM 以 12.5 亿美元的现金及股票向中国联想出售其个人电脑业务，由 PC 制造商到 IT 信息服务提供商转变迈出了决定性的一步。IBM 战略转型贯彻了核心竞争力扩张原则，在每次战略转型之后，都创造了新的价值.

2、CNN 价值创新战略

电视行业曾经一直是娱乐节目的天下，而新闻被认为是广播与报纸的天下。因此美国电视新闻网 CNN 尚未诞生之前就被宣布死期，遭受的嘲讽怎么说都不过分，广播行业曾讥讽 CNN 是"鸡肉面条网络"。但是，CNN 摒弃了这些传统的束缚，进行了一场电视新闻界的革命。它改写了新闻的定义，将新闻从已发生的事实变为正在发生的事实。CNN 创造了一系列史无前例的创新，如"24 小时滚动新闻"、"直播"、"热线电话"、"卫星传送"、"直播间"等。CNN 实施价值创新的蓝海战略完全颠覆了传统的价值观，突破了传统的传播束缚，改写了传播规则。

3、路透战略转型

1995 年路透集团朝互联网方向发展，在世界性通讯社中最早转型。但是，借助互联网的兴起与普及，许多初创企业对各类数据的收集和整理更为简便，成本更为低廉，市场上出现了许多在低端市场上堪与路透竞争的新型数据供应商。在高端市场，迈克尔·布隆伯格于 1981 年创立的彭博资讯凭借先进技术与即时信息异军突起，特别是在金融数据业务中发展最快的债券价格信息方面，彭博资讯确立了自己的核心优势。2002 年路透集团同比收入下降了 8%，经常业务利润下降 56%，税后利润从 1.58 亿英镑狂泻至亏损 4.93 亿英镑，遭遇了其 150 余年历史上首次最惨痛的亏损。路透集团在金融信息市场上份额由 55%下滑至 40%，而彭博资讯却拥有了 44%的市场份额。透过路透与彭博的较量，我们可以看出数字时代快鱼吃慢鱼的特性，数字化战略转型的方向，战略转型之迫切。

（三）从价值链解构企业竞争力

通过以上分析可以看出，企业战略转型要遵循核心竞争力扩张原则、微笑曲线原则、价值创新原则，其最终目的就是要实现企业价值的提升，提升企业在产业或行业价值链中的有利地位。因此，解构传媒竞争力，推动其战略转型亦需要从价值链的分析入手。

价值链概念是由哈佛商学院战略管理学家迈克尔·波特 1985 年在《竞争优势》一书中提出的。他认为，"每一个企业都是在设计、生产、销售、发送和辅助其产品的过程中进行种种活动的集合体。所有这些活动可以用一个价值链来表明。"价值链也是指一个企业的价值链或内部价值链。价值链将一个企业分解为战略性相关的许多活动，在行业中各企业的价值链会有一定不同，这表示各个企业的竞争优势在哪里，但行业会存在一个基本价值链，这个链条说明此行业的基本价值实现过程。通过分析行业价值链，我们可以找出企业最值得和最有可能的切入点，确立自己的竞争优势。

二、为何从信息产业价值链进行传媒战略分析

（一）各种媒介内容的本质是信息

人类已经进入信息社会。信息社会的重要特征之一，是通信和信息技术的发展引发了信息革命，产生了海量信息流和知识群，信息成为人类生产的新原料和新产品，人们对自然状态下的原生信息进行多种选择和结构化处理，进行多重分析和再加工，从而产生更具价值的信息产品。因此，在信息时代，其本质的切入点应该是信息，也只能从信息开始。诺贝尔经济奖十多年来多次颁给了信息经济学研究成果，就是一种重要象征。它象征着人们已经认识到信息在历史进程与人类活动中的特殊位置与作用。[1]

在知识经济和数字时代，以传播媒介为核心的信息产业，成为这一时代的重要标志。在媒介大融合的背景下，所有的媒介内容都变成以"0"或"1"构成的字节式生存方式，由此导致文字、声音、图片和视频等媒介内容在各种平台上可以相互融通，同时也可以在信息的采集、生产、加工、呈现和消费等各个环节中流动并相互融通。正是这种相互融通，使上述的各种媒介内容表现出信息的本质。

（二）数字时代媒介产业向信息内容本质回归

在于尔根斯迈尔德模型中，报纸产生两种影响：社会影响和商业影响——促使消费者下决心购买的影响。前者不用于出售，后者则用于出售。这个模型的美妙之处在于它为新闻业的卓越性提供了经济上的合理性。[2]

到了数字时代，从宏观上看，传媒、电信、互联网三大产业逐渐从分立走向融合，媒体之间的界限也逐渐打破限制，深入融合与互动。产业链的融合，使融合后的信息内容产业竞争更加激烈。从产业价值链来看，渠道和技术决定了新媒体和数字出版应用的载体、资讯、传导规则等发生变化，内容

---

① 陆小华：《新媒体观》第 1 页，清华大学出版社，2009 年
② 菲利普·迈耶：《正在消失的报纸》第 6 页，新华出版社，2007 年

虽然是整个产业价值链中的价值重心，但价值总体判断却无法离开对用户产品服务体系的总体分析。在这一背景下，有专家提出的所谓产品为王，其实质就是体现了体系的竞争力。产品为王，或许正意味着内容产业可能向其信息本质回归。

（三）传媒产业价值链本质表现为信息价值在产业链各环节流动与增值

传统信息内容产业的价值链其本质表现为内容影响产业的特征，即大量的信息不仅造成了注意力的缺乏，而且也产生出一种需要，即需要在浩如烟海的信息源中有效地分配注意力，而这些信息源又可能会消耗注意力。①

在数字时代，着眼于内容与技术的融合，生产者与消费者的互动，信息内容产业又表现为信息在产业价值链中的多点产出，信息价值在产业链中的流动与增值，呈现为以下各环节的信息价值流动关系。

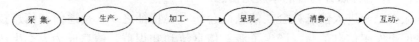

图4-1 信息价值在产业链各环节流动与增值

三、数字时代信息价值流动变化分析

进入数字时代以后，由于比特易于复制、便于传输的特性，信息内容产业价值流动呈现出了不同于其他产业链价值流动与增值的新特点。

（一）从传统工业时代"物以稀为贵"到复制带来效益与增值

数字化技术，使得信息的复制变得易如反掌。美国著名网络专家凯文·凯利认为，易于复制信息这一点，颠覆了传统的工业化信条。传统工业时代的两个基本公理是："物以稀为贵"和"物多价廉"。而在网络时代，复制却会带来效益与增值。

（二）信息资源"少就是多"

信息技术能使泛滥的信息污染得以系统化，使原有无用的资料恢复价值。但从网络来看，由于信息的绝对数量的惊人，即使有一些很好的信息分类整理系统，例如搜索引擎等，但人们往往还是难以从经过筛选的信息中轻松获得最需要的信息。奈斯比特认为，失去控制和无组织的信息在信息社会里并不构成资源，相反，它成为信息工作者的敌人。②

美国阿尔温·托夫勒在《未来的震荡》预言，有时选择不但不能使人摆脱束缚，反而使人感到事情更棘手，更昂贵，以至于走向反面，成为无法选

---

① 赫伯特·A·西蒙："为信息丰富的世界构想组织机构"，见马丁·格林伯格编辑的《计算机、通信和公众利益》，巴尔的摩，约翰斯·霍普金斯大学出版社，1971年

② 约翰·奈斯比特：《大趋势——改变我们生活的十个新方向》第23页，中国社会科学出版社，1984年

择的选择。一句话，选择将是超选择的选择，自由将成为太自由的不自由。①因此，在海量信息的背景下，为超选择的客户提供他所需要的少而精的信息，恰恰成就了"少就是多"的价值之道。

（三）存储与传播几近于零成本

在信息缺乏的时代，最初的报纸自然垄断是基于建立热排式凸版印刷操作系统所需投入的大量资本成本，这样高额的进入成本阻碍了竞争者进入市场。但是现在，计算机和冷排技术使进入成本降得很低。② 进入网络时代以后，信息采集便利性大大增强，采集成本大大降低，而内容的存储与传输几近于零成本，这一现实不仅使信息源的垄断难以为继，而且对信息内容产业链的生产、采集、存储、经营等各环节都形成巨大的冲击。

四、数字时代传媒产业价值链变化分析

数字技术的驱动力使媒介生态环境发生剧变，同时信息价值流动导致信息内容产业价值链发生变化。比如，信息内容产业价值链出现全球化延伸态势，非媒介组织参与价值链分割，技术的重要性加强；价值在信息的流动链条中出现向下游转移的趋势，内容生产力价值下降，渠道的整合力和内容的呈现力价值上升，用户终端成为至关重要的战略资源。

（一）采集、生产、传播等产业链各环节均出现全球化延伸态势

1、信息全球化是经济全球化的重要内容

由多国学者组成的里斯本小组认为，全球化包括 7 个方面，金融与资本占有的全球化，市场与市场战略的全球化，技术和与其相联系的科研与发展以及知识的全球化，生活方式与消费模式以及文化生活的全球化，调控能力与政治控制的全球化，世界政治统一的全球化和观察与意识的全球化。③ 从以上叙述中可以看出，全球化几乎包括了全球政治、经济、文化、科技和社会生活的各个方面。在数字时代，数字技术正是推动全球化潮流的不可或缺的重要因素，并且其本身亦构成全球化的重要内容。

媒体不仅是世界经济一体化的一部分，而且在全球化过程中位居核心的角色。"在传播科技的驱动下，媒体产品跨越了国界，进入了世界各地的家庭之中；而这种外来的媒体讯息影响了本地媒体产品的生产、需求和消费。此外，媒体也是商业广告的发动机，而商业广告则带动了全球性的贸易活动。"④有学者认为，"20 世纪最大的嬗变是传播对人类社会的全面渗透。从有线电

---

① 阿尔温·托夫勒：《未来的震荡》第 313 页，中信出版社，2006 年
② 菲利普·迈耶：《正在消失的报纸》第 40 页，新华出版社，2007 年
③ 鲁志强：《经济全球化与中国》，《管理世界》2000 年第 6 期
④ 闵大洪：《大众传播与国际关系》第 56 页，北京广播学院出版社，1999 年

波到通信卫星，从传媒到数据库，传播网络和传播流量的国际化和增量速度不停地移动地球的边界，这种人类历史上没有先例的加速现象在众口一声的全球化大潮中使传播问题凸显成为时代的焦点。"[①]

2、传媒产业全球化还有巨大潜力

美国麻省理工学院的唐纳德·雷萨德教授认为，有四种主要驱动因素促使一个行业趋向国际化。这四种因素分别是：市场的类似性、规模经济、国家管制以及国家的比较优势或企业的比较优势。[②] 雷萨德理论是基于所有产业共性而言的，但由于信息内容产业的全球化不仅涉及技术、经济，还广泛涉及政治、文化、语言等各个方面，因此在世界范围内，其总体全球化水平偏低，因而上升空间巨大。目前信息内容产业呈现全球化加速态势，一些具有信息资源、信息资金比较优势的国家和企业必然会加快其全球化进程，将生产和市场扩大到其他国家。从产业链的全球竞争角度而言，信息内容产业全球化主要表现为以下几个方面内容：采集与生产的全球化、传播的全球化、市场的全球化、要素的全球化和制度的全球化，整个产业链条在纵向与横向两个方面都呈现全球化延伸态势。

（二）非媒介组织参与产业价值链切割 产业价值链各环节多点产出

数字时代媒介大融合背景下，媒体经营正向着市场化、产业化的方向加快拓展；媒体之间的市场竞争，媒体内容提供商与技术运营商之间的竞争，媒体产业链与产业链的竞争，使媒体面临着前所未有的市场化压力。这种压力同样表现在产业链的变化上面，比如非媒介组织参与产业链切割，各环节多点产出，产业价值链生产与营销互动，并出现一体化趋势，媒体竞争从内容竞争、经营竞争走向以品牌为依托的综合竞争。

1、非媒介组织参与产业价值链切割

市场的博弈性越来越强，决定竞争性战略定位与竞争策略的前期市场调研重要性日益提升，大量的媒介咨询公司和第三方数据采集机构在上游参与了价值链的切分。伴随整合营销传播理念的兴起，一批专业化媒介购买公司、广告代理公司和公关传播公司也不同程度介入了传媒行业，使市场竞争更加剧烈，市场竞争专业化程度加强。

2、产业价值链各环节多点产出

融合既包括传统媒体与新媒体的融合，也包括传统媒体之间的相互融合，前者融合可从加快平面媒体向数字内容产业转型、实现互动传播、对内容产品

---

① 约翰·费斯克：《关键概念——传播与文化研究辞典》第 58 页，新华出版社，2004 年
② 贺剑锋：《出版业国际化的内涵与潜力分析》，《出版广角》，2003 年 01 期

深度开发，价值链围绕信息生产与销售业务展开，主要包括信息生产——信息发布——信息增值几个环节，其中信息生产应该是适合多种媒介形式的信息产品，信息发布也不仅通过纸质媒介，还通过数字媒介等多种媒介，信息增值更不仅限于广告、发行的收入，而是涵盖了传媒产业的所有盈利点，最终形成"一次采集、多次生成、多次发布和多元发布"的全媒体产业价值链。

（三）价值增值向下游转移 技术重要性日益提升

1、价值增值由生产向加工并进一步向下游转移

由于信息内容产业自身的发展和现代传播技术的飞速进步，媒介生产和传播信息的能力已远远超过了受众的需求，特别是互联网出现以后，信息供应进一步向海量发展，使信息由短缺到过剩，信息过剩对媒介提出了巨大挑战。过去，谁占有了信息这种稀缺资源，谁就可以拥有渠道霸权；现在，由于信息由稀缺转为过剩，媒介作为简单信息载体的价值大大降低。

媒体作为内容产业，内容理所当然地成为媒体的核心资源和资产，内容成就媒体价值，是获得受众持久注意力的根本，是媒介可持续发展的关键。正如一些学者所强调"内容为王"一样，媒体要想在竞争中取胜，关键是要在传播内容上能够吸引受众，赢得市场。但是，在数字时代，让"内容为王"颇感尴尬的是，内容被门户网站、搜索引擎等新型媒体转发、整合、再开发，传媒内容生产和传播的链条拉长，利润重心悄然下移，内容提供商某种程度上沦为身处网络传播链条最低端的分散内容提供商，数字时代的价值增值由内容生产向内容加工方向转移并进一步向下游拓展。

2、技术变革加快产业链内部价值流动

回顾美国现代农业的发展历程，有这么一组数据值得我们深思。1947年当美国经济摆脱了二战影响开始逐渐恢复时，农业生产为国内生产总值提供了2020亿美元，加工生产的粮食和类似产品所创造的价值还达不到这个数字的一半，仅为930亿美元。然而，从1983年以来，粮食加工一直在经济增加值上稳超粮食生产。在2001年，农业生产提供了8060亿美元，而粮食加工的产值则达到12370亿美元。[①] 造成上述变化的原因在于，随着技术使农耕效率不断提高，消费者已不像19世纪农民那样仅仅关心有东西吃，他们更关注食品的口味、质地和营养成分乃至于食品的包装、食品销售的氛围。因此，美国现代农业实现了从粮食生产到粮食加工的转变。

与此相似，信息技术也使当前的信息内容产业同样正在经历一场模式的转变。今天的信息浩如烟海，生产和发送信息相对而言其重要性已经大大下降，而重点则转向了培养使信息产品更吸引用户和让他们满意的能力。比如，

---

① 《国民核算资料》，美国商业部经济分析局

对信息进行深加工处理，使其内容显得更加深刻；对信息进行过滤、提炼、修饰和打包处理，为信息设计直观显示并将其制成软件包，同时还能构建将不同部分结合在一起的超级链接等等。另外，由于广电、电信、互联网等多网融合带来媒介产业链的融合，渠道运营商、技术运营商开始不断渗透到传统内容制作商领域。技术商与渠道商向内容领域渗透、其他一些非媒介组织参与信息内容产业价值链的分割，在该产业链中显示出一个突出的特点是：技术在产业价值链中的重要性日益提升，信息价值增值从重信息采集向重加工方向转移。

（四）信息终端重要性日益增强 内容呈现力作用上升

1、信息终端成为重要的战略资源

随着信息内容本身的泛滥，信息本身因不再紧缺而价值降低，媒体价值向下游转移，公众注意力开始成为稀缺商品，媒体的竞争力最终体现在信息终端受众的掌控能力上。用户终端成为极其重要的战略资源，构建全媒体、全天候通达用户终端的渠道在当前的产业链中占据了极其重要的地位。正如塔夫茨大学政治学家拉塞尔·纽曼认为，目前所缺乏的东西不是技术上的通信手段，而是公众的注意。家用录像系统战胜大尺寸的磁带录像系统就是一例。[1]

因此，未来传媒业竞争的重点将集中在传媒对于终端受众、广告主等客户立体化联系的建构以及基于数据库营销技术的精确把握，以形成彼此间更加准确、更加多样的多点支撑的价值关联，进而形成更加稳定、"忠诚"的依赖和信赖关系。

2、网络融合背景下的信息终端或以手机为中心

正如第二章分析中指出，随着数字信息技术的进一步突破，电信网、广电网、互联网三网融合成为必然趋势，传统媒体和行业边界将被进一步打破，媒体的价值链和产业链会在一个新的范畴内重组，媒介的技术形态未来可能将进一步向移动互联发展。凭借手机用户的亿数计量，手机可能成为未来最重要的战略终端。例如，随着技术进步，可将 MP3 的功能附加在手机上，甚至可能取消 MP3 这种实物，实现二者的本体统一。以受众为出发点，受众可以通过手机打开网络进行点播。受众还可以把自己的需求和手机号码反映在网络上，广播根据受众需求制作音频节目，直接传送到受众的手机上。最后，手机作为中心媒介，具有双向通讯功能，受众可以用手机浏览网页，拨打广播的网上电话号码，寻求人工服务或自动节目选择。

3、信息终端呈现力成为传媒重要竞争力

---

① 菲利普·迈耶：《正在消失的报纸》第 40 页，新华出版社，2007 年

众所周知，信息并非事物本身，而是事物运动状态和规律的表征或描述。它是用不同的符号去表征或描述的，从而决定了媒体有不同的呈现方式。所谓呈现力，就是媒体呈现事物的能力。

报纸、广播、电视、网络相比较，终端的呈现能力各有千秋，报纸强调深度解读，广播着重快捷成本低廉，电视表现力丰富，有现场感，有感染力，网络具有多媒体与储存优势。从终端的呈现能力来看，电视目前依然占据主流地位，网络上升得非常快。同时，即便是网络，也需要加快视频的发展。随着客户终端的多样化，未来媒体关注的焦点应该是如何在不同的客户终端（如手机、PDA、IPTV 等）具备适合该客户终端物理属性的呈现方式。

在数字时代，媒体网络化呈现的背后是生产、获取、组织环节，呈现是最终环节。若呈现环节出了问题，整个链条的价值将迅速消解为零价值甚至负价值。每一个媒体的具体使命就是以不同的方式创造自己内容的"组织"与"呈现"的方法，将"有用的、可用的"更具人的全部社会关系贴合度的"优质"信息推送给需要它的每一个人。

归纳起来，网络呈现方式有以下五种：罗列式、索引式、门户式、搜索式和标签式。[①] 罗列式以传统媒体为代表，将信息按照一定的编辑理念罗列在版面上，人为地引导人们的阅读轨迹和信息获取顺序。索引式是以早期的网页为代表，门户式则以新浪、搜狐为代表，搜索式则以谷歌、百度为代表。标签式的核心思想是发动大众进行新闻挖掘，把这个信息筛选的权利交给了网民，由网民民主投票即标签的方式来决定网站首页应该显示哪些信息，标签式呈现方式相信大众的眼光和评审。比较典型的是中国掘客、Douban、Bannerzhuan 等。互联网内容呈现的优势在于根据内容表现需要的多媒体呈现方式，而且将由推送信息实现了用户的主动拉取，从而实现了五种呈现方式之集大成，并逐层递进。

（五）整合力成为核心竞争能力

从信息产业价值链来看，技术的演进同时作用于内容与渠道，特别是Web2.0 时代的来临，博客、播客、掘客等自媒体层出不穷，使渠道的物理价值大打折扣；另一方面，内容也不再是专业机构和专业人员的特定产出物，每个人在每个时间每个地点都可以随心所欲地进行内容生产，编辑水平也千差万别参差不齐，整个内容价值整体贬值。内容与渠道双向消解，走向融合。在渠道为王的时代，掌控了渠道就掌控了社会话语权和赢利平台，渠道就代表着利益；在内容为王时代，内容的质量决定着赢利的能力。那么在内容和渠道双向消解的时代，面临新的传播竞争环境，传媒的核心竞争力要素是否

---

① 李彪：《就整合力和呈现力对 Web2.0 的解读》，人民网传媒频道，2008 年 12 月 04 日

也发生了变化？什么才是传媒最核心的竞争能力呢？随着技术的进步，利润在信息的流动链条中出现向下位移的趋势，内容生产力价值下降，渠道与内容的整合力价值上升，成为媒介的核心竞争力。由于本文将就媒介大融合与传媒整合战略展开专门论述，因此这里不作展开。

第二节　全方位加快数字化战略转型

面对数字时代带来的巨变，传统媒体战略转型需要顺应数字技术发展趋势，把握数字时代的规律，结合内外部环境分析，积极构建数字化发展战略，并以此为轴心，寻求未来发展模式的创新性突破。通讯社在其 170 余年的历史中先后经历了电讯、广播、电视、网络等信息技术变革带来的时代剧变，经过了多次发展转型，因而在本轮数字化变革中起步较早，成效较大。因此，本节将以通讯社为重点分析传媒的数字化战略转型。

一、传媒战略定位转型

在数字时代，传播生态环境剧变。传统媒体应及时调整战略解决自身定位问题，尽早实现从传统媒体经营机构向数字内容提供商的角色转变。只有解决了定位问题，传统媒体才可能最大限度地整合内外部资源，顺利实施数字化转型，占领信息传播和媒介经营的制高点。

在数字化条件下，传统媒体在产品形态、传播方式、服务对象、经营模式、管理模式等方面都发生了巨大变化，加快向数字化传媒演变，向数字化基础上的多媒体新闻服务集团发展。现代多媒体新闻集团的产品既包括传统的文字、图片、图表，又包括视频、音频、动漫等音像产品与服务。它彻底改变了传统媒体依靠不同渠道传播不同信息产品的做法，代之以利用通讯卫星以及有线和无线宽带网络的统一方式传输包括视频在内的多媒体产品。以通讯社为例，通讯社在服务传统媒体的同时，越来越多地服务网络、手机等新媒体；在服务媒体和非媒体机构用户的同时，越来越多地以多媒体形式直接服务终端用户；在保持和发展标准化、规模化、大众化供稿的同时，越来越多地以精确定制信息的方式向用户提供分众化、对象化、个性化服务。

值得说明的是，传媒数字化战略转型并非从传统媒介形式全部转到数字新媒体形式的报道，而是用包括新媒体在内的各种媒介形式传播与发布信息与资讯，而是对传统媒体过去的传统内容进行有效覆盖、利用的基础上，形成富有时代特点的自己的运营模式，即让新媒介、新渠道逐渐阐释传统媒体的核心价值。过去传统媒体的核心价值主要在于提供信息，进行观点和资讯的发布和传播。而在数字时代，现代传统媒体进入信息过剩时代和经营时代以后，传统媒体的核心价值亦发生战略转型，即由提供信息向提供信息加工与服务转型，成为用户值得信赖的信息管家。一方面提供海量信息，形成规模化的信息超市，以供用户主动挑选；另一方面在信息过剩时代，要利用技术手段为用户实现个性化的精确定制。

具体来说，传统媒体战略定位转型可以分解为以下四个方面。其一，从技术定位转型来看要由面向大众传播向大众传播与个性化传播同时并存转变；其二，从市场定位来看，要由以传播者为中心向以用户为中心转变；其三，从产品业态来看，要由过去单一产品的跨媒体传播向多媒体融合产品转变；其四，从功能定位来看，由信息内容提供商向信息综合服务商转变。

二、顺应新媒体革命趋势　实施技术引领战略

（一）传播技术理念革命

正如上文分析指出，信息传播技术是第一传播力。技术不仅是传播的保障，而是传播的生命。彭博资讯的迅速崛起，真切并生动地诠释了数字技术对于信息内容企业的重要性。因此，向来以内容为王的传统媒体需要改变以往技术保障的传播思路，实施技术引领战略，从而把握媒体变革的总体趋势。

信息技术革命将变革我们的学习方式、工作方式、娱乐方式，改变我们的生活方式。信息技术变革对传统媒体来说，是机遇更是挑战。一方面传统媒体在内容采集、编辑、播发等各环节具有诸多优势，但另一方面面临数字技术后起之秀的严峻挑战。在这一背景下，传统媒体一定要解放思想、把握潮流，不能闭目塞听、固步自封，而把新媒体发展权让位于 IT 行业、通讯公司而在传媒竞争中边缘化。传统媒体应该在新闻信息的采集、加工、播发、传输、存储、营销乃至在整个生产流程中使用最先进的信息传播技术和装备，以确保新闻信息的竞争优势。应该争取主动参与技术研发，主动进行体制改革，用新技术改造传统媒体，用新技术装备推动运行体制变革，从而使新闻传播能够更加适应新技术革命的要求。

（二）以新媒体的技术与理念创新传播模式

数字时代新技术革命不仅推动了新媒体的兴盛，也给传统媒体的信息化建设带来了诸多发展机遇，借鉴新媒体的信息技术优势，为数字内容生成、传播方式多元提供技术支持，是传统媒体报道创新的一个重要内容。这既是传统媒体全媒体流程再造的内容组成，也是其技术创新的关键所在。

比如，汤森路透、美联、法新与新华社除直接发展新媒体以外，都推出了自己的多媒体采编平台，利用新媒体的理念和技术，优化信息采集与编辑流程，提高报道质量。最近两年，各大通讯社都在尝试利用移动科技的最新科技成果装备记者，提高发稿效率。2007 年夏天，一些路透社记者装备了不受时空限制、便于携带的多媒体终端设备，通过这套移动多媒体进行采集和传输文字、图片和视频新闻，大大提高了发稿时效，也大大方便了记者。

（三）加快技术研发抢占新媒体发展制高点

传播技术发展对传统媒体影响越来越大，谁抢占了新技术的制高点，谁就掌握了竞争的主动权。

目前媒体技术正在向数字化、网络化、多媒体化技术领域加快拓展，搜索引擎技术、多媒体视频技术、网络宽带技术、无线移动技术、聚敛技术等热点竞争日趋激烈，谁占领了新一代信息技术的制高点，谁将成为新媒体革命潮流的引领者和最大赢家。因此，传统媒体需要密切跟踪当前信息传播技术的发展动向，顺应信息技术与媒介的创新趋势，制定发展战略，并进一步向技术领域渗透，推动内容与技术的融合。比如，下一代信息技术可能将在移动互联网、物联网、传感网、虚拟现实技术、IT生物技术的基础上进一步向前发展，在人类在进入移动多媒体时代以后将进入全联网时代，届时人与人互联、物与物互联、人与物互联，在这样的媒介环境下，整个传播生态环境将再次发生历史性剧变。如果想在未来竞争中立于不败之地，就需要在对受众和用户需求进行精准分析和科学把握的基础上，要适时跟踪研发这些先进技术，引进信息传播技术成果，通过构建数字技术平台，重新聚合新闻信息、生活资讯等核心内容资源，满足新闻信息用户体验式阅读需求和信息消费习惯。

三、以视频为重点实现多媒体产品业态转型

在电子时代，平面媒体、广播媒体、电视媒体"井水不犯河水"，很少进行跨媒介发展。进入数字化的网络时代以后，由于各种报道资源的字节式数字化生存方式，出现了文字、摄影、广播与电视的联动跨媒体发展，并逐渐形成了多媒体报道格局，报道产品从单一产品形成多媒体形式的集合产品。

（一）积极向新媒体拓展新闻信息服务

像应对报纸时代出现广播、广播时代出现电视一样，根据媒介的社会化分工原则，通讯社积极发展以网络和手机为代表的新媒体供稿业务。比如，1999年7月，路透社成立了"路透新国际媒体公司"主要负责把路透的内容售卖给网站和其他的新媒体，主要服务内容包括路透网络商业报告、路透科技报告以及路透世界新闻。目前路透的网络用户几乎囊括了所有大型网站，如雅虎、纽约时报网等1400多家网站。法新社在2000年悉尼奥运会时第一次建立了"奥运会多媒体服务"，以网络视频、手机短信等形式，满足新媒体客户的需求。目前，法新社内容丰富的多媒体产品依托其先进的传输技术已经从传统媒体扩展到互联网、SMS/MMS、WAP、PDA、3G移动电话以及户外大屏幕等多种新媒体传播平台。

（二）重点发展网络视频

正如本文分析中指出，在多媒体产品以视频为引领，内容呈现力重要性

日益增强。比如，通讯社新媒体发展战略中，重视向新媒体供稿，特别注重网络视频的发展。

路透社从 2003 年起就已经开始提供网络视频服务，2004 年起开始对网络视频新闻投放广告。2004 年 10 月 12 日，路透首先在美国开通了网络电视新闻频道。使用微软多媒体电脑的上网用户，可以接收到路透提供的未加剪辑的全球突发事件电视新闻素材，还可以接收来自主要金融中心城市最新的商务和市场信息。此外，这一频道还提供娱乐、时尚、社会新闻。用户不但可以看到最新的报道，还可以调阅最近 7 天的所有新闻。2005 年 2 月，路透集团又宣布同微软公司合作，在英国开播路透网络电视新闻频道，安装了微软公司最新推出的多媒体操作系统软件的电脑用户，可以通过互联网收看到路透提供的最新电视新闻。2005 年 12 月 20 日，路透试运行"网络视频联盟"项目，允许加盟的报纸、杂志、金融网站、博客及其他新闻网站在自己的主页上播放路透视频新闻，以占领两个目标市场：个人网站，尤其众多的博客网站；报纸、杂志、金融网站及其他新闻网站。这两个群体都有相当数量的观众，但缺乏视频新闻制作能力，特别是全球视频新闻的制作能力。

视频产品是法新社发展新媒体业务的核心产品。2001 年起，法新社开始提供视频新闻服务，2007 年 2 月 13 日，视频服务大力扩张，法新社宣布推出面向广播公司、互联网服务提供商和手机运营商的国际视频新闻服务，名为AFPTV。AFPTV 服务采用英语和法语两种语言，平均每月提供 150 条视频新闻报道。这些新闻报道可以通过卫星或专门的互联网平台 VideoForum 2 下载。每天的播出内容中，70% 为时事新闻报道，20% 为时尚生活类报道，其余10% 为研究报告。现在，日常新闻实现了通过英语、法语、西班牙语、阿拉伯语、德语五种语言进行播发。

美联社投资数千万元建起了多媒体网站，可提供文字新闻、图片新闻、图表新闻、音频、视频，还有历史介绍、产品介绍和服务项目、网上购书、网上购物、机构介绍、数据库等。网站内容每天更新，页面也经常变动，每天上网新闻多达 500 多样，上网图片 200 多张。美联社网站与其所有会员网站链接，并免费向公众开放，可供上网调阅、打印和个人使用。2006 年 3 月1 日启动的美联社在线视频网由美联社与微软 MSN 合作开发，有效扩大了美联社视频节目在网上的影响力和覆盖范围。目前，有大约 1100 家报纸和 450家电台、电视台使用美联社提供的免费网络视频内容。另外，路透集团与美联社还在网络游戏领域拓展新闻业务，为游戏终端提供多种语言的在线新闻服务。

新华社在战略转型中突出发展音视频新闻。2008 年 12 月 30 日新华社视频新闻专线投入试运行，2009 年 3 月 1 日正式开播。此外，"新华视点"视频版和《今日新闻》视频节目已在黑龙江卫视推出。与此同时，新华社还积极抢占网络视频、手机视频、户外屏幕、楼宇电视、车载电视等各种终端载体，占领新阵地，拓展新空间，形成新优势。2009年7月1日，新华社已开始在欧洲的一些超市和中国大使馆播放英语电视新闻节目。2010年4月30日，新华社主办的中国新华新闻电视网英语台举行试开播仪式，并开始通过亚太六号卫星以及网络、手机等播出渠道向海内外受众传播。

（三）积极发展多媒体融合产品

多媒体融合报道涉及多项报道业务的整合，这里不作展开，而将在下一章整合战略中的生产流程再造中进行详细阐述。

四、直达用户终端实现媒介战略转型

面对大众传播生态环境剧变和媒介市场竞争压力的空前加大，英国广播公司BBC、美国电视新闻网CNN、《华尔街日报》以及汤森路透集团、美联、法新、新华社等世界性通讯社都加快了战略转型进程，纷纷推出新媒体战略，目前已基本完成媒介转型的全面布局。

特别值得关注的是，汤森路透集团、新华社的新媒体战略出现了加速向全媒体方向拓展的迹象，媒介网络化也从最初的网络版逐渐演进到相对独立的网站，目前各项业务转向基于网络平台进行整体运营。汤森路透集团的媒介战略转型突破了传统意义上的传统媒体只做内容供应商，不拥有传播渠道，新闻信息产品无法直接抵达终端受众的局限，极大地拓展通讯社的战略空间。新华社除了向传统媒体供稿业务以外，旗下还有报刊集群、新华网群、中国新华新闻电视网、手机电视台、新华08金融交易平台等。

（一）基于网络平台运作

汤森路透集团把直接面向个人的新媒体作为新的经济增长点和业务重点。目前汤森路透集团已经介入了几乎所有新媒体领域，包括博客、播客、网络电视、即时信息甚至网络游戏领域等，成为全球最大多媒体信息提供者之一。汤森路透总编辑史进德认为，数字媒体时代涌现的众多新媒体，使通讯社可以在做好内容供应商的同时，成为一个媒体运营商和服务商，从而极大地拓展通讯社的业务空间。美联社推出的娱乐在线提供新闻和电影图片、音乐、电视、娱乐及一些特殊项目。美联社还结合通讯社优势打造新媒体战略。美联社于2007年4月推出以年轻受众为主要目标的新闻博客"纵横"。另外美联社也跟随路透之后开始进入网络游戏等领域。

法新社的网络产品主要包括：2008欧洲杯足球赛、F1赛事、欧洲生活、法新幻灯片（突发事件的现场图片）、法新点题新闻服务、法新社在线新闻、动态图表等。除了这些常规的为媒体提供的互联网产品，法新社还在寻求与最终用户的互动，例如，法新社与日本软银集团共同投资建立了一个交互性日语网站 AFP – BB，其最大特点是利用博客和 BBS 论坛开启了一种新的新闻报道与传播模式，网民可根据自己的爱好设计个性化主页，随时发布针对某一新闻事件的评论帖，而不再只是新闻的旁观者。

上世纪 90 年代中期以后，新华社进行了以"三网一库"（新华网、宽带网、办公信息网和多媒体数据库）为代表的新闻业务数字技术改造，新闻采编发业务全面数字化和网络化，大大提高了采编发业务的时效性。90 年代末，新华社信息化建设项目快速启动，实施了"新华 2000 通信工程"，先后建成了新一代新闻编辑处理系统、通信供稿系统、全球卫星广播网、多媒体数据库及其信息服务系统、新华社网络管理系统等一批技术建设项目，构成了新华社较完整的新闻信息技术保障体系，大大提高了新闻采编发布的处理速度和容量。本世纪初，新华社全面启动以多媒体数据库和宽带网为纽带的"数字新华"工程。2002 年 9 月，新华社国内宽带多业务保密通信网项目于开通，2003 年 6 月通过了预验收并正式投入试运行，全网目前已实现了总社和国内分社之间内部业务网互联、新华网总网与国内分社新华网地方频道互联、视频会议等业务。经过数字化尤其是网络化改造后，新华社新闻业务的主要技术系统和技术装备达到或接近了西方大通讯社的水平，构造起了"数字新华社"的基本框架。

（二）直达手机用户等信息终端

早在 1998 年，路透就启动了其移动网络业务计划，通过网络或其他无线设备为用户提供 24 小时更新的新闻信息和金融数据。2005 年年初，路透开通了一项向英国和美国的手机用户提供免费新闻的服务。目前，路透的手机业务已经囊括了手机短信、手机广播、手机电视等形式。通过手机，路透为用户提供娱乐、体育、科技等新闻信息，全球上百个城市的天气、航班延误等服务信息以及股市交易情况等金融信息。

法新社与技术公司 Creative Link 合作，通过该公司向日本三大移动运营商提供新闻和图片。在与日本当地的电讯运营商合作中，法新社先向对方收取一定的基本费，然后再根据实际流量进行分成。2008 年 2 月 13 日，法新社宣布与 MobileScope 公司合作提供移动即时新闻服务。用户使用该服务能够收看多语种的文字、图片和视频新闻。此外，用户可以对产品进行个性化的选择，创建自己的新闻频道。

新华社与中国移动、中国联通合作兴办新华手机报、新华手机电视，积极进入了移动终端。2009 年 10 月 1 日零时至 22 时 30 分，新华社手机电视台与中国移动共同推出国庆 60 周年大型电视直播报道《国庆》，中国移动适配手机用户可登陆新华社手机电视台免费收看新华社国庆直播报道。

另外，通讯社在积极发展以网络为中心的新媒体同时，积极发展库媒体、户外频媒、数据终端、IPTV 等新媒体，大力发展非媒体市场，比如路透金融交易终端与新华 08 金融交易平台等。

第三节　数字时代传媒内容变化趋势及其战略转型

随着社会和媒体的进步，人类对于信息的需求越来越呈现多样化、多层次化、高层次化，同时人类对于信息的需求演变趋势有着内在的规律。根据马斯洛的"需求层次论"，人的需求依次分为较低层次的生理需求、安全需求，以及较高层次的社交需求、尊重需求和自我实现需求五个层次。低层次的需要得到满足后，它的激励作用就会大大降低，高一层次的需要成为推动人的行为的主要动因，并且越高层次的需求，其激励性越大越持久。随着媒介的日益发达，受众在通过大众媒介满足获取信息、接受知识、了解社会等基本需求后，高层次的归属感、信任、尊重、审美、娱乐、自我实现等需求进一步凸显。在数字时代，以满足受众需求为中心打造人性化媒介成为传媒竞争发展的逻辑新起点。

在数字时代，信息爆炸进一步加剧，信息完全由短缺进入到过剩时代。而与此同时，信息内容出现两大基本悖论，一方面是海量信息，即信息越来越多。而另一方面，信息需求个性化，信息需求呈无限化方向发展，信息不对称是基本的常态。因此，在数字时代，信息内容讲求增值服务、延伸服务，为读者和广告商融入更多智力成分。传统媒体不应仅仅是信息内容提供商，更应该成为信息内容提供与综合信息服务商。

一、数字时代媒介内容的变化趋势

数字时代，媒介内容全面扩容，传播内容创新趋势分别体现在以下四个方面：一、社会信息化；二、信息全球化；三、信息娱乐化；四、微内容的全面崛起。

（一）社会信息化

1、信息共享性，社会趋于开放化、信息化

信息社会与工业社会相区别的一个关键特征是，它没有停留在产业、劳动、科学、技术研究领域内的深化上，而是向教育、理财、娱乐、交往等广泛的精神领域和日常社会生活领域扩展。信息向我们的整个生活渗透，网络时代的文化结构从中心文化转向多元文化，信息由以前更多地关注政治、经济、科技等领域的新闻向关注生活、服务、社会等全方位方向发展。

2、信息短暂性，财经信息成为现代金融的脉搏

"信息的需要是受众的最基本需要，在受众的需要系统中，信息需要占据主导地位。现代社会中人们对新闻信息需求的强烈和迫切是以往任何社会无法比拟的。其最主要的催化因素是社会的开放性、流动性和短暂性。"① 美国学者阿尔温·托夫勒在《未来的冲击》中甚至把"短暂性"作为信息社会的重要特征。"如果说加速是一种新社会力量，那么，短暂性就是心理上和它相辅相成的另一面，不理解短暂性在当代人的行为中，在我们所有关于个性的概念上以及心理学上所起的作用，就必然停留在现代以前的水平上。没有短暂性的概念，心理学就不可能准确解释那些具有当代特点的现象。"②

信息的短暂性这一特点，使财经金融信息成为信息集成中不可或缺的配置。尽管受到全球金融危机影响，实体经济遭受巨大打击，但是拥有独特定位与优势的财经媒体却受到市场的青睐。比如，2007年传媒大亨默多克斥资56亿美元买下道琼斯通讯社，并将全球影响力最大的财经类媒体《华尔街日报》收至麾下。全球金融危机中，《纽约时报》广告收入在2008年下降了13%而在默多克手中改头换面的《华尔街日报》却逆市而上，获得了广告量和销售量的双重增长，在报刊亭的销售量突增20%。③

（二）信息全球化

人类面临着诸多全球性的问题。全球性问题带来了全球性的机遇和挑战，对全球性的媒体传播提供了新的动力，也提出了新的要求。在数字时代，网络的全球互联与经济全球一体化更加剧了信息全球化这一趋势。网络的发展不仅深刻地影响着我们的社会系统和经济结构的变化，同时还在影响着社会空间结构的变化。

首先，从技术上来讲，各种传播网络已经将地球层层覆盖，信息可以几乎畅通无阻地在世界范围内自由流动。在世界绝大多数地方，新闻信息的发布和接收都可以做到几乎完全同步，不受地域和时差的限制。

其次，受众对国际新闻信息需求量增大。比如，一些世界性的政治、经济、文化议题通过全球化传播，引起诸多国家高度重视；某些战略性、关键性技术的突破通过媒介报道，可以带来全球性技术产品结构的调整和产业化的变革。此外，地震和冰雪等突发自然灾害、气候变暖、节能减排、水资源短缺等"全球性挑战"，都呼唤着媒体快捷的国际化的传播。随着经济全球化的发展，尤其是中国加入WTO以后与世界的融合和互动逐渐增强，中国人更加关心世界，对国际新闻信息的需求越来越大。以上海申银万国证券研究所

---

① 郑兴东：《受众心理与传媒引导》第49页，新华出版社，2004年版
② 阿尔温·托夫勒：《未来的冲击》第17页，中国对外翻译出版公司，1985年版
③ 汤莉萍：《金融危机下〈华尔街日报〉的广告突围战》，《中国记者》2009年第4期

有限公司为例，他们订购了包括路透、彭博在内的大量国外财经信息产品，但仍然认为现在最缺乏的是对境外金融市场的了解。各类报纸的国际版往往是最受读者欢迎的版面，则反映了普通民众对国际新闻信息的浓厚兴趣。

（三）信息娱乐化

信息娱乐化不单单指娱乐性内容所占的比重越来越大，还包括新闻传播主体在内容选择上、制作形式上，都努力将生活娱乐元素引入到新闻制作过程。

娱乐化的兴起，揭示了这样一个媒体功能信号：媒介的服务效能已经浮出水面，发挥出有别于以往宣传教育、舆论监督、信息传递功能的独特意义。在广播与电视时代，媒介通过最初的音乐与大众化娱乐节目已经出现了媒介娱乐大众的趋势。而数字时代的交互化、虚拟现实技术与以人为本使信息内容与表现形式都进一步出现了娱乐化的趋势。中国人民大学教授匡文波在2001年就预测网络媒体走向娱乐化，这在2005年7月以后的中国互联网络信息中心（CNNIC）历次发布的报告证实：网民上网的第一目的是为了娱乐而不再是获取信息，娱乐、社交的需求在不断上升，网络音乐、即时通信、网络影视等使用需求已经超过网络新闻的需求。网络娱乐业是互联网发展的主要动力之一。

表4-1：中国互联网用户网络应用使用率排名和类别

排名	应用	使用率	类别
1	网络音乐	85.5%	网络娱乐类
2	网络新闻	78.7%	信息获取类
3	即时通信	72.2%	交流沟通类
4	搜索引擎	69.4%	信息获取类
5	网络视频	65.8%	网络娱乐类
6	网络游戏	64.2%	网络娱乐类
7	电子邮件	55.4%	交流沟通类
8	博客应用	53.8%	交流沟通类
9	论坛/BBS	30.4%	交流沟通类
10	网络购物	26.0%	商务交易类
11	网上支付	22.4%	商务交易类

排名	应用	使用率	类别
12	网络炒股	10.4%	商务交易类
13	旅行预订	4.1%	商务交易类

中国互联网络信息中心：http：//research. cnnic. cn/img/h000/h11/attach200907161303030. pdf

媒介娱乐化趋势，特别是网络的把关的缺位，使媒介曲意迎合不健康的感官刺激和低级趣味，陷入"低俗化"的误区。因此，今后媒介竞争的重点，应当放在较高层次的"自我"、"超我"需求的开发与满足上，而不能仅仅停留在较低层次的"本我"层面。

（四）微内容崛起

从社会发展史的角度看，自由与平等是人类向往与追求的两大基本价值，而媒介发展的过程也是人们追求传播自由与平等的过程。不同媒介间的竞争，实质上就是在满足人的这两种内在需求方面的能力竞争。数字时代技术的交互性与人的信息需求的差异化、个性化以及人的精神需求、文明社会发展的多元化，使话语权成为新的欲望与权力，从而使媒介的宣传功能弱化，协调功能增强。特别是 Web2.0 以后，各种客媒体的出现，使用户自我价值实现具备了扎实的物质基础，使媒介内容向自我价值实现方向发展，以高度人性化的方式满足受众需求也正在成为媒介之间竞争的核心内容——即媒介不仅要满足受众较低层次的需求，更要满足其较高层次的精神与心理需求；不仅要满足受众作为信息接受者"受"的需求，更要满足其作为信息创作者、传播者"传"的需求；不仅要在传播内容的丰富性上满足受众的需求，更要在传播方式的人性化上更好地满足受众的需求。以更加人性化地满足受众深层次需求为中心，数字时代媒体体现了一个非常突出发展方向，即在媒介领域，或者更大范围内来说，社会领域的这种生态改变是微内容的聚集、崛起。

"微内容"是相对于我们在传统媒介中所熟悉的大制作、重要内容即"巨内容"（macrocontent）而言的。[1] 所谓微内容，就是将一些本来微小的内容数据，如一篇博客网志、一张图片、一个音频、一个视频，一个简单链接；或者是一个关于作者、标题的元数据，一则读者评价；Wiki 中的一个条目的修改；再或者是 E－mail 的主题，RSS 的内容列表等等。也就是说，互联网用户所生产的任何数据，都可以被称作"微内容"。微内容小到一句话，大到几百字，音频文件、视频文件，甚至用户的每一次支持或反对的点击或者跟帖，都是"微内容"。这些微内容本来微不足道，但是数字技术将这些过去不被我

---

[1]　喻国明：《"微内容"崛起 扩产业链遇最好机会》，《广州日报》，2006 年 9 月 18 日

们重视的内容通过网络平台聚合后，形成了重要的力量，对"巨内容"形成一种挑战态势，由此微内容成为整个传播内容中重要的组成部分。

二、数字时代传媒内容战略转型

（一）从信息内容领域来看，要顺应社会信息化趋势，传媒需要从消息总汇转向信息总汇。

1、加大信息服务

传统媒体每天播发大量的各类新闻，大体上都呈现一定的比例，形成相对稳定的新闻结构体系。随着信息时代的到来和社会的需要，传媒新闻信息产品日益丰富，服务对象更加宽泛，不仅有新闻产品，信息产品的比例逐渐增大，甚至超过了新闻产品。

这一特征在通讯社表现尤为突出。由于通讯社传播对象的双重性特征，其内容服务也呈现明显的双重性。一方面具有大量的为媒体用户准备的新闻内容，另一方面也向非媒体用户提供大量的以经济信息为主的信息内容。比如，路透社、道琼斯通讯社以及近年来兴起的彭博通讯社都是以经济信息服务见长。

信息服务是一种增值型服务，其价值在于整合、筛选、分析、提供对客户有决策参考价值的信息。信息服务可简单地分为三个层次，一是低端信息提供，通过特殊的信息获取渠道或简单地信息采集整理，利用信息占有优势获取利润；二是终端信息咨询，对现有信息资源进行初加工，获取信息处理的利润，如市场调查、调研分析报告等；三是高端管理咨询，利用一次或二次信息，结合自身的知识背景提供高级的、个性化的信息服务，获取信息增值的利润。

2、贴近民生，贴近市场，加大娱乐报道

中国湖南卫视定位于娱乐卫视，在中国较早进行新闻娱乐尝试。湖南卫视晚间新闻大胆地抛弃了时政要闻，而完全以社会新闻尤其是百姓生活新闻为报道对象，其内容通常由这几个部分组成：一个是人物特写，一个人物事件，一个社会问题的曝光，一个治安案例，再配上一些要闻轶事等软性新闻，它风格独特，幽默风趣，嬉笑怒骂皆成新闻，在形式上是典型的非正统模式，新闻故事化，情节化和细节化，既不同于普通的新闻播报，也不同于香港凤凰卫视主持人的说新闻，这种娱乐化的创意策划以平民化的视角，故事化的叙事方式，过程的展示，悬念的设置等文学手法的运用，说新闻的播报方式，使得看惯了严肃新闻的受众有耳目一新的感觉，显示了很强的生命力。其后北京电视台《第七日》，中央人民广播电台《晚报浏览》，中央电视台《周末》等节目都进行了尝试，也受到欢迎。

长于资讯报道的通讯社近年来也加大了娱乐报道，向娱乐领域拓展。2008 年 3 月，美联社宣布成立一个新的业务部门——娱乐新闻部。引人注目的是，新成立的娱乐新闻部是一个独立部门，有自己的人员、管理体系，在运作中将实行自负盈亏。美联社娱乐新闻部的总部设在洛杉矶。这个新的部门将致力于开发和生产媒体用户和普通读者喜爱的娱乐产品，主要涉及名人、电影、音乐三个方面，重点是图片和视频内容。娱乐新闻部主要目标市场是互联网和广播电视，因此积极探索娱乐产品的多媒体化和新媒体化。新部门推出的第一个新产品聚焦明星图片和视频，著名人物网站 People. com 成为其第一家签约用户。

3、加大休闲报道

随着人们生活的改善，发掘满足全球休闲信息需求，成为很多有识媒体的发展战略。

2008 年 11 月，法新社与 Relaxnews 发挥各自优势，联手推出全球休闲资讯专线。这条休闲专线将以 Relaxnews 的品牌进行推广销售，首先推出英语和法语服务，随后推出阿拉伯语和西班牙语服务，其内容 70% 来自于 Relaxnews，30% 由法新社提供。

该专线以打包形式销售，主要针对媒体机构（纸质媒体、广播、电视和网站）、知名品牌及其代理公司、电信运营商及其他主要机构组织。法新社和 Relaxnews 希望到 2012 年该专线的销售收入能够达到 1500 万欧元。

（二）从传播地域范围来看，由于网络媒介带来的全球化传播态势，传媒信息产品加速全球化拓展。

正如前文分析指出，在传媒产业价值链中，信息采集、编辑、加工、消费等各环节均呈现全球化延伸态势。比如，通讯社打通产业价值链以后，一方面要向终端拓展，另一方面要向上游延伸，加大全球采集能力、编辑加工能力、传播发布能力。全球化的信息流通，要求通讯社必须用全球视野来进行新闻信息传播，在新闻信息的时效、内容和形式上不断改进。加强国际新闻信息报道既是通讯社本身的职责所在，也是通讯社自身发展的需要。

网络全球互动传播，使网络成为全球化竞争中的战略要地。在全球化浪潮中，这是不可回避的时代趋势。传媒历来以"内容为王"，也适合网络发展的趋势。

（三）顺应微内容崛起的趋势 创新网络新闻引导模式

Web 2. 0 环境下需要创新网络舆论引导方式。Web 2. 0 环境下更加需要尊重网络舆论的特殊规律，创新网络舆论引导的原则和模式——只有融入，才能影响自己的"受众"。

专业新闻工作者，首先要融入自己服务的"受众"群（圈），争取自己的信息最大可能覆盖需要你信息的群（圈），为他们提供有效到位信息与服务。例如，每个出色的博客都链接了其他同类内容、同样优秀的博客。专业新闻工作者，就要拥有这样的博客，成为他们中的一员。只有融入，才能获得认可，才有可能进一步成为这个群体的意见领袖。要成为自己服务领域的意见领袖，就要掌握自己服务的人群（圈）、研究他们的嗜好、尊重他们所发的信息，要想法使读者的反馈信息成为新闻的一部分。

如何具体应对微内容的崛起，本文将在传媒战略转型的未来推演中进行详细论述，这里不再展开。

第四节　数字时代传媒市场营销变化趋势及其战略转型

传统媒体数字化最大的难点并不在于技术和资金，而在于能否把握数字出版的本质和特点，进而建立起相应的商业模式及赢利模式。传统媒体一个明显优势是，其多年积累的品牌优势和围绕品牌产生的公信力和权威性，使传统媒体真切感受到新媒体带来的困扰和压力时，也同样面临着十分丰厚的市场机遇。新媒体对传统媒体价值链的切割，看似分流了传统媒体收益，却也因此培育和创造了新的市场机会，预示着传统媒体足以依托品牌优势，在部分关键节点上寻求突破，延伸品牌优势，创造出新的盈利模式。

一、数字时代传媒市场营销变化趋势

（一）数字时代营销理念变革：4P－4C－4R 演变

随着环境的变化，营销理念也随之发生了几次变化，经历了三种典型的营销理念，即：以满足市场需求为目标的 4P 理论，以追求顾客满意为目标的 4C 理论，和以建立顾客忠诚为目标的 4R 理论。即从 4P、4C 到 4R 的营销理念的演变。

1、以满足市场需求为目标的 4P 理论

美国营销学学者麦卡锡教授在 20 世纪的 60 年代提出了著名的 4P 营销组合策略，即产品（Product）、价格（Price）、渠道（Place）和促销（Promotion）。他认为一次成功和完整的市场营销活动，意味着以适当的产品、适当的价格、适当的渠道和适当的促销手段，将适当的产品和服务投放到特定市场的行为。

20 世纪的 60 年代，当时的市场正处于卖方市场向买方市场转变的过程中，市场竞争远没有现在激烈。这时候产生的 4P 理论主要是从供方出发来研

究市场的需求及变化，如何在竞争在取胜。4P 理论重视产品导向而非消费者导向，以满足市场需求为目标。

2、以追求顾客满意为目标的 4C 理论

4C 理论是由美国营销专家劳特鹏教授在 1990 年在《广告时代》提出的，它以消费者需求为导向，重新设定了市场营销组合的四个基本要素：即消费者（Consumer）、成本（Cost）、便利（Convenience）和沟通（Communication）。它强调企业首先应该把追求顾客满意放在第一位，其次是努力降低顾客的购买成本，然后要充分注意到顾客购买过程中的便利性，而不是从企业的角度来决定销售渠道策略，最后还应以消费者为中心实施有效的营销沟通。与产品导向的 4P 理论相比，4C 理论有了很大的进步和发展，它重视顾客导向，以追求顾客满意为目标，这实际上是当今消费者在营销中越来越居主动地位的市场对企业的必然要求。

从 4P 到 4C 的转变，体现了营销理论重心的转移。整合营销理论体系的倡导者美国 DE 舒尔兹教授对此描述为，过去的座右铭是"消费者请注意"，现在则应该是"请注意消费者"。

3、以建立顾客忠诚为目标的 4R 理论

21 世纪伊始，《4R 营销》的作者艾略特·艾登伯格提出 4R 营销理论。4R 理论以关系营销为核心，重在建立顾客忠诚。它阐述了四个全新的营销组合要素：即关联（Relativity）、反应（Reaction）、关系（Relation）和回报（Retribution）。4R 理论强调企业与顾客在市场变化的动态中应建立长久互动的关系，以防止顾客流失，赢得长期而稳定的市场；其次，面对迅速变化的顾客需求，企业应学会倾听顾客的意见，及时寻找、发现和挖掘顾客的渴望与不满及其可能发生的演变，同时建立快速反应机制以对市场变化快速作出反应；企业与顾客之间应建立长期而稳定的朋友关系，从实现销售转变为实现对顾客的责任与承诺，以维持顾客再次购买和顾客忠诚；企业应追求市场回报，并将市场回报当做企业进一步发展和保持与市场建立关系的动力与源泉。

4R 营销理论的最大特点是以竞争为导向，在新的层次上概括了营销的新框架。该理论根据市场不断成熟和竞争日趋激烈的形势，着眼于企业与顾客互动与双赢，不仅积极地适应顾客的需求，而且主动地创造需求，通过关联、关系、反应等形式与客户形成独特的关系，把企业与客户联系在一起，形成竞争优势。

（二）数字时代媒介运营：由集中式营销进一步向分众、精准、互动方向发展

某种现象存在，实际上是以某种量化的形式存在的。而且这种量化存在，应当有测量它的办法。① 菲利普·迈耶在《正在消失的报纸》写道，测量新闻业的质量有一点像测量爱情。我们可以永远谈论爱情的真正定义，但我们的操作性定义会涉及爱情的某个方面，它很明显地浮现在有形世界中，从而产生出可测量的结果。例如，《约翰福音》将爱情视为一种连续变量，并给这个连续体的终点提供了一个操作性的测度："一个人为了朋友而放弃生命，没有比这更伟大的爱。"②

在数字时代以前，对人的行为的分析尽管量化分析存在，但是仍然是不够精确的。而进入数字时代以后，消费行为可以记录在案，为精确分析提供基础数据，数字记录与分析的精确性，使量化分析的精确度大大提高，从而使数字媒介结构与流程进一步优化。

1、数字营销三原则：分众、精准、互动

从营销来讲，过去媒介的主要盈利模式依靠大众传播的广告，是集中性的营销，现在的服务体系，依靠网络 P2P 这样的技术，每一个人和每一个单元之间都可以形成相互之间的交叉传播和服务，内容配合盈利可以分层次地挖掘价值。另外，新媒体对品牌的各项指标，包括受众的好感度、信息预购率等等都对媒体价值有着相当大的提升作用。新媒体对于曝光率、发行量的统计更为精确，点击率带来的数据分析更为即时、直观、全面，调整媒体行为的周期更短、时效性更强。

在以人为本的大环境下，数据分析的精准性给营销业务带来三原则，一是分众，有效区分受众人群。二是精准，准确把握目标受众的商业需求。三是互动，能够实现产业链上游厂商客户与下游终端用户之间的信息互动、相互沟通、互通了解需求，形成有价值的互动信息回馈链条。

2、从帕累托法则走向长尾理论

受众和市场的碎片化，在广告支柱发生动摇的情况下，使传统媒体逐渐改变了过去"以不变应万变"、"我给你什么就是什么"的做法，不得不寻找和培育新的经济增长点，探索如何满足受众的个性化需求，服务于细分化的市场。由此，适应受众和市场碎片化发展的新媒体、新产品、新服务，特别是新理念应运而生。在 Web2.0 时代，满足个性化的理论基石发生了巨变，即从帕累托法则走向长尾理论。

1897 年意大利经济学家维弗雷多·帕累托在他研究了 19 世纪英格兰的财富

---

① 菲利普·迈耶：《正在消失的报纸》第 171 页，新华出版社，2007 年
② 《约翰福音》第 15 章第 13 节

和收入结构时发现，英格兰的财富分配实际上并不公平——大多数财富都落到了少数人的手中。经过计算，他发现约 20% 的人口掌控了 80% 的财富，更重要的是，他还发现其他许多国家和地区的这一比例与英格兰一致，这就是著名的帕累托二八法则。帕累托二八经济理论奠定了传统商业法则，它体现的是效率的概念，这一理论认为，80% 的优良业绩是由 20% 的客户带来的。为此在顾客服务中不能平均用力，要重点做好 20% 顾客的工作，争取创造出更高的优良业绩。在影响力营销时代，帕累托法则影响深远。在广告方面，80% 的栏目广告是由 20% 的客户带来的。做一个重点客户胜过几十个小客户，抓大更能出效益，损失一个大客户对整个的广告收入系统的影响举足轻重。但是，在互联网诞生之后，二八规则开始动摇，在帕累托理论中被忽视的没有经济效益的占 80% 的部分占据了主角。美国学者克里斯·安德森的著作《长尾理论》指出，商业和文化的未来不在热门产品，不在传统需求曲线的头部，而在于过去被视为"失败者"的那些产品——也就是需求曲线中那条无穷长的"尾巴"。Google、亚马逊、维基百科、中国百度、阿里巴巴等企业的崛起在实践上支持了长尾理论。基于长尾理论，数字媒体平台侧重于向新闻信息用户提供服务，通过使更多用户使用独特而难以复制的数据服务，来获得平台价值和商业利润。

二、数字时代传媒市场战略转型

西奥多·莱维特在 1960 年为《哈佛商业评论》撰写"市场营销短视"一文通俗的方式解释了"颠覆性技术"这个术语，同时也激发了一代经营管理者的想象力。[①] 从中国改革开放的历史来看，商业模式的创新成为企业经营者成功的法宝。改革开放初期，是以大邱庄禹作敏、海盐衬衫总厂的步鑫生、石家庄造纸厂马胜利等为代表形成了第一代企业家，他们或者率先发展乡镇企业，或者率先承包经营，在当时走出了一条企业从零起步发展的道路；上世纪 80 年代中期开始，以联想、海尔、方正、华为等企业为代表成长起来的第二代企业家，他们以低成本制造优势参与了全球产业分工，创造了"中国制造"的奇迹；上世纪末，随着新的商业模式不断产生，催生了以陈天桥、江南春、马云、李彦宏等第三代民营企业家。在数字时代，并不掌握核心信息技术的马云、江南春是依靠商业模式创新获得成功的代表。

数字时代，高度的商业化运作构成了极其重要的传媒发展环境与动力。数字化的多媒体融合，彻底冲破了传统媒介一向自守的介质壁垒，产生了一种新媒体，一种媒体大融合的趋势正在呈现，同时它极大地改写着现有传媒

① 菲利普·迈耶：《正在消失的报纸》第 4 页，新华出版社，2007 年

市场的版图和游戏规则，使旧有的运作架构和赢利模式日渐式微，催生着与这一时代发展相适应的新媒体和新型产业模式。

（一）顺应数字社会分众营销趋势 创新市场营销模式

1、广播向窄播发展 创新营销模式

为应对媒体环境变化、满足用户个性化需求，提高传统业务的赢利能力，美联社推出"1＋X"新型供稿模式。2008年1月，美联社董事会正式通过了酝酿已久的新闻供稿与收费调整计划，从2009年1月起以类似于新华社"1＋X"的模式向媒体提供服务。除按原来的收费模式向成员报纸提供当天国内外的动态新闻（类似于新华社"大广播"通稿新闻）外，报纸可根据自己的需要选订新闻分析、商业、体育、娱乐等方面更为深入的报道（类似于新华社各条专线新闻），但需另外付费。

长期以来，美联社按照大、中、小不同规模报纸的基本需求，把各类新闻进行打包推送。改革之后，用户可以根据自己的需要"照单点菜"，这在美联社历史上还是第一次。即便没有订购专线产品的用户，也可购买专线中的某条新闻，按件收费。这样做一方面可以降低成员报纸所支付的费用，另一方面也给成员报纸以更加灵活的选择。据称改革后有80%的成员报纸所需支付的费用将得以降低，10%保持不变，其余10%可能有一定程度的增长。

2、发展非媒体用户

数字时代，信息过剩导致信息营销理念出现了新的变化趋势，即从以前追求信息总汇到信息内容"少就是多"，市场更加注重细分，对用户的把握更加精准，删除冗余信息，为用户量身定做信息解决方案。对新闻信息产品进行模块化加工，以便让用户可以通过不同模块的选择和组合，生成适合自己个性化需求的产品。

在这种要求下，通讯社等传统媒体可以将各类用户提出的需求分解成一个个小模块，然后将新闻信息素材按照这些模块的类型进行加工，最后让用户按照自己的需要，在多媒体数据库上对这些信息模块进行选择和组合。这样，有可能在不大幅增加成本的前提下满足用户的个性化需求。传统媒体在经营理念上，必须由满足用户信息需求提升到向用户提供价值。传统媒体应考虑如何将其优势与既定的目标，用户的需求和需要相匹配，即向用户提供卓越的价值，这是创建战略优势的源泉。

（二）全面进入终端广告市场开展影响力营销

1、开展影响力营销

传媒的本质是影响力。众所周知，大多数媒体的生存之道除了发行和收视收入以外，更多的是靠受众注意力的"二次销售"，这是传媒真正价值所在。正因如此，多数报纸"负定价"（即报纸的定价低于它的成本）甚至是零定价发行，广播电视节目"无偿"收视，但是它们通过将受众的注意力资源转卖给广告商而大获其利。这种商业模式是传媒产业不同于其他产业类型的一个重大区别点。

与其他传媒相比，通讯社全面进入终端市场意义更加重大。但这既是机遇也是挑战。通讯社作为媒介的媒介，处在产业链的上游，长期以来隐居在媒介背后，无法和受众直接见面，因此只能赚取消息或者信息的采集和初加工费用，而对于媒介真正利益增值部分的"二次销售"却往往无法染指。有学者称，没有或是缺少受众的通讯社至多是"沙漠中的布道者"。通讯社显然不甘于此，因此在跨媒体经营时代，通讯社积极创办报纸、创办电视台等都已有之，但是其主流依然是为各报纸和电视台、电台提供稿件服务。而在媒介融合时代，通讯社直达用户终端、进入全媒体发展以后，由此带来一个最大的变化是，通讯社的网站乃至其主体部分可能也将像媒体一样，进行受众资源的二次销售，即由面向媒介或机构的内容营销进入直接面向大众终端的注意力营销、影响力营销。

传统媒体广告带有一定的强制性，受众对传统广告的记忆，是靠其"反复性"而加深记忆的，记忆正是树立品牌的一个重要因素。网络广告的反复刺激性则要差得多。而从这方面看，网络广告对于树立品牌，所能起的作用是有限的。但是，传统广告目标不够精确，而网络广告的点击则可以带来有效的关注。传统广告则以树立品牌为所长，网络广告最大优点在于直接引发行动。网络广告实际上与电子商务是捆绑的。没有电子商务的支持，网络广告就会在很大程度上失去它存在的价值。

表4－2：2001－2012中国网络广告市场规模

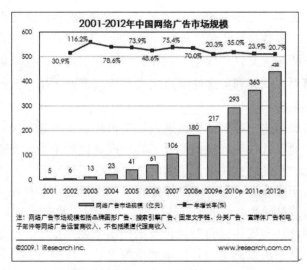

数据来源：www.iresearch.com.cn

2、开展数字时代广告独立营销

在传统思维下，品牌是换取财富的砝码。《公关第一　广告第二》的作者阿尔·里斯和劳拉·里斯认为品牌价值的定义是：与其他相同质量的商品相比，消费者愿意购买这一品牌而付出更多的价格。消费者为什么愿意多支付货币呢？因为消费者并非业内专家，在消费者没有鉴别力的情况下，消费选择了品牌。因此，从这个意义上说，消费者以低价获得了最优产品的保障。而如何树立品牌呢？大众传媒广告功不可没。早在1917年，英国小说家诺曼·道格拉斯就断言广告将在全球蓬勃发展，他说"通过广告，你可以发现一个国家的理想！"但是，在传统方式下，广告依附于媒体而传播，媒体给予了广告最尊贵的席位，昂贵的版面或时段，但广告却最不受消费者欢迎，消费者一看到广告就换台、翻页。

进入数字时代，受众的碎片化、分众化、个性化为广告独立提供了契机。1997年《哈佛商业周刊》发表了著名论文《创建企业品牌无需大众媒体》。耶鲁法学院网络经济学教授约沙伊·本克勒也认为，网上合作正在刺激一种新的生产模式诞生，即同伴生产模式，它将超越经济学赖以生存的两大基石——公司与市场。广告在数字时代依靠网络、移动手机等拥有了自己完全独立的信息传播渠道。当广告绕开传统的媒体形式传播时，媒体失去了财神，而广告却卸下了千斤重负轻装前行，并且有效直达消费者信息需求，并依托电子商务，实现了网络平台上个性化互动媒体和消费者需求的融合。北京印刷学院青年老师刘千桂提出众媒介理论，创造性地提出以下基本命题：广告不再是媒体的附庸，广告甚至不需要依托企业和消费者之间的中间环节而传播；媒体分众化和消费碎片化正逐步将传统广告带入深渊，而个人媒体的聚合和消费碎片有效聚合会让广告获得新生。众媒介理论强调以个人为中心，众人皆媒介，个人媒体即消费者，消费者即个人媒体。众媒介即通过个人媒体的聚合、消费碎片的重聚或广告、商务、金融的融合，持久地实现广阔范围内的人与人、人与企业、企业与企业之间的合作和共享，实现企业和消费者价值的最大化，最优化企业和消费者的效益和效率。刘千桂认为，广告也不再有时间、版面、空间的限制，广告成了一种生活、一种体验、一种乐趣、一种享受。在另外一些情况下，广告则变得非常个人化，以至于我们几乎分辨不清什么是新闻，什么是广告了。这时，我们可以说，广告就是新闻。

智威汤逊创始于1864年，是全球第一家广告公司，也是全球第一家开展国际化作业的广告公司。智威汤逊全球总裁迈克尔·梅德尔提出了"摄众传播"理论。迈克尔·梅德尔表示，仅在过去5年的时间内，互联网媒体已有翻天覆地的变化，且每一个变化都对传播的实现产生影响。以NGPS定位系统为例，只要登录NGPS定位系统，不仅能清楚知道目标人物的确切位置，还能了解到他公开的个人信息，如爱好、兴趣等。根据这些资料，广告主可以通过手机短信等方式，告诉他，在他所在位置的某个方向，或者某个转弯角落，就有他感兴趣的东西。通过类似这样的技术，广告商可以更清楚目标消费者的喜好，有的放矢地传达信息，以提高传播的效率。同时，迈克尔·梅德尔还指出，对于广告业而言，这种新媒体环境是一种机遇，也是一项新的挑战。如何应对新媒体与传统媒体争夺消费者时间的冲击？如何利用当今传播环境的特点提高传播效率？如何整合所有的资源最大限度地吸引消费者的眼球，让他们心甘情愿花时间参与到广告当中来？这些都是在新的媒体环境当中，必须要去面对的挑战和迫切需要解决的问题。迈克尔·梅德尔提出"摄众传播"理论的核心理念是创造消费者愿意花更多时间参与的创意，把消费者对广告的被动观看，变成积极主动的参与。他称，摄众传播是一种邀约艺术，它邀请消费者直接参与到传播中来。"摄众传播"分为几个步骤：从最根本的消费者洞察，并结合品牌独特利益点（UBO），制定品牌远景，进而创造极具吸引的摄众意念，最终根据摄众意念的创意衍发出整合的、能引起媒体共振的联通计划，直至落实执行。

（三）全媒体发展客户价值的全方位挖掘 形成多点产出的产业价值链

传媒的全媒体发展格局带来的最大的理念变化是由过去追求市场占有率，转化为提升传媒的个人占有率，对用户全方位价值的挖掘与满足。所谓全方位客户价值的挖掘，意味着以客户需求为本位，嵌入客户的生活方式之中，围绕并清晰地把握客户的生活圈、工作圈、消费圈的需求逻辑，发现和开掘客户的关联需求，并以与这些需求相切合的产品和服务构成一个完整的产品和服务的价值链。从单向度地满足客户的某种需求到尽可能全方位地为个性化的需求提供完整的解决方案，这是传媒市场上价值挖掘的一场革命。

今天媒体的竞争优势不仅仅取决于其内容生产，而关键取决于能否以内容生产为核心扩建其传媒产业的价值链，媒介由卖渠道、卖内容向卖媒介产品、卖媒介综合影响力转变。

以通讯社为例，通讯社为适应传播格局演变、用户和市场碎片化的趋势，在巩固媒体用户的同时，要大力发展非媒体用户；在继续完善面向机构用户的产品的同时，要适时开发面向个人用户的产品和服务。首先，通讯社直达用户终端以后形成了全媒体发展格局，从而面临营销方式的根本变革，即从以前对媒介市场内容销售为主开始进入面向终端用户的影响力营销时代。其次，在分众化的市场，个性化定制的非媒体用户将得以迅速发展。其三，面对碎片化市场，通讯社应发挥其规模优势，起到很好的聚合作用，并形成系统营销模式。其四，通讯社直接面对终端用户，将占领终端市场下一代产品理念与研发的制高点；其五，通讯社要改革媒介运营模式，实现由封闭向开放的全面转型；其六，着眼于融合背景下的全面整合策略。总之，形成多点产出的价值链即要在内容上讲求增值服务、延伸服务，媒介不仅仅是受众的信息的提供者，更应该成为其信息管家、生活顾问。

1、读者"M"型分化　主动跟踪推送服务

数字化改变了读者的阅读方式和信息获取方式，读者信息接收方式呈现"M"型的两极分化，即主动的更主动，被动的越来越被动。随着 Web2.0 的兴起，"互动"、"用户创造内容"成为互联网的主流，技术的发展也正推动着用户接受方式发生着变革，深度挖掘、深度搜索等能让读者更主动、更高效获取所需信息的手段大受欢迎。另一方面，许多内容运营商也运用最新通信技术，主动向用户跟踪推送服务，比如向用户传递信息，发送手机短信广告、推销邮件等。

2、离线阅读带来移动终端商机

随着多性能 MP3/MP4、电子相框、电子阅读器等的普及，数字阅读的形式正在从依赖于有线网络的在线阅读向依托于无线网络传输的离线阅读转移，由此带来移动终端的巨大商机。

纵观国际出版业，哈珀·柯林斯、霍顿·米弗林、西蒙与舒斯特等跨国出版集团在近两年都不约而同地将移动出版、离线阅读作为重要的业务增长点。哈珀·柯林斯集团与苹果公司、企鹅集团与亚马逊公司的合作都有了实质性进展，并取得了足以支撑合作继续下去的收益。在硬件生产商方面，索尼、IREX 等电子产品公司在 2007 年推出了颇具革命性的电子纸产品，亚马逊"Kindle"阅读器的推出更是引来全球性的关注。2008 年苹果公司发布了基于名为"Stanza"的电子书阅读软件，读者可以下载至 iPod 上，截至 2009

年10月，下载量已接近40万次，超过亚马逊Kindle的出货量，并仍以每天5000次的下载量递增。

3、手机出版成为收费阅读突破口

由于屏幕窄小、容易造成视觉疲劳，手机一直以来并不被人认为是适合阅读的介质。然而，随着移动互联网的加速到来，手机出版因其庞大的用户基量、用户付费阅读习惯和成熟的移动收费模式成为过去两年增长速度最快的数字出版业务，改变了长期以来电子书B2C市场疲软局面，成为数字化内容收费阅读的重要突破口。

4、社区网络成为营销要地

在网络泡沫幻灭的最低迷期，吉米·威尔斯（Jimmy Wales）创办维基百科（Wikipedia），发起了用户创造内容的社区运作模式。美国互联网监测机构comScore的数据显示，维基百科是全球最大的百科全书，内含20多亿条词条，也是全球第四大网站，每月独立浏览者达3.01亿人。维基百科成功的主要原因在于拥有激情四射的社区和出品的内容。

从中国国内来看，随着网民上网的行为模式向互动交流转变，社区平台的应用越来越深入广泛。开心网、人人网等一批SNS网络开始火爆，显示了未来内容生产的社区化新趋势——博客内容生产在经历了由专业博客服务提供商向门户转移之后，又呈现出向社区转移的趋势。而另一方面，网络社区开始成为天然的口碑营销平台，基于共同话题的内容产品的"圈子营销"开始大行其道。从未来着眼，专家对社区网络发展大多表现出乐观态度，很多专家判断，未来成功的商业模式都将建立在社区基础之上。继门户和搜索之后，社区就是互联网的未来。

（五）数据库个性化营销

在数字时代，面对个性化需求趋势，传媒需要强化市场意识，创新服务模式，努力满足不同市场、不同用户的个性化需求，需要认真研究如何在控制好投入产出比的基础上满足用户的个性化需求，特别是利用最新信息技术加强对内部资源的进一步整合和科学配置，对新闻信息产品进行模块化加工，以便让用户可以通过不同模块的选择和组合，生成适合自己个性化需求的产品。进入Web2.0时代，个人媒体也将大行其道，从而使媒介越来越碎片化。即使有一些媒介影响很大，但总体来看，碎片化的个人媒介影响仍然是有限的，如果传媒将大量的个人媒介有效聚合就可以产生非常大的影响。如何在"碎片化"的新形势下认清和把握自己的目标受众，并且在此基础上对他们实施有效的重新聚合，现在正不断演化出新的营销模式。

在这种趋势下，发挥基于内容建设的多媒体数字化信息处理平台——多媒体数据库的作用，为实现传播和经营模式由"单一"向"多元"转变提供了技术基础。比如，新华社多媒体数据库整合了新华社的全部新闻信息资源，能够进行多媒体供稿，可以根据用户的不同需求进行个性化服务和推送式服务。从客户的角度说，登录互联网上的新华社多媒体数据库外库，可以同时用几种方法限定检索，可以在相当长的时间范围内检索全部与某一主题相关的稿件，尤其是可以根据自己的需要，随意选择新闻的文字、图片或音、视频内容。多媒体数据库专门设计了推送模块以适应新华社现有的部分大客户和其他推送需求。通过推送功能，可以保证用户订购的新华社产品准时发送到客户端，客户可以通过本地的发布及检索系统对这些订购的产品内容进行发布，实现与新华社多媒体数据库相似的功能。同时还可以保证用户具有一定的访问权限控制，满足用户在本地访问新华社多媒体数据库产品的需求。多媒体数据库实现了为用户进行大规模定制个性化产品，目前新华社多媒体数据库的有效用户超过20000家。

今后传媒还将充分利用最新技术，推出更多面向个人用户的产品和服务。未来的数字化媒体会更经常地采用论次计费的方式，它会更像报纸和杂志一样，由消费者和广告商一起分担成本。在某些情况下，消费者可以选择接收不含广告的材料，只是得掏更多的钱。在完善网上支付和交易手段之后，可考虑向个人用户开放多媒体数据库，提供按量付费的查询、下载新闻信息及其他资料等服务。通过建立科学、系统的多媒体数据库平台，用户可以从这个数据库中随时提取为量身定制的内容。

第五节　数字时代传媒管理变化趋势及其战略转型

在数字时代，网络构成了我们社会新的社会形态，是支配和改变我们社会的源泉。从某种意义上说，以互联网、手机为代表的新媒体之所以得到了快速的发展，不仅仅是因为采用了先进的数字技术和传播技术，更是因为它们具备适应市场的扁平化管理体制与受众良好的互动机制。在数字时代，传媒不仅需要在战略理念、内容生产、市场营销等方面进行战略转型，同时需要在组织方式、运行模式、生产流程、基本形态等方面适应数字时代的挑战。

一、数字时代信息传播管理变化趋势

（一）数字时代信息传播管理的特点：

1、开放性

数字时代基于网络的管理方式，具有显著的开放性的特点。美国学者曼纽尔·卡斯特尔给网络下的定义是："网络就是一组相互联结的结点，结点到底是什么，要依赖于具体的网络而言。比如，在全球金融网络中，他们是股票交易所和其附属的高级服务中心。网络是一个开放结构，能无限扩展，所有的结点，只要他们共享信息就能联系。一个以网络为基础的社会结构是高度动态、开放的系统，在不影响其平衡的情况下更易于创新"①。

2、灵活性

在网络社会的环境中，资本进入了单纯循环的多维空间，劳动力则由一个集中的实体变为千差万别的个体的存在。资本全球化同时，劳动力却趋向差异化。整个社会由工业社会的大规模集中，向个性化网状分布结构转化，管理将更趋于灵活性。

3、分权性

数字化使人的社会表达具备了一个前所未有的自由空间，使话语权的非集中化成为可能。去中心化的信息的散播正在创立一个新的权利结构，即"处处是中心，无处是边缘。"② 这种传播方式改变了传受双方的地位，给个人以自由传播和信息选择的权利，使传播的权力向受众倾斜，传统媒体由原来的控制力转为影响力，同时权威话语也被消解，提供了民主传播的可能性，同时这种发自草根的新型民主进一步推动了权力的分散。正如尼葛洛庞帝乐观地宣告"沙皇退位，个人抬头"，他说："我看到同样的分权心态正弥漫于整个社会之中，这是由于数字化世界的年轻公民的影响所致，传统的中央集权的生活观念将成为明日黄花。"③

（二）数字时代管理出现的变化趋势

1、组织管理从"金字塔式"到"网络式"

数字时代，技术组织结构出现趋于开放、平等、去中心化的根本性变化，组织结构从金字塔式演变成"网络式"。约翰·奈斯比特在《大趋势 改变我们生活的十个新方向》中，把金字塔式的等级制度向"网络式"结构的转变，看做社会发展的十大趋势之一。④ 奈斯比特认为，在信息经济里，僵硬的等级结构使信息流程缓慢，而速度正是新社会所迫切需要的。关于"网络"式组织，奈斯比特引用美国人类学家弗吉尼亚·海恩的话说，这是一个编结技术不甚高明的渔网，有许多大小不同的结节，或风眼，彼此之间直接或间接相连。奈斯比特认为，"网络组织"的主要目标是共享信息与资源。网络式组织还可以提供成员之间的横向联系，这是官僚制度永远无法提供的东西。网络组织可以促成自助，交换信息，改变社会，提高生产力和工作环境的质量。和其他现有的组织相比，网络结构组织可速度更快、更富有情感、更节省能

① Manuel Castells: The Rise of the Network Society, p469, Basil Blackwell Ltd., 1996

② 保罗·莱文森：《数字麦克卢汉》第 9 页，社会科学文献出版社，1997 年出版

③ 尼葛洛庞帝：《数字化生存》第 270 页，海南出版社，1997 年版

④ 约翰·奈斯比特：《大趋势 改变我们生活的十个新方向》，中文版第 194 – 210 页，中国社会科学出版社，1984 年

源的方式传递信息。网络组织结构的变化，也促使组织由"集权制"向"分权制"转变，使组织由过去高度集中的决策中心改变为多中心决策组织。

2、"集中办公"变成"分布式办公"

网络式组织不仅改善了组织内部信息的流动状况，也在其它方面带来了影响。比如，网络式组织，对组织人员的素质提出了更高的要求，只有掌握了现代生产技术与交流手段的员工，才能在这种结构中"如鱼得水"。网络式组织必将促进企业再造工程，企业的管理、生产、销售等网络将有机地结合在一起。网络技术的运用，可以使"集中办公"变成"分布式办公"，因此"虚拟式"办公也就成为可能。

3、管理把关从封闭控制到开放控制

Web2.0 时代一个突出的特点是去中心化，从单向传输转向双向交互，博客、播客、维客、掘客、酷客大量出现，信息源、传播渠道和受众"三位一体"，网民越来越多地扮演起记者、编辑的角色，并且自创内容呈爆炸式增长，传播格局实现了所有人对所有人的传播的新局面。媒体管理正向扁平化、互动化、自动化、社会化加快拓展，内部管理把关人从封闭控制走向开放控制。

（三）网络结构下的记者角色变化

作为日益网络化世界的结果，记者与编辑的角色正以三种根本方式发生变化。在网络环境下的新闻和信息无处不在，并且全景化新闻地位日益重要，这就要求记者不仅仅成为事实的讲述者。正如教育者的角色从教室中无所不知的知识的载者转变为不断变化的知识地图的指引者，现在学生经常和老师一样是学习者，记者也需要调整其作为指导者的角色。[①]

记者将不再是唯一或甚至经常不是新闻和信息的主要提供者。现在，新闻消费者很容易从企业、政府网站、雅虎、谷歌、百度、新浪等综合新闻中获得"事实"，并且通过网络摄像机和其它类似于有线电视直播的新媒介工具，受众直接看到新闻日益成为现实。记者需要成为更富有技术的新闻叙述者，他不仅要综合一个事件或过程的事实，还要将这些事实与更加广阔的背景和环境联系起来。他需要重视帮助读者对大量网站和其它对国内外事件提供新闻和评论的在线内容进行分类，以甄别真假新闻。

记者作为事件的解释者的角色将有很大扩展，这要求记者以新的、更流动化的方式思考，并要求强调复合式思考和报道模式的新型新闻教育和培训。网络记者在重新连接社会方面还将发挥核心作用，网络社区新闻形式不仅会鼓励更多的公民参与公众生活，而且通过将新闻机构与他们报道的机构和过

---

① 约翰·V·帕天利克：《新闻业与新媒介》第 235-237 页，新华出版社，2005 年

程更多地联系在一起。

二、数字时代传媒管理战略转型

一般而言，在新媒介产生以后，旧媒介一般都会有一个学习与移植新媒介优势特点的过程。网络与移动多媒体出现以后，传媒需要学习与借鉴网络、移动多媒体的特点，需要学习其运行方式、组织方式以适应网络时代变革趋势与竞争需要。传媒需要研究新的科学技术给媒介的组织形态、组织形式、运转方式带来的影响，借用一切可以借用的技术手段、组织形式和运转方式。

（一）培养多媒体复合型人才

随着传媒集团的跨媒介发展以及媒介技术的不断变革，媒介融合的趋势不断深化，同时完成文字、摄影和摄像多媒体内容报道任务日渐成为对记者的要求。在数字时代，记者媒体队伍由传统媒体人员向多媒体、新媒体的复合型人才加快拓展。各大媒体都在积极培养打造集多媒体技能为一身的"新一代记者"，未来的媒体人才竞争，将主要表现为多媒体人才的激烈竞争。

2003 年 3 月 20 日，台湾"中央通讯社"记者陈正杰参加了伊拉克战争报道，事后他在《媒体与战争》中写道，我带了两部笔记本电脑，三部数码相机，四个定焦及变焦镜头，两个适用于各种数码相机存储卡的读卡器、数字摄像机、两个录音机、各种充电器。租用了卫星电话。防毒面具留在家里，但行李依然超重，行动困难。[①]

目前多媒体化的传播语境使复合型记者成为必需的人才，需要知识（百科知识、专业知识）＋技能（掌握多种技能）＋包括计算机、互联网、数字传媒工具的熟练使用。今后需要提高新闻采编人员数字化、装备水平和应用技能。陈正杰笔下的那个自我描述，或许是将来新一代记者的画像。

对于多媒体内容的采集与生产来说，其复杂程度显然要超出任何传统媒体，对于从业者素质与能力的要求也更高。培养跨媒体、全能型人才成为适应媒介融合趋势的必然选择。因此，美国许多新闻院系都在开设"媒介融合"专业，希望给予新闻业未来的从业者更全面的技能训练。[②] 英国报联社 5 年前就开始对文字记者进行视频报道培训，两年前对所有新进采编人员进行视频报道培训，以便他们一进门就成为"新一代记者"。记者除提供文字报道外，同时进行视频报道，视频报道一般从采访到编辑由一个人完成。

当然，要求技能的全面，也许是以牺牲技能的精通程度为代价的，是以降低报道的专业水准为代价的。在现实中，要完成全媒体或多媒体的报道，特别是重大题材的报道，并不能依赖一个人。它仍然是一个分工与合作的过

---

① 陈正杰：《媒体与战争》，台湾匡邦文化事业有限公司，2003 年
② 彭兰：《青年记者》，《媒介融合方向下的四个关键变革》，2009 年第 4 期

程，这种分工与合作甚至可能会比传统媒体时代更细。拥有多媒体技能的记者们更多的是需要了解自己在一个大的报道架构中所处的位置、所扮演的角色。

（二）真正人本管理是管理转型的核心

传媒业一般没有大规模设备投资、技术投资，但是需要高素质的传媒人才。人本管理要求理解人、尊重人、充分发挥人的主动性和积极性。人本管理分为五个层次：情感管理、民主管理、自主管理、人才管理和文化管理。具体来讲，管理转型将出现以下变化：管理扁平化，媒体管理从以前的金字塔结构向扁平化结构演变，中间层级减少，结构横向联系加强；管理互动化，媒体管理平等意识加强，一方面使从业者更加了解受众的需求反应，另一方面可以激发受众的参与热情，吸引更多受众的关注。管理自动化，随着自媒体技术和业务的蓬勃发展，利用网络编程、自动检索与统计等技术可以实现媒体管理的自动化；管理社会化，在这一阶段，媒体控制把关人角度出现变化，从封闭控制到开放控制，宣传将逐步弱化，管理难度加强，更需要在服务中引导舆论。同时，随着大众化、个性化媒体加强，媒体管不胜管，自我管理、社会管理将呈现加强的趋势。

（三）构建学习型组织

1990 年美国麻省理工学院教授彼得·圣吉出版《第五项修炼》一书，提出"学习型组织"概念，并对这一概念作了系统论述。他提出，成为学习型组织应该进行五个方面的修炼，分别是自我超越、改善心智模式、建立共同愿景、团队学习、系统思考。

随着世界经济一体化进程的加快和科学技术的迅速发展，信息呈几何级数增长，使当今社会面临的竞争环境正在发生翻天覆地的变化。另外，知识生产力已经成为企业生产力、竞争力和经济成就的关键。知识已经成为首要产业，这种产业为经济提供必要的和重要的生产资源。

传媒是典型的知识型企业。传媒适应环境变化的最佳策略就是组织的学习。高度信息化组织是一个学习机构，它的一个基本目的就是拓展知识，不是学术意义上的知识本身，而是使组织怎样更有效率的核心。学习不再是教室里或者上岗前的孤立的活动，人们不必撇开工作专门抽出时间来学习，相反，学习就是工作的核心。

第五章　媒介大融合与传媒的整合战略

正如前文分析指出，在媒介融合时代，整合力已成为媒体核心竞争力。而随着媒体"大者恒大"的发展，媒体进入大媒体时代以后，整合力的重要性将更趋明显。但相比搜索引擎与门户网站而言，报纸、通讯社、电视台等传统媒体的整合力却面临严峻挑战。显然，按照战略转型核心竞争力扩张原则，传统媒体不能不正视这一令人尴尬的现实。

而从更宽广的视野来看，目前世界经济体系经历了"中心外围阶段"、"垂直分工阶段"和"水平分工阶段"以后，进入了"要素合作阶段"。围绕生产要素的流动、重组，世界经济演绎了一幕幕整合大戏，跨国集团的战略战术发生了一些根本性的变化。比如，在传统竞争时代，舰队的速度取决于最后一艘舰艇，木桶容水高度取决于其最短的那块木板。但是，在全球要素整合时代，行业竞争从企业层面延伸至整个产业链的整合，彰显出"链条对链条的竞争"和"以全球应对全球"的竞争新理念。

认识到世界经济体系国际分工进入要素整合合作阶段，可以使我们更加清楚整合战略的时代意义，而且可以使我们的整合战略具有更加清晰的战略方向。一方面作为信息企业，传媒敏锐报道世界各国政经风云的变化，特别是对全球各生产要素的流动给予高度关注，从而更好地为用户创造价值。另一方面传媒本身就需要在"要素合作"的视野下参与全球传媒领域的国际分工。因此，在大转型的时代，整合战略正当其时。通过内部整合可以实现资源与品牌的统合经营，通过战略并购、战略联盟等产业链外部整合，可以加强优势资源的延伸、扩张，有效地扬长避短，达到全球要素的最优化组合。运用整合战略可以化挑战为机遇，使优势成长为更大的优势，而劣势通过要素整合之后可以瞬间发生逆转。

因此，应当将传媒战略整合提升到一个相当的高度，有必要对整合战略单独成章予以重点阐述。

第一节　媒介大融合与整合战略

一、媒介融合的未来走向

（一）从媒介融合到大媒体时代

当前传播生态变局正在演进之中，但重构亦已经开始。重构的方向和过程分为三类，一是转型，二是裂变，三是融合。① 转型是指传统媒体向数字媒体转型，裂变是指网络媒体由门户而社区，由聚众而分众，由固定而移动，由存储而搜索，由博客而播客、维客，由 Web1.0 到 Web2.0、Web3.0……Webn.0。裂变的周期将越来越短，裂变的结果将使内容越来越个性化，渠道越来越多样化，载体越来越人性化。融合是就各类媒体而言，传统媒体与新兴媒体将走向融合，传统媒体与传统媒体将走向融合，不同介质的新兴媒体将走向融合。

数字技术的平等、融合、互动导致媒介的大融合，通过融合使各类媒体发挥出集群效应，内容得到复合性使用，资源不断实现增值，舆论引导力随之得到加强；通过融合可能将催生出一批各类介质的新型媒体组织。

在这样的背景下，数字时代新闻信息传播机构最终将呈现两极化方向发展：一是"做大"，即建设成一个囊括各种传媒渠道，面向各个层次受众，拥有多种服务方式的综合性全媒体集团；一是"做专"，即在某一个细分的专业领域通过技术、内容或市场方面的绝对领先来建立竞争优势。在"做专"基础上"做大"，其结果就是全球传媒行业在向"大者恒大"的方向发展，媒介融合将进入大媒体时代。

当前媒介集团化的发展方向就是进入大媒体竞争的时代。从未来来看，数字化背景下的碎片的汇聚与聚众，使微内容可以汇聚成巨大的媒体，使市场形成巨无霸式的媒体集团。

（二）"大媒体"或将成为未来的主流媒体

关于信息传播发展与媒介融合演进并进入到大媒体时代的趋势，很多著名学者及业内人士提出了类似的见解。比如，中国人民大学教授喻国明认为，广播网、电信网与互联网三网融合与业务上的交错以及在运营管理和利益分配机制上的协作，这种跨行业的整合可能会越来越多，新旧媒体的逐渐融合将促进广义上的"新媒体"的诞生，并进而纷纷抢占 IPTV、移动互联、网络视频、手机报等新的制高点。数字化媒介的发展，使我们在进入全媒体发展的同时，又进入了大媒体竞争时代。② 新华社中外媒体发展战略研究中心主任唐润华、京华时报社社长吴海民等均对大媒体时代表示认可。中国政法大学教授宋建武等进一步提出，未来的传媒格局是：报纸整体边缘化；电视更加娱乐化；传播渠道多终端化；媒体融合产生具有移动、便携、互动、多媒体特点的"大媒体"将成为未来的主流媒体③。

---

① 吴海民：《专家热议大媒体时代》，《传媒》，2008 年 07 期
② 喻国明：《"微内容"崛起 扩产业链遇最好机会》，广州日报，2006 年 9 月 18 日
③ 宋建武、董鸿英：《竞争与融合——中国报业必将转型为新媒体机构》，2008 年《新闻与写作》第 1 期

数字时代传媒变局是由互联网的崛起引发的，重构亦将形成以网络为中心的媒体格局。吴海民认为，互联网集文字、视听、存储、搜索等各种功能于一身，以媒体集大成者的角色逼近舞台中央。它不仅可以与其他媒体互相兼容，而且有能力对其他媒体逐步替代。于是，一场颠覆性的变局出现了，一个媒体的新时代到来了。[①] 喻国明也认为，媒介融合首先导致信息传播由报纸、广播、电视、网络等单一渠道的跨媒体传播向渠道复合化传播拓展，网络则集各种媒体之大成，各种不同形式的传播在保留跨媒体传播的同时，还可以在网络一个平台进行传播。[②]

对于网络来讲，它的即时性、开放性、互动性与多媒体的兼容性等特性使其具有庞大的内容容量，几乎无所不包；同时网络又具有鲜活生动的反映形式和迅速敏捷的彼此互动和几低于零成本的低成本运作模式，进一步强化了网络作为媒介融合的向心力。传统媒体与网络内容的互动融合，发挥了媒介融合的优势，形成最强的受众影响力，也是网络品牌发展的较好途径。报纸、通讯社等传统媒体的互动性较差，手机、网络的互动性较强，在互动内容的融合上，它们可以取长补短。比如，通过手机短信、网络 BBS 等可以对传媒信息内容进行有效补充，在很多信息的互动环节中得以应用。这正是报纸、通讯社、电视台等传统媒体基于网络平台进行运作，网络化转型的生成机理。从这个意义上来说，大媒体是以网络为中心的媒体网群。一方面，受众可以有无限多地选择，另一方面，受众又往往无法做出最优选择。受众的选择和认同需要媒介的引导，这也是大媒体品牌效应的体现。另外，信息传播需要互动、反馈，需要各媒介通力合作。互动就意味着相互影响、相互适应，为对方而改变，这种互动性，为媒介内容融合提供了着力点。但是，随着数字信息技术的进一步突破，电信网、广电网、互联网三网融合成为必然趋势，传统的媒体和行业边界将被进一步打破，媒体的价值链和产业链会在一个新的范畴内重组，媒介的技术形态未来可能将进一步向移动互联发展。正如上文分析中所指出的一样，移动互联可能是最符合人类内在需求的媒体发展方向，人类将进入移动多媒体时代，未来的大媒体可能将转移至以手机为中心。

二、整合力成为战略转型时代的核心竞争力

（一）世界经济体系国际分工进入要素合作阶段

在过去的约 30 年中，经济全球化的历史潮流迅猛推进，从根本上改变了世界经济运行的方式和发展格局。进入新世纪，经济全球化呈现新的特点、

---

① 吴海民：《专家热议大媒体时代》，《传媒》，2008 年 07 期
② 喻国明：《"微内容"崛起 扩产业链遇最好机会》，广州日报，2006 年 9 月 18 日

新的格局。从大的阶段来看，世界经济体系经历了"中心外围阶段"、"垂直分工阶段"和"水平分工阶段"以后，由于经济全球化的大发展，从上世纪90年代起又开始进入了"要素合作阶段"。所谓"要素合作"，即广义生产要素通过国际流动在若干国家组合进行生产，已经比原来任何意义上的"国际分工"更能体现这一阶段世界经济的性质。全球化下的生产要素高度流动、并导致了生产在一部分国家集中的新格局，是当前世界经济体系的基础性特征，影响并决定着世界经济的运行特征。

（二）整合力是要素合作阶段的核心竞争力

1、整合力是核心竞争力

众所周知，竞争理论特别强调企业应建立核心竞争力。在全球化竞争时代，整合力就是核心竞争力。领先企业通过商业模式创新，在全球范围内通过横向并购与多种形式的资源整合、优化供应链管理及信息系统，对产业链的价值构成方式实现颠覆性重组，逐步完善基于整个产业链上的竞争优势。

在全球要素整合时代，战略转型此起彼伏。围绕生产要素的流动、重组，世界经济演绎了一幕幕整合大戏。其中最典型的是米塔尔集团。这个在铁矿石资源、钢铁科技领域本来并无过人长项的印度公司凭借一连串的全球整合收购战略，在起步晚和缺少本土政府支持的环境下，在短短十几年的时间内颠覆了全球钢铁行业，化劣势为优势，迅速成长为世界钢铁巨人。长江商学院院长项兵认为，米塔尔集团凭借整合战略这套"组合拳"，实现了颠覆性重组与赶超，使钢铁这样一个百年传统行业步入全球化要素竞争时代，彰显出行业竞争已从企业层面延伸至整个产业链的整合，彰显出全球化要素合作阶段"链条对链条的竞争"和"以全球应对全球"的竞争新理念。①

和其他产业相比，传媒产业的全球化竞争还有很大的空间和潜力，因此我们在分析传媒产业的竞争力时需要借鉴其他行业的竞争经验。和印度米塔尔相比，中国企业很多是大而不强，原因就在于全球市场整合能力不强，基本上是国内市场占主导地位的"全运会冠军"，仍未能进入世界主流市场和主流行业，因此尚未从根本上改变中国经济大而不强的尴尬局面。比如，在2008年《财富》"世界500强"排行榜中，共有29家中国内地企业入围，但除联想集团之外均为国有企业。其中，绝大多数企业，如中国石化、中国移动等公司的业务均局限于中国本土市场，它们往往依靠政策倾斜以及市场准入的限制而拥有相当强的市场垄断地位。反过来，当前的现实折射出中国企业巨大的增长潜能。"链条对链条的竞争"、"以全球应对全球"的整合思维可以帮助中国企业寻找到全球化突破的杠杆和突破口。

---

① 项兵：《钢铁业：链条对链条的全球化竞争》，项兵博客日志，2008年4月8日

2、整合力通过稀缺要素的整合决定产业链价值流动的走向

笔者曾在信息内容产业价值链分析中指出，随着技术含量日益提高，价值普遍呈现向下游转移的迹象。但笔者通过对整个产业链条的综合分析，发现另外一个趋势，即通过稀缺要素的整合，可能会改变整个产业链价值流动的走向。比如钢铁行业，当中国宝钢公司把炼钢技术搞得炉火纯青的时候，印度米塔尔、日本新日铁等公司把利润转移到行业上游的铁矿石企业，直接压缩了宝钢的利润空间。百丽鞋业通过纵向一体化策略打造产业链，从最初的生产起家拓展自己的零售渠道，并以此为基础提高供应链管理水平，目前已成为中国最大的鞋类产品零售商，而且百丽鞋业鞋类产品毛利率水平达到65%左右，这也是大多数中国制鞋企业所不能达到的。

3、整合力体现为一种商业模式

整合要有全球视野。整合全球资源为我所用，则体现为一种商业模式。传媒业的整合力有时表现为一种信息服务"模式"，这种模式成为信息服务商赢利的核心竞争力因素。不论是提供终端机的彭博社、路透社，还是以杂志为旗帜的经济学家集团，抑或是纯粹提供交易平台的化工网、提供搜索服务的百度，经营模式已成为这些信息服务商激烈竞争能力的重要因素。当一些信息提供商还在埋头做信息稿件，提供深度咨询的时候，一些信息提供商通过简约的商业模式实现了成功的赶超。

三、整合力成为大媒体时代的核心竞争力

在全球要素合作阶段，整合力成为企业核心竞争力。整合战略正当其时，传媒业也概莫能外，优秀的传媒需要具有一流的整合力。

笔者想强调的是，从横向来看，由于信息内容产业"一次生成，多次重复利用"与媒介融合较其它产业更加突出的行业特性使信息内容产业的整合力更加重要。从纵向来看，而从媒介融合到大媒体时代，各资源要素、生产要素、能力要素的配置整合越来越重要。

（一）门户网站与搜索引擎的启示

1、新浪整合模式

新浪前身四通利方（软件公司）于1996年6月诞生成立，1998年8月推出新闻频道，1998年12月，四通利方并购华渊资讯成立新浪网，1998年12月17日早上6时左右，美英对伊拉克发动了"沙漠之狐"行动。从12月18日起新浪开始连续4天，24小时不间断滚动新闻报道，新浪网成为全国第一家24小时滚动播发的媒体，成为中国商业新闻网站第一门户。

新浪并不原创生产新闻内容，但是新浪却是中国互联网新闻门户网站的定义者。"看新闻上新浪"，成为首选新闻超市。新浪最明显的特征是海量信息与快速报道，树立了"新闻超市"品牌，在信息产业链"生产、获取、整

合与呈现"等各环节已经树立了一个范式。新浪高明在于它成功地将自己定位为内容的整合者。与其专注于内容建设，不如专注于通过整合而成为读者第一首选渠道，这个渠道有效地控制着内容。

新浪抓取传统媒体生产的内容以后，以"秒"为计量单位进行整合、呈现，把传统媒体发布的内容通过聚合包装以后再次销售，从而彻底改变了传统信息的分散与独立，而将其关联起来，具有相比传统媒体更好的"信息整合"优势。现在新浪整合战略进一步升级，在不断强化新闻超市这一概念的前提下，直接把频道外包，整合社会上专业化力量共同做大新浪。新浪成功的奥秘就在于组织与整合环节，而且它将这一核心环节专业化、规模化，从而出奇制胜。因此，从某种意义上，整合力就是新浪的核心竞争力。

需要指出的是，新浪的"获取"模式已经开始遭到极大抵制，没有原创内容成为新浪的突出软肋，随着新闻数字版权的普及与深入，这一模式可能面临严重的战略风险。本文将在战略风险防控一章详细论述新闻数字版权的走向，这里不作展开。

2、搜索引擎的整合力分析

麦克卢汉说过，新媒体经常以旧媒介为内容。当每个搜索结果的呈现页面上能展示广告时，搜索结果本身成为媒体就已成为事实。搜索引擎凭借整合技术优势，迅速形成对门户网站的超越之势。

和新浪等门户网站相比，搜索本身对内容提供的是增量服务，而不是"占有"内容，强化了信息流动的价值链。搜索还能够彻底实现"跨平台"，由此成为整个互联网的核心节点。比如，搜索引擎以 Google 和百度为代表的第一代搜索技术是机器搜索模式，以百度知道和维基百科为代表是社会化搜索，即借助六度分隔理论和 SNS 的原理，依靠人际关系，聚沙成塔，实现了社会化搜索。相对于机器搜索，社会化搜索更加人性化和精确化。搜索引擎是"跨平台"实现信息的获取、组织和呈现的基本手段，用技术去获取信息，用技术去组织信息，用算法排序来呈现信息。

搜索引擎整合力更具有竞争潜力主要因为广告主与消费者的信息拉取能力大大增强，而搜索引擎可以同时满足他们的整合需求。广告主选择对象极其丰富，把媒介的使用变得"碎片化"和"分工化"。同时，消费者有着不同的功能诉求，只要用媒介某一方面的所长，完成整个消费的过程。

3、门户网站与搜索引擎整合力的两点启示

新闻门户网站与搜索引擎启示了两点媒介可能发展的趋势：一是通过媒介功能外延的适度收缩，强化我们在某些强势的具有核心竞争力功能的专业化改造，我们可以比别人提供更加专业的服务，也就越容易被市场选择。二是通过产业价值链整合可以更好地适应市场的竞争，比如，我们可以由过去一个媒介满足人们的全部需要过渡到了一组媒介满足人们的对象化需要。总之，一句话，整合力是传媒的核心竞争力。

（二）大转型时代传媒整合作用更加突出

1、传媒具有"社会中介"的整合特性

在数字化与信息化这个瞬息万变的时代，大众传播媒介——广播、电视、电影、报纸、杂志——凭着散布消息的本事，也就成为这个变幻不定时代的象征。①

回顾人类的传播发展史，从语言、文字、印刷、邮政到电报和电话、广播电视、计算机网络和信息高速公司，媒介的功能在不断地拓展，媒介产业为推动社会进步起了很大的作用。媒介产业是信息社会沟通的枢纽，是最快捷、最广泛、最活跃的与社会联系的"中介"。

社会是一个庞大的系统，媒介产业是这个系统中的一个不可分割的和具有开放性的组成部分。与此同时，传媒基于"社会中介"的特性，使之具有社会整合的使命与天然优势，由此传媒行业较之于其它行业而言，整合力显得更加重要与突出了。

2、大转型时代传媒的整合作用更加突出

全球进入大转型的时代，外部环境既复杂多样，又动荡多变，机遇与挑战并存，因此传媒对于社会整合的作用日渐突出。在新的发展阶段上，传媒竞争进入一个综合模式运营的竞争，传播渠道的拥有和掌控能力对于传媒产业核心竞争力形成的贡献将越来越小，而传播内容的原创能力及内容资源的集成配置能力，以及对于销售终端的掌控能力、终端服务链产业链价值链的扩张能力却越来越成为形成传媒产业核心竞争力的要素。媒体的核心竞争力表现在它是否具备对于相关产业资源更大、更强的整合能力上，整合优则胜，整合劣则败，这就是市场竞争的规则。②

（三）大媒体时代需要大整合

大媒体时代要充分认识其驱动力主要来自这种融合既包括传统媒体与新媒体的融合，也包括传统媒体之间的相互融合。媒介的大融合体现为技术上搭建统一的多媒体数字平台，实现多种媒体报道形式的融合；在内容上则表现为国内与国际报道的融合与媒介的跨国境传播。

大媒体时代意味着传播技术的大飞跃、传播媒介的大融合、媒体形态的大演变、传媒格局的大洗牌。③ 因此，传媒经营者在大媒体时代必须具有大视

---

① 戴维斯、布兰：《大众传播与日常生活：理论和效果的透视》第 13 页，台湾远流出版公司，1993 年

② 喻国明：《整合力竞争 未来传媒竞争的制高点》《传媒》2005 年第 8 期

③ 唐润华：《专家热议大媒体时代》，《传媒》，2008 年 07 期

野，需要大思路，需要大整合，要在传媒发展战略、运行机制、产品形态、营销策略方面进行大调整，要展开跨媒体整合、跨国界传播以及产业链各要素重组等等。

通过媒介形式到内容表现各环节、多层次的整合，传媒资源才能做到复合性使用，才能在复合性使用中不断增值，才能在不断增值中实现效益的最大化。如果传统媒体不主动向其他媒体渗透，必然会被动地接受其他新兴媒体的渗透。这种渗透一开始表现为对传媒内容资源的廉价使用，往后则可能演变为网络、电视等媒体对报纸的规模性购并。

从这个角度而言，整合更多地是一种意识。意识领先，往往步步领先。因此，要充分利用各种不同媒介的优势，形成合力，增强整体实力。对内容产品进行复合性深度开发，形成"一次采集、多次生成、多次发布和多元发布"的传播格局。要善于整合别人的资源，加强和强势媒体的合作，只要其市场和我们不交叠，那么它的资源和内容就可能为双方联手提供一个很好的基础。在整合中，同时要避免面面俱到、贪大求全，而是要注意发挥优势、突出特色，注意各种传媒形态和传播手段之间的互动互补。

第二节　以资源共享为核心的传媒内部整合战略

对传媒而言，数字化的全面战略转型是一次深层次革命。在数字化战略转型的基础上实施整合战略，可以进一步激发活力，增强动力，最大限度地科学合理利用一切业内外资源。以这种理念为先导，传媒要尽可能消解所有利益相关群体对数字转型的不利影响，促其发挥积极作用，为自身的战略实施、融通资金、技术创新、市场拓展等方面提供能力和环境支持。由于第三节将重点阐述通过战略联盟与战略并购进行外部资源整合，因此本节将重点阐述内部整合战略。

一、资源整合

未来的竞争，不是传媒与传媒的单打独斗，而是集团与集团的实力抗衡。资源整合就是谋求资源在集团内部不同媒介、不同部门、不同区域之间的共享与重新配置，提高资源在融合过程中的质量和效率，获取新的竞争优势。

（一）内容资源整合

在如今的媒体泛化时代，真正稀缺的是用户的关注度，用户终端成为最重要的战略资源。只有深刻、真实、生动、公正、有价值的内容才能真正吸引用户的有效关注。作为信息内容产业，传媒的整合战略首先是内容资源的整合。

1、构建统一的数字化平台

内容资源的整合其实最早脱胎于媒体的信息化建设。从最开始激光拍照系统到现在构建一个数字资源的平台。目前内容资源统一的数字化储存与生存方式，为传媒集团内容资源整合准备了必备的物质基础。

通过整合内部内容资源，加强共享和协同，可以用效降低成本。一方面，把文字、图片、图表、动漫、音视频作数字化处理，在一个数字化平台上进行编辑加工。然后利用品牌和内容资源库优势，以数字化内容介入不同传播介质形式进行社会表达，使内容资源扩大覆盖，让自己的内容价值和影响力价值充分实现。

数字时代媒体可以很方便地建立整合内容资源的数据库，通过内容积累实现价值增值。比如，国内很多发达地区的报业集团都在进行资源整合，形成区域强势媒体。其内部整合越充分，其实力越大，对通讯社的依赖程度减小。通常情况下，大媒体集团也会是通讯社的用户，但大媒体集团通过内容大规模交换与整合，会降低对通讯社的需求，甚至直接和通讯社形成竞争。

2、国内国际报道融合

在地域范围来看，互联网的跨地域跨国境传播，使不同区域之间资源共享成为可能，传媒的国内国际报道加速呈现融合趋势。因此，媒体管理者和新闻从业者必须具有跨国界传播的意识，在新闻信息传播中，逐渐摒弃过去那种完全以自我为中心的新闻价值观和新闻传播模式，更好地适应新闻信息传播的普遍规律和全球受众共同的心理行为习惯。

3、"分众"之后进行新的"聚众"

"分众"是社会大众的总体中分出清晰的有个性特征的小族群，"聚众"则是将有着同一价值追求、生活模式与文化特征的众多个体，以某种传播手段和渠道平台聚合到一起。受众分化、信息"碎片"化的背景下，理解与重视受众的"碎片化"，区分每一细分的个性化族群的特征，把握每一位单一消费者个性和心理需求，可以帮助我们如何将这些"碎片"重新归聚起来。先细分，再归聚，这样我们拥有的将是特征明确的目标传播对象群体，从而以最小的传播代价获取最大化的传播效果。

（二）加强技术与内容整合

数字化的进程已经使内容提供的价值向下游转移，媒体更多地成为一个交流的平台。从运营角度来看，内容概念在数字化处理中也已经被赋予了全新的内涵。从纸介质到高阶数据库，要经历一次次创造性的内容处理，它绝不只是简单的信息搬家，要在提升工序中注入全新的技术内涵。

内容与技术的融合，已经导致信息内容产业从"内容为王"转向"产品为王"，而着眼于未来的发展，在传播内容与技术领域均有专长的传媒应该更进一步抢占技术与内容融合的制高点。比如，美联社目前的技术转型着眼于把内容和技术进行整合，从而将内容优势最大限度发挥出来。美联社甚至提出，美联社的目标不是做一个单纯的新闻社，单纯提供内容给客户，而是要提供一个完备的、技术先进的、可应用的商业模式。

（三）对资源进行统合经营

目前的媒体竞争已从最开始的内容竞争、经营竞争走向综合竞争。因此，需要从战略高度上对传媒的稿件资源、读者资源、广告资源、社会网络资源和长期积累的品牌公信力资源进行统合经营。比如，新京报作为光明日报报业集团与南方日报报业集团联合创办的产物，其整合优势非常明显。首先是新闻资源上实现南北共享，大大节约了采写和编辑成本；物质资源上实现统一调拨，大大缓冲了纸张印刷的成本压力；人力资源上统一调配，短时间内搭建了一个有战斗力的工作班子；广告资源上统一开发，以南方都市报原有客户为基础，使品牌类广告得以较早启动。

如前文所述，媒介联盟减少了对通讯社的需求，因此对传媒整合提出了更高的要求。传媒进行资源统合经营，其地域范围更广，媒体形式更加多样，内涵更加丰富，操作的空间更大。因此，需要以品牌和影响力整合为支点，开展多层次、多角度的整合，打通产业链上下游，树立内容标准评介的话语权。

为了深度整合产业和社会资源，传媒理应对影响自身数字化进程的各种资源要素进行透彻分析，在研究和布局中不断强化这样的观念：无论是业内的竞争对手，还是业外的潜在竞争者、上下游经营者、社会利益相关者，都是其赖以生存和发展的重要产业资源。

二、跨媒体整合与生产流程再造

过去，报纸、广播、电视等不同介质的媒体分工明确，媒体经营和管理模式单一，但传播技术的发展和新媒体的涌现，导致媒介融合愈演愈烈。在技术进步、市场需求和政策引导的共同推动下，不同媒体间的相互融合与持续发展，跨媒体整合经营成为大媒体时代的一种趋势，成为传媒业发展的必然选择。因此，媒体经营者不能再把目光仅仅盯着自己的"一亩三分地"，而应该把视野投向传媒各个领域，以自己的传统优势媒体为基础，利用新的传播手段，拓展新的市场空间。

（一）把握"波纹"信息资源管理理念

美国道琼斯公司有一个著名的"波纹"信息资源管理理念为我们提供了实践的理论基础。它认为：一个新闻事件发生，就像一块石头投到水里，会产生很多波纹，一个波纹一个波纹地扩散开，影响面会迅速放大。道琼斯把这个新闻按照内在传播规律依次在道琼斯传媒、华尔街日报网络版、CNBC电视频道、道琼斯广播、华尔街日报等 7 种不同的媒体发布，实现新闻产品的及时滚动播报，使新闻从"第一时间采写"向"第一时间发布、波纹信息传播"转变。① 因此，我们应利用这一信息资源管理理念进行跨媒体整合，把文字、图片、音视频、网络、手机、报刊等各种媒体有机地整合在一起，形成聚合优势。

（二）探索新媒体与传统媒体整合互动模式

在数字时代，报网合一、网络电视、手机电视和手机报纸等技术和信息的整合，使传统媒体和新媒体在信息共享和信息传播方式上各有优势并且互补。探索新媒体与传统媒体整合互动模式，实现两者有机联动，可以更好地实现资源的共享和充分利用。

比如，网络做快、报纸可以做深；手机发突发事件快讯，电视可以跟进做现场报道；传统媒体可以做得权威大气，新媒体可以做得全面灵活，并增加实时互动内容等等。传统媒体丰富、权威的资源，一旦通过新媒体重新整合与多向传播、互动传播、精准传播，就会产生新的扩张力。传统媒体与新媒体优势互补、和谐共享、整合联动，可以有效增加市场影响力及竞价能力，以实现边际效益最大化。通过新媒体与传统媒体综合性的整合互动，可以有效实现各取所需、错位经营、相互互补，从而把内容资源更好地加以利用，把内容做活、做新、做全、做深，做到更贴近用户，更贴近市场。

（三）生产传播流程再造

生产传播流程再造，必须从产业链层面做大做强数字信息采集、生产加工、发布传播平台，实现新闻产品采集多源化，生产加工集约化、信息发布多层次化，实现产业链条上各个环节的互相支撑，进而实现传播价值的最大化。

生产与传播流程再造，要打造一条包括"内容采集——内容生产——内容编辑加工——内容多次发布——内容数据库存储——内容多次出售"等环节的内容产业化链条，通过整合产业链的上下游资源，创造出符合传媒发展规律的新的价值模式。即在各种信息源的采集前端通过多种媒体方式进行采集，将长期以来一次性消费的新闻易碎品进行集成加工，并对区域综合信息进行系统整合，建立起分级管理使用的强大内容数据库，并通过对内容数据库的多元整合、配置，探索放射状全媒体价值链运营模式：一次开发，多次生成，通过多次售卖，获取增值效益。

三、多媒体产品业态与报道架构转型

（一）多媒体产品业态转型

---

① 郑强：《再造流程 实施报业战略转型》，《青年记者》，2009 年第 4 期

多媒体整合是对单媒体技术与资源的一种重组，是文字、图片、音视频等多种报道形式的一种创造性的结合，它有助于内容的丰富与深化。多媒体业务形态的整合，并不意味着报道过程与作品的单一化。媒介融合时代的新闻报道将在更高层次上形成一个大的报道体系，报道不再是单落点的、单形态、单平台的，而是将在多平台上进行多落点、多形态的传播。随着传媒集团的跨媒介发展以及媒介技术的不断变革，媒介融合的趋势不断深化，集文字、照片和音视频于一体的多媒体内容报道日渐成为媒介产品业态的新形式。多媒体报道业务形态的整合就是超越纸质形态，向"数字"形态转型。纸媒、网媒结合、整合、融合，将多种媒介的新闻传播活动整合进行，采用多媒体、多渠道的方式传播新闻。

目前不少西方国家媒体都在用多媒体形态大力抢占传播渠道，丰富报道手段，力争在新闻报道竞争中获得一定的优势。比利时通讯社是一个只有100多人的小传媒，但从2006年1月即开始向用户提供视频产品，自称已从传统传媒演变成"多媒体信息中心"。比通社多媒体中心一共15人，其中9人为视频记者，每个记者配备一台便携摄像机，独立负责采访、摄像、编辑、配音、制作、播发，同时还负责与用户的沟通。由于比通社的视频用户主要是网络用户，这位记者还要直接与用户互动，了解用户需要哪类产品以及产品的点击率等。多媒体中心还接受点题服务，为用户提供个性化服务。

（二）多媒体打包服务 抢占融合新闻的制高点

中国人民大学教授彭兰认为，多媒体化更多的是指信息整合的具体方式，或者说报道形态。它是将多媒体素材集成于一个报道中，运用相关手段，将它们结合成为一个有机体。多媒体报道是各种传统的单媒体的内容汇聚到一个平台后的自然结果，是对单媒体业务的继承与革新[①]，多媒体报道不仅指信息整合的具体方式，而且更重要的是指在整合基础上形成一种新形式的多媒体娱乐产品和多媒体服务。提供多媒体服务即在新媒体终端革命中，把多媒体的报道理念，贯穿到从采集到编辑、加工、传输、营销的整个流程，并且使多媒体产品占领媒体终端，实现电视屏、网络屏、手机屏"三屏合一"。

目前英国报联社除传统文字报道以外，每天还有25条视频报道提供给报纸网站和商务网站如MSN美国在线等。英国报联社增强传播能力的另一创新是为用户提供多媒体打包服务，包括为报纸提供整版服务，为网站提供整体网页服务等，对其主要业务的娱乐新闻打包，向用户提供娱乐新闻收视指南和可搜索的娱乐信息，以及提供制作完好的娱乐新闻页面等。英国报联社构建的多媒体文字数据图表，用包括中文在内的多种语言，为众多媒体和非媒

---

① 彭兰：《青年记者》，《媒介融合方向下的四个关键变革》，2009年第4期

体用户提供服务，目前是全球多家机构官方数据的合作伙伴，是欧洲最大的气象服务提供商，用户还包括媒体和能源、交通、旅游等行业。时任新华社副总编辑的刘江教授现场参观英国报联社时，听取了英国报联社多媒体报道的介绍，对其形式之新颖有三点感触：一是把卫星导航系统引入多媒体报道，受众在点击新闻时可以直观地看到新闻发生地点及其周围的环境，连街道名称都显示得非常清楚。据介绍这种形式是其未来发展的重点。二是把传统的文字报道制作成立体化的互动式图表，可以时时更新，让人对诸如美国大选形势一类的报道随时一目了然。三是用图片、图表、虚拟动漫加上解说和评论来报道体育比赛，受众不仅可以从中感受气氛，了解比赛过程和结果，而且可以得到"摄像机无法提供的内容"。

（三）组织整合：组建多媒体信息集团与全媒体方阵

正如上文分析指出，面向未来，传媒跨媒体整合需要向多媒体与全媒体方向发展，建立多媒体报道架构，构筑全媒体报道框架，要在集团总体框架内搭建起一个统一的多媒体数字信息生产与发布平台，在集团层面构筑起一个统一的多媒体与全媒体方阵，整合新旧媒体形成一个统一的全媒体内容生产链。这种整合需要组织整合作为基础与保障，组织整合的方向是多媒体集团与全媒体方阵。

多媒体整合供稿将是未来媒体发展的必然趋势。因此，建立多媒体报道架构，已成为众多媒体的选择。美国"坦帕新闻中心"，将传统报纸、电视台和网站整合于一体的编辑部，采用的是开放式的、圆桌式的办公空间，所有媒体的工作人员在这个圆桌上进行统一的报道部署。英国《每日电讯报》在新的办公地点中，将独立办公室模式改成了报纸和网站的编辑记者共同办公的大平台模式。编辑部里最醒目的是一个由许多屏幕组成的"媒体墙"，时刻刷新着最受关注的网站新闻、电视新闻和照片，记者发来的稿件也会视需要出现在不同的平台上。BBC也在努力把自己塑造成多媒体新闻机构，其总部组建了多媒体电视广播新闻中心，以往从事广播新闻采集的记者如今同时要为网络和视频报道写稿，各地的记者站也逐步改造成独立运行的多媒体制作中心。BBC总裁汤普森以华盛顿记者站为例介绍说，目前该站已经将文字、图片、电视和多媒体功能融为一体，记者在采访时候采取多媒体手段，同时完成文字、摄影和音视频等多媒体报道任务。这样，所有记者可以为不同的平台服务，从而使BBC能够向客户提供更加整齐划一的多媒体内容。而在过去，BBC在报道同一个主题时，上述部门间往往由于协调不足，加上原本单一用途的技术平台，使得一个部门产生的内容不能为其他部门共享，造成各个部门各自为战、资源浪费的局面。BBC已经将其电台、电视台及网站的编辑部整合成一个统一的新闻编辑部,开始探索全平台的 360 度采编。①

通讯社在数字时代以前就尝试跨媒体运营,因而对多媒体的运营并不陌生,给予了高度重视。德新社总编辑维尔姆·赫林称多媒体部"代表德新社的未来"。2007 年 6 月 12 日,美联社宣布将其北京分社整合成一新分社。该分社将新闻、图片、电视和多媒体功能融合成一个整合型的新闻工作室,配合以先进的技术,让记者同时提供从文字到多媒体的多样式新闻。美联社总裁兼首席执行官托马斯·柯里表示,这次整合并不只是发生在北京,美联社在全世界的分社都在展开这种部门整合,其目的就是让所有美联社记者都可以为其不同平台服务,从而使美联社能够向客户提供更加整齐划一的多媒体内容。而在过去,美联社在报道同一个主题时,各个部门间往往协调不足,加上原本单一用途的技术平台,使得一个部门产生的内容不能为其他部门共享,造成各个部门各自为战、资源浪费的局面。

2009 年 5 月 11 日,新华社多媒体中心正式启动运行,以自主研发的多媒体新闻信息数字生产加工技术系统为依托,实现真正意义上的多媒体采集、生产、加工运作。通过这一平台,编辑可在同一界面即时编发记者采集的文字、图片、音频、视频等各种形态的稿件,同时,也可以直接签发供电视、网站、手机、户外屏幕等使用的多媒体融合新闻产品。

四、机制与文化整合

(一)企业机制与文化整合

媒介融合时代的业务形态整合,不仅仅是对从业者素质的挑战,还是对传媒机构现有运行体制的挑战。因此,在产业资源整合方面,传媒要重点谋求与成熟度较高的新媒体机构的战略合作,科学移植其成功的运营机制和商业模式,提高新老媒体的融合度,尽可能降低数字化转型的机会成本。

另外,根据新的业务进行业务流程再造,这个过程中任何一方都需要做出改变,甚至可能变得面目全非。因此,在这个过程中,参与各方文化上真正融为一个新的共同体,并且以这个新共同体的利益与发展目标为自己的追求,进行文化与机制的整合就显得极其重要。

(二)社会文化整合

媒介具有社会中介的特性,在数字时代的社会整合中可以扮演更积极的角色。社会资源的整合首先从物质资源开始再上升到精神层面,首先是发生物理变化,然后再发生化学变化。由于信息获得的便利性使产品的同质化进一步加剧,使我们的媒介竞争日益进入到品牌竞争的高度,而在品牌竞争高度进行整合时主要体现为一种社会文化的整合。作为传媒,在传播新闻信息

---

① 彭兰:《青年记者》,《媒介融合方向下的四个关键变革》,2009 年第 4 期

的同时，还应当在社会主流价值观的确立与传播方面担当起更大的责任。比如，提供一种建立在新生活基础上的价值观的引导，对新生活方式的推荐，对新的游戏规则的倡导，对新社会新文化解读。在这样的基点上，在我们所确立的价值观念、系统的生活方式引领下的进行内容系统化的把握，它为社会提供的就是价值服务、社会文化整合服务。

五、新华社欧洲多媒体中心采集生产加工播发流程再造案例分析

新华社欧洲多媒体中心新闻信息数字生产加工平台是新华社欧洲总分社多媒体信息采集、生产加工、播发的业务平台，是面向新媒体方式开发的多媒体稿件加工平台，是实现新闻信息多媒体业态的编辑、加工、包装、制作的技术支撑平台，是系统实现一个包括文字、图片编辑处理，网页、音视频加工包装的，多媒体采、编、发处理平台。

在播发过程中，该多媒体中心除了播发传统的各类新闻线路以外，还面向屏媒、手机、网站等等不同终端接受方式的新媒体用户提供相应的新闻产品。在处理过程中，除了包含提供传统的按照时间、媒体类型、语种等为展示、组织稿件的方式的编辑系统，着力建设面向以事件、专题等多种媒体"融合"的报道方式的编辑加工平台。

（一）主要功能

新华社欧洲多媒体中心主要功能如下：利用新华社总社和欧洲地区的文字、图片、视音频产品，初步建立欧洲多媒体数字加工平台，实现对于屏媒、手机、网络等新媒体产品的生产加工。支持对现有通稿进行再编辑、再加工、再包装，形成相应的英文欧洲专线；利用可靠技术，建立高效、可管理的欧洲屏媒发布系统；将涉及欧洲新闻汇集在一起，提高新闻信息处理效率。

（二）多媒体采集编辑播发系统设计

根据欧洲总分社的实际业务需求和未来发展规划，在充分利用新华社现有国际宽带网络资源的基础上，欧洲多媒体中心新闻信息数字生产加工平台是基于新华社统一的多媒体加工设计建立，为实现新闻信息多媒体业态的编辑、加工、包装、制作的技术支撑平台。系统未来将实现一个包括文字、图片编辑处理，网页、动漫、音视频加工包装的，多媒体采、编、发处理平台。如图 5-1 所示。

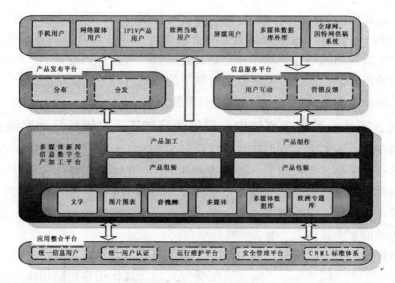

图 5 - 1 多媒体采编系统总体设计示意图

（三）多媒体采集编辑播发流程设计

欧洲多媒体中心加工平台最初成立的设想首先是实现屏媒产品的加工制作。因此，下面以屏媒为例对其加工平台系统进行解构，以解析其生产采编流程。产品可以通过编辑，形成适合屏媒方式进行发布的产品，按照屏媒厂商支持的格式进行稿件编辑加工处理，按照约定格式进行文件交换。系统部署在内网，通过网闸设备与外网系统进行数据交换。如图 5 - 2 所示。

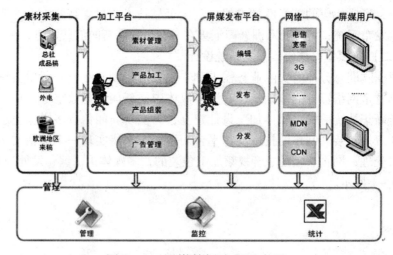

图 5 - 2 屏媒数据流程示意图

1、信息采集

信息采集来源主要有以下三大类：一是欧洲地区自采信息；二是从新华

社多媒体数据库中挑选的有针对性的信息资源；三是与区域外的数据资源交流以及有欧洲特色的数据产品。

素材管理实现了对稿件素材的入库、存储和检索等管理工作，将新华社文字、图片成品稿件入库，包括中文、英文、法文、西文等文种的大广播；将外电入库，包括美联、路透、法新等通讯社，以及总分社订阅的欧洲地区其他新闻；将未定稿入库，接收周边记者来稿，进行审核和编辑。素材提供给多媒体中心产品加工人员调用，包括素材的采集、存储以及检索。

2、信息生产加工

利用新华社多媒体采编平台，提供对数据库的高效完备检索功能，实现对多媒体资源的整合加工、包装；具有对视频编辑等要求的全面支持；通过整合图文编辑流水线，非线编高清视频流水线产生的素材，通过方便易用的编辑工具完成节目的制作。

产品加工是按照各种媒体形式对素材进行必要的加工处理，除了正常的文字、图片稿件外，系统还支持对于音视频、网页等内容的加工处理。例如图片调用 Photoshop 进行编辑加工，视频可以利用 Premiere 进行编辑加工等。

产品组装是通过专业工具对一组相关产品或者一系列产品进行包装处理。一组产品中可以包含多种媒体格式，例如文字、图片、音频、视频、Flash 动画等。

3、信息播发

多媒体中心可以直接向屏媒系统发送稿件，稿件将按特点线路形式进行播发。信息发布管理中心采用插件化的组织方式，支持目前已经形成的各种多媒体产品，具有良好的可扩展性与兼容性。每一个媒体产品作为一个独立且完整的插件，系统根据需要选择使用的媒体插件。发布平台目前主要包括：屏媒系统和欧洲屏媒发布系统。

节目迁移到发布管理中心，形成发布节目库。在发布管理中心，通过NetManager、ServerDaemon、WMF、WLBS 等服务器，完成媒体审核、节目管理、播表编排、节目传输、终端管理、终端监控、日志管理、媒体安全、负载均衡等服务。

4、广告管理

实现对屏媒上展现的广告进行日常管理，包括制作广告、发布广告、管理广告及广告费用的计算和统计等。制作的广告可以包括网页广告、图片广告、Flash 广告等。广告发布可以完成按照时间段、日期，并且支持定期发布和撤下广告。

第三节　以竞合为中心的传媒外部整合战略

在全球化竞争时代，跨国公司行业间的竞争并不是在一国一地之间展开，而是表现为跨国公司全球体系之间"牵一发而动全身"的整体竞争，是跨国公司产业链条对产业链条的竞争。加强产业链的整合，有利于利用全球资源应对全球竞争。传媒产业链整合分为横向整合、纵向整合、综合整合三种。横向整合可以突破传统传媒覆盖的局限性，在各种媒介介质形态中求得自己的延伸发展，利用自身的品牌和渠道优势向其他媒介行业进入和延伸；纵向整合是打通产业价值链，开发产业链衍生产品等，以增加市场影响力及竞价能力。综合整合则纵向整合与横向整合兼而有之。从大处来讲，传媒战略联盟与战略并购属于整合战略的一部分，但由于战略联盟与战略并购处于整合战略的高端，具有相对独立性，因此单独成节。

一、战略联盟优势互补

（一）什么是战略联盟

战略联盟是相互竞争或关联的企业通过协议而建立的一种合作伙伴关系，以增强彼此的竞争优势。80 年代以来，跨国公司在全球性行业的竞争越来越激烈，在严酷的市场竞争中组成战略联盟，可以各自扬长避短，实现优势要素的互补，增强企业的竞争实力。合资或结成其他战略联盟还是克服市场进入壁垒的有效途径，可以分担巨额的产品开发费用和固定资产投资以降低风险，可以有助于企业建立行业技术标准。在一些行业中，本企业的技术标准能否成为行业标准，对企业的竞争成败起着关键性作用。

为了市场竞争需要，有时需要与竞争对手结盟。波音公司曾与日本企业结盟共同开发下一代波音客机，美国新闻界曾经对此做法议论纷纷，认为这样做是向潜在的竞争对手提供关键技术，无异于自掘坟墓。但波音公司认为，与其让资金雄厚、管理先进，潜力很大的日本企业与欧洲客车集团结盟，还不如把日本企业纳入波音体系，联合起来共同对付已经对波音公司构成现实威胁的空中客车集团。

（二）传媒战略联盟现状及分析

1、报联、视联等传媒战略联盟优势互补

媒介融合使媒介加强了合纵连横，成立了报联网、电视直播联盟，减少了对通讯社的信息需求。比如，1998 年成立的报联网刚开始时只有 18 家成员，目前已覆盖了所有省会城市，参加者大多数是立足当地的都市报，也有《广州日报》等少数地方党委的机关报。近一两年，随着互联网技术手段的引进和利用，报联网发展更为迅猛，俨然成为一个个"小通讯社"，对通讯社在

媒体市场的传统地位提出了严重挑战。2008 年 12 月 21 号，央视等 50 家电视机构负责人在北京签署协议，宣告成立中国电视新闻直播联盟（CSNG）。由中央电视台牵头组织的中国国内最大电视新闻资源收集和播发平台正式投入运行，通过直播协作，实现信息首发电视速报。中国电视新闻直播联盟成员范围很广，除各级电视台外，各类企事业单位、武警、军队和政府的信息发布机构，只要具备电视直播能力，均可申请加入。联盟强调"信息首发"和"电视速报"，利用现代电视技术打造一个反应最快速、覆盖最广泛的全国电视新闻直播体系，强调新闻的原创率、首发率和落地率，实现全国电视新闻直播常态化。联盟成员利用直播手段播发重要新闻，其他成员可通过卫星传输设备同步采用。联盟成员遍布全国，最低可以延伸到县级电视机构，大大缩短了电视媒体抵达新闻现场的距离和时间。

从国际来看，美国一些报社也开始加强合作，试图降低对美联社的依赖程度。比如，俄亥俄州最大的八家报社创立了一个名为"俄亥俄新闻机构"的合作组织，通过互换报道来降低对美联社的依赖，蒙大纳州的五家报社开始更多地分享内容，美国《华盛顿邮报》与《巴尔的摩太阳报》共享部分新闻故事以及图片等等。

2、通讯社新媒体战略联盟

目前美联、路透、法新、新华四大传媒的新媒体框架均已基本搭建完成，几乎涵盖了互联网、博客、播客、网络视频、手机视频、电子杂志、即时通讯、网络游戏等所有新媒体领域，但是这几大传媒在发展新媒体业务的过程中，都把战略重点放在了与其他企业的合作上，借助外力快速占领新媒体市场。无论是与新媒体公司合作，还是参股新媒体公司，或是组成战略联盟，都是在以不同的方式与外界合作。比如，2007 年路透与诺基亚合作开发了一套新型移动发稿设备，以改变记者移动发稿方式，提供"记者从世界最遥远的地方传输和发布稿件所需的一切"。2008 年 2 月，诺基亚宣布正式开展移动广告网络业务以后，路透随即与之签署合作协议，广告主可在路透社的手机网站上设置广告，送达全球 1 亿诺基亚用户。

法新社也十分注重战略联盟。2008 年 2 月 5 日，法新社宣布加入国际 3G 移动信息和新数据服务联盟，共同开发 3G 手机信息业务。目前该项目下的一些产品已经投入市场，均适用于通用移动通信系统，例如为报纸提供新闻发布平台、为报纸提供与读者互动平台、移动博客服务、多媒体手机杂志服务、新闻提醒以及图铃下载等服务。2008 年 2 月 13 日，法新社决定与 MobileScope 公司合作主要针对手机用户提供移动即时新闻服务，用户能够收看多语种的文字、图片和视频新闻。此外，用户可以对产品进行个性化的选择，创建自己的新闻频道。同时，利用该平台还可以进行受众意见调查。在服务开创初期只能提供法语和英语的内容，但随着时间的推移将会提供其他更多的语言版本。

新华社作为中国最大的新闻传播机构，近年来也加大了整合战略。比如，新华 08 金融交易平台相继与清华大学、中国科技大学等高等学府就技术支持达成了全方位合作意向。2009 年新华社音视频部打造的"新华社电视"在 6 月 16 日已经以"机构用户"的名义登陆了 SNS 公司开心网的首页，目前新华社已经拥有开心网 30 万粉丝，这次入驻开心网的"新华社电视"除了即时发布最新的电视新闻外，还将模仿美国 CNN 与 Facebook 的合作模式，在开心网上建立自己的"粉丝"群，借助社交网站点人气、交互和评论功能来提升还处于起步阶段的"新华社电视"的影响力。

综上所述，传媒战略联盟集中体现在新媒体领域，原因在于新媒体业务与传统业务相比，更倚重高科技、渠道和平台，在这方面长期只专注于新闻信息采集的通讯社优势不明显。另外，新媒体业务是一种终端服务，直接面向消费者和广告主，在这方面，一直只为机构用户服务的通讯社亦缺乏经验。因此，通讯社要想迅速拓展新媒体业务，完全只靠自己是不可能的。积极与外界合作，既是一种被动无奈之举，更是一种灵活高效的市场发展战略。

二、资本并购

（一）资本并购合纵连横

进入 21 世纪以来，传媒并购案一例接着一例。先是美国在线与时代华纳集团合并，再是路透与汤姆森的合并、新闻集团并购道琼斯通讯社。此外，微软与雅虎的并购（最终未果）、谷歌对 YouTube 收购，都显示媒体并购时代来临。

资本并购是在战略联盟上的延伸和升级。在产业链整合中，战略联盟的双方无不希望体现以我主的原则。但是，没有足够的经济实力和科技实力，就没有足够的舆论影响力，就难以在整合战略中实施以我为主的战略。因此，在产业链整合中，有一个关键问题是，谁来整合产业链条？资本并购正是它以资本说话的方式，解决了以谁为主的关键问题。

在通讯社领域，两起并购案都涉及到了财经资源的配置。2007 年 5 月，路透社和加拿大汤姆森金融公司就合并问题达成协议，路透接受了加拿大汤姆森金融公司提出的 87 亿英镑（176 亿美元）的收购提议。8 月，新闻集团和道琼斯公司签署最终协议，新闻集团以 56 亿美元收购道琼斯，并承担后者债务。新华社新闻研究所中外媒体发展战略研究中心主任唐润华认为，这两起媒体重大并购案是近年来全球传媒业最大的并购案之一，是数字媒体时代传媒变革的一个典型折射，对世界新闻信息传播领域产生广泛而深远的影响。强强联合产生超大型传媒集团，表明全球传媒行业在向"大者恒大"的方向发展。并购之后，新的汤姆森－路透集团公司市值达 450 亿美元，每年收入达到 120 亿美元，在金融资讯服务领域的市场份额达到 34%。新闻集团并购道琼斯使之进一步成为全球传媒业的"巨无霸"。[①] 正如新闻集团总裁彼得·彻宁所说："我相信，时代华纳、维亚康姆和康卡斯特这样的大型传媒集团都会变得越来越庞大。10 年前的很多网络品牌已从人们眼前消失，剩下的是雅虎、eBay 和亚马逊这样的网络巨头。这就是传媒业的趋势，大鱼吃小鱼，我相信并购风潮将会持续，大公司也会变得更为庞大。"[②]

并购还是汤森路透在中国扩张的一个撒手锏。2008 年 3 月，路透宣布收购了中国最大财经门户网站和讯网母公司中华万维网的部分股权。中华万维网的主要业务是中国最大的独立在线金融网站和讯网，该网站每月大概有 5000 万独立用户，每月网页浏览量 6.7 亿。此次收购之后，路透将向中华万维网提供其在线的投资服务，个人投资者也可使用该项服务。而几乎同时，汤姆森集团也宣布收购了中国法律在线，并计划进行深度整合。据路透一位高级管理人透露，汤森路透将继续加大在中国的投资和并购力度，目标是那些服务于专业人士、专注于提供关键决策信息的公司，更加侧重内容上的整合，更在意收购目标在业务上对汤森路透的补充或增强效应。

（二）媒体并购现状分析

目前绝大多数媒体收购的目的可分三种：第一是占位，以防竞争对手抢先一步，比如 Google 收购 Doubleclick，标志着 Google 完成了从报纸、电视、广播、互联网广告交易平台的搭建；第二是收购竞争者做大做强，比如路透集团及汤姆森合并成立的 Thomson－Reuters，一跃成为超过彭博资讯的全球第一大财经信息及数据服务商；第三是补自己的"短板"，比如默多克收购道琼斯，从内容开发上看，默多克的媒体王国里，大量的是娱乐、体育节目，而缺少权威的财经类节目。而创刊于 1889 年的《华尔街日报》是道琼斯的旗舰报纸，该报连同各种语言的专版在全球发行量约 1900 万份，是最具影响的财经报纸。

综上所述，为了深度整合产业和社会资源，传媒理应对影响自身数字化进程的各种资源要素进行透彻分析，在研究和布局中不断强化这样的观念：无论是业内的竞争对手，还是业外的潜在竞争者、上下游经营者、社会利益相关者，都是传媒赖以生存和发展的重要产业资源。传媒应该以竞争合作为中心，组建广泛的战略联盟，甚至在必要时可以进行大胆的战略并购，扬长避短以获取行业竞争的主动权。

---

① 唐润华：《透视国际传媒并购热》，《青年记者》，2007 年第 16 期
② 《透视国际传媒并购热》，《青年记者》，2007 年第 16 期

三、资本并购之实证分析

（一）汤姆森集团和路透集团并购之实证分析

2007 年 5 月 15 日，汤姆森集团和路透集团共同对外宣布合并为"汤姆森－路透"集团。这次并购被认为是一次典型的"双赢"，其最大的好处在于双方通过资源整合，实现优势互补，从而成为一家更加全面、更有竞争力、综合实力更强的传媒集团。[①]

1、强强联手改变市场格局

彭博、路透、汤姆森是全球最主要的三家金融信息提供商。据并购前 4 月份的数据显示，在国际金融信息的终端市场，彭博的份额达到 33%，路透为 23%，汤姆森为 11%。汤姆森并购路透以后，新的汤姆森－路透集团公司市值达 500 亿美元左右，每年收入达到 120 亿美元左右，在金融资讯服务领域的市场份额达到 34%，从而超过了彭博。凭借市场"第一"的位置，新集团在制定行业标准、决定产品定价权等方面拥有了更多的"话语权"。由于彭博在并购前不久刚刚又一次提高了金融资讯服务价格，用户对汤姆森并购路透表示普遍欢迎。

业内人士认为，路透与汤姆森的合并是一次强强联手改变市场格局的双赢。路透是资格最老的金融信息服务商。早在 1851 年创立之初，路透就开始向伦敦和巴黎的银行家和商人提供这两个地方股票交易所的开盘价和收盘价，开创了金融信息服务的先河。在这个领域，路透一度占据 50% 的市场份额。但是，近年来彭博后来居上，超越了路透，占据了最大的市场份额，导致路透连年亏损，市场份额持续下降。汤姆森集团最初是加拿大的一家报业公司，总部在多伦多，近年来汤姆森向传媒出版、教育及信息服务业转型。由于进入金融资讯服务的时间最短，在竞争中一直受到彭博与路透的压制。通过并购路透，汤姆森从利润日益微薄的教育出版领域脱身，把资产转移到金融资讯服务领域，实现产业结构调整。而路透则一挽近年颓势，与彭博展开了全面激烈的竞争。合并之后，新集团分成路透财经和汤姆森－路透专业出版两大集团，实现了业务结构的优化。按 2006 年数据合并计算，路透财经的收入达 67 亿，占集团收入的 59%，汤姆森－路透专业出版集团的收入达 46 亿，占 41%（见图 5－3）。

---

① 唐润华、文建：《汤森路透并购案影响分析》，《中国记者》，2007 年第 6 期

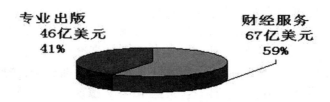

图 5－3 汤姆森—路透集团收入结构

2、通过营销渠道整合实现对用户和市场的全方位覆盖

路透集团 2006 年收入为 25.7 亿英镑，其中 54％ 来自欧洲市场，28％ 来自美国市场，而汤姆森公司 2006 年收入中，近 81％ 来自美国市场，只有 14％ 来自欧洲市场。合并之后，新集团的营销渠道分布更加合理，市场覆盖更加广泛而全面，有利于取得更多的用户和收入。

两家公司的产品和用户在其他重要方面也存在互补性。路透的客户群体集中在销售方，汤姆森的客户集中于购买/公司方；路透的内容优势在于新闻和即时信息，而汤姆森的内容优势在于历史数据和数据分析；在电子交易领域，路透的强项是货币和外汇交易，汤姆森则强于证券交易；企业平台方面，路透长于风险管理和交易，汤姆森则擅长投资管理，提供股权解决方案。经过以上分析，可见路透集团与汤姆森两家公司合并后产品和服务更加全面，能够满足各类用户的不同需求，整体市场竞争力得到增强。

3、通过人力和品牌资源整合提高竞争力

由于报业不景气，汤姆森集团近年来将其近百家报纸陆续卖掉。这样虽然避免了可能的经济损失，但同时也失去了众多报社所拥有的新闻信息采集网络和采编人员资源，其金融信息服务几乎完全依靠第三方来源，这大大影响了其产品与服务的吸引力。为了改变这种状况，汤姆森 2006 年以 2000 万美元的价格买下了由法新社和《金融时报》联合经营的欧洲新闻社，汤姆森又投入重金扩充采编队伍，雇佣了约 500 名记者，比一年前增加了一倍。2007 年以来在里斯本、维也纳、布达佩斯和华沙开设了分社。然而，这毕竟还很难适应业务发展的需要。

而路透作为一家有 150 多年历史的老牌通讯社，目前在全球近 100 个国家和地区设有近 200 家分支机构，拥有 2400 多名专业采编人员，其新闻信息产品及金融信息服务在全球享有极高声誉。这些正是汤姆森所缺少和迫切需要的。

两家合并以后，集团的信息采编资源得到了整合，尤其是新集团新闻信息业务和金融信息服务都整合到一起，统一冠以"路透"品牌，无疑使产品和服务的质量有了资源的保障，而且也利于借助路透的品牌进一步提升其知名度。

（二）新闻集团并购道琼斯之实证分析

2007 年 6 月 4 日，新闻集团掌门人默多克与控股道琼斯的班克罗夫特家族代表进行了会谈，最终新闻集团以溢价 66% 的高价并购道琼斯通讯社。

道琼斯公司是全球老牌的财经资讯提供商，旗下拥有著名的《华尔街日报》、道琼斯指数及道琼斯新闻社。最近 10 年，道琼斯公司经历了两次大的调整。第一次是在 1998 年，道琼斯决定退出以金融数据及分析为主的金融信息综合服务领域，转型为纯粹的财经资讯提供商。从此，道琼斯与路透、彭博由竞争对手变成合作伙伴——道琼斯成为它们的财经资讯提供商。目前，道琼斯在金融信息综合服务市场的份额仅为 4%（彭博为 33%，汤姆森－路透为 34%）。第二次调整发生在 2006 年 2 月，道琼斯改变过去依据发布渠道来划分业务的做法，根据目标市场把公司划分为三个媒体集团：消费者媒体集团、企业媒体集团和社区媒体集团。消费者媒体集团的业务包括：《华尔街日报》全球报系、《巴伦周刊》、《市场观察》、《远东经济评论》；企业媒体集团的业务包括：道琼斯新闻社、道琼斯指数、信息数据公司 Factiva、道琼斯金融信息综合服务；社区媒体集团的业务主要是奥特维报系。从道琼斯年第一季度发布的财政报告来看，道琼斯公司的总收入中，55% 来自消费者媒体集团，34% 来自企业媒体集团，11% 来自社区媒体集团。

道琼斯核心竞争力在于提供重要的商业与财经新闻及信息，其财经资讯以实时财经报道和市场评论为主，每天以 10 种语言不间断播发，日均发稿达 1 万多条。道琼斯有一批享有较高知名度的财经记者，他们的评论文章成为道琼斯吸引信息用户的一个重要招牌。道琼斯旗下的《华尔街日报》是美国乃至全球最重要的财经报纸之一，它高品质的新闻报道成为全球财经报道的风向标，同时以独立、严谨的办报风格广受同行尊崇。近年，《华尔街日报》加强了网络版建设，其印刷版和网络版的有效互动被认为是传统媒体向数字时代过渡的成功典范，成为众多同行学习的目标。2006 年，道琼斯收入 17.84 亿美元，其中信息服务收入 3.97 亿美元。2007 年道琼斯公司传统的报刊收入将从占总收入的 70% 降到 60%，经济信息、指数业务和数据业务所占比例将提高到 40%。

新闻集团是默多克控制的目前世界上规模最大、国际化程度最高的综合性传媒公司之一。该集团经营的核心业务涵盖电影、电视节目的制作和发行，无线电视、卫星电视和有线广播电视，报纸、杂志、书籍出版以及数字广播、加密和收视管理系统开发。在英国，新闻集团控制着 40% 的报纸；在澳大利亚，控制着 2/3 的报纸；在美国，拥有 21 世纪福克斯电影公司、福克斯电视网和 35 家电视台；新闻集团用 7 种语言，通过 40 多个频道向亚洲 35 个国家和地区提供娱乐和信息节目。

在新闻集团几十年的扩张过程中，默多克亲手创办的媒体只有《澳大利亚人报》，英国天空电视台、美国福克斯广播公司等少数几家，其他的媒体产业，大都是以并购的方式获得，然后通过内容改造形成默多克风格。新闻集团扩张的重要手段是媒体战略并购，以这种方式扩张，能够节省时间、缩短投资回收年限，减少资本投入，获得规模效应。媒体观察人士普遍认为，新闻集团并购道琼斯通讯社，亦是一次双赢。①

1、道琼斯公司财经媒体资源的注入弥补新闻集团在产业结构上的不足

尽管默多克已经在全球范围内构建了一个庞大的传媒帝国，但他一直缺乏一家有分量的财经媒体。因此，进军财经媒体，是默多克多年的梦想。早在 1996 年，默多克就曾提出并购道琼斯，结果遭到拒绝。这次如果能成功并购道琼斯，他不仅可以直接掌握具有全球影响的三大财经媒体资源——《华尔街日报》、道琼斯新闻社和道琼斯指数，而且这些资源还可以成为即将推出的福克斯财经频道的内容资源，从而使其具有很高的权威性和吸引力。此外，新闻集团并购道琼斯后，还将给福克斯财经频道的最大竞争者 CNBC 带来致命打击，因为目前 CNBC 的财经信息主要来自道琼斯。

2、《华尔街日报》的加盟可完善新闻集团的报业市场布局

默多克的新闻集团是以报业为基础发展起来的，尽管近年来在卫星电视方面大力拓展，但报业在集团中仍然占有重要地位。目前来看，默多克报业王国的重心在澳大利亚和英国。澳大利亚是默多克的老家，也是其报业王国的发祥地。在这里，默多克靠一份地方小报《阿德莱德报》起家，拥有了悉尼的《镜报》，还创办了澳大利亚第一份全国性大报《澳大利亚人报》。在英国，默多克拥有 4 家主要报纸，发行量占英国国内报纸的将近 40%，其中最为知名的是以刊登黄色新闻著名的《太阳报》和以严肃高品质新闻著称的《泰晤士报》。

但是在美国市场，默多克尽管在电视领域拥有众多重要的资产，但是报业资产却只有一份小型的地方报纸《纽约邮报》，不仅数量少，而且品质低。因为《纽约邮报》走的是黄色新闻的路线。并购道琼斯，新闻集团获得发行量仅次于《今日美国报》的《华尔街日报》，尤为重要的是，《华尔街日报》是百年老报，其内容是全球财经报道的风向标。获得如此优良的资产，新闻集团不仅能完善报业格局，在经济上收益，同时新闻集团在全球报业的声誉也将会得到提升，专门拥有"黄色小报"的形象有可能得到改善。

3、道琼斯内容优势与新闻集团营销渠道互补，提高产品与服务的竞争力和市场覆盖率

总体上看，内容是道琼斯集团的优势，媒体平台则是新闻集团的强项。

① 唐润华、文建：《新闻集团并购道琼斯影响分析》，《中国记者》，2007 年第 7 期

《华尔街日报》、道琼斯指数和道琼斯通讯社在全球享有极高声誉和知名度。而新闻集团遍布全球的报纸期刊、电台电视台、电影娱乐公司、网站等媒体资产，则构成了一个庞大的新闻信息发布平台？如果并购成功，两者有可能实现优势互补，那么整合后的产品与服务不但具有丰富而优质的内容，而且可以通过多种形式的、四通八达的渠道向世界各地销售和传输，其竞争力和影响力将会大为增强。

从地域上说，道琼斯和《华尔街日报》在美国已经取得了成功，但在南美洲和亚洲的影响却相对较弱。而欧洲，尤其是英国，则是新闻集团的重要堡垒。新闻集团不仅有《泰晤士报》等一系列重要的报刊，默多克同撒切尔夫人以来的英国政府一直保持着良好的关系。在亚洲，尤其是中国和印度，也是近年来新闻集团苦心经营的区域，已经拥有了星空传媒等实力强大的媒体。默多克在给班克罗夫特家族的一封信中允诺，"将利用新闻集团在亚洲和欧洲的经销平台，更好地推广道琼斯的产品和服务"，"充分利用新闻集团的国际业务和经验，扩大道琼斯品牌的覆盖范围"。

此外，两家公司均拥有在各自领域居于领先地位的在线网络平台，通过有效整合，可使新的集团具有其他媒体集团无法比拟的竞争优势。比如，新闻集团拥有全球最大的社区网站之———MySpace。MySpace 成立于 2003 年年底，2005 年 7 月被新闻集团以 5.8 亿美元并购。目前 MySpace 的注册用户已经超过了一亿。据最新的市场调查显示，2007 年 4 月，MySpace 在全球社交网站中拥有 79.7% 的市场份额，稳坐第一。2006 年用户平均每月访问该网站网页的次数达到 315 亿次，相当于全球每人每周访问一次。MySpace 已经超过Google 和 Yahoo，成为全球访问量最大的网站。默多克准备在全球全面推广MySpace，目前已经在近 20 个国家开设了当地版，包括 2007 年 4 月开通的中文版。MySpace2007 年的收入将占新闻集团总收入的2%。

道琼斯公司则拥有全球最大的付费财经网站——华尔街日报网络版。在如今这个互联网主要靠免费信息吸引用户的时代，华尔街日报网络版的付费用户却逐年增加，目前高达 93 万，他们每年需要支付 79—99 美元不等的费用。这不但给道琼斯集团带来了一笔可观的收入，也进一步扩展了《华尔街日报》的影响力，从而使纸质母报的广告收入保持稳定增长。

新闻集团并购道琼斯公司后，新集团在互联网领域将保持强大优势，并且通过某种方式将两家网站资源实现某种整合，有可能开拓出一个全新的发展空间。也许正是因为这一点，默多克承诺并购后加大对数字媒体的投入，"将充分利用自身在数字媒体领域的规模，帮助道琼斯在现有基础上更进一步"。

第六章 媒介个性化时代与
传媒的蓝海战略

2009 年 10 月 8 日 – 10 日，世界媒体峰会在北京召开。在这次峰会上，与会的世界媒体峰会的巨头透露出一个重要的信息是——在数字时代，世界媒体的游戏规则变了。数字时代的传播模式由单向线性传播向系统交互传播演变，由此使长期以来的传播主体向受众主体发生转变。这正是传播游戏规则改变的基本内涵。

大众传播时代开始向个性化传播时代演进。基本游戏规则的改变，进行战略定位的重大调整，正是传统媒体战略转型的核心。因此，相对于媒介转型、产品业态转型、内容转型、营销转型、传播控制转型等其他几个转型而言，定位转型应当是战略转型的重中之重。正如上文所指出的一样，传统媒体战略转型需要创新定位，这将是传统媒体应对整个传播格局变化的未雨绸缪之举。这种战略转型是未来一个时代的开始。它是传统媒体媒介个性化时代的蓝海战略。

媒介个性化所带来的游戏规则的改变是以往大众传播的螺旋式上升，是传播史上具有里程碑意义的革命。对媒介个性化所出现的苗头与趋势进行理论的归纳与演绎，进行未来前瞻具有极其重要的意义。因此，本章着重就媒介个性化时代进行未来推演，就媒介个性化时代传统媒体进行价值创新的蓝海战略展开专门论述。

第一节 从传者本位到用户本位是媒介
个性化时代的基石

一、从传者本位到用户本位的量变与质变

（一）受众角色开始发生深刻变化

从数千年的媒介发展史来看，受众都是一个被动接受的角色，信息的社会化传播以及"话语权"一直是少数人享有的"专利"。在大众传播时代，传统传播受众几乎都是大众传播"魔弹"、"皮下注射"下的被动角色，是传播链条中的下游角色，但回顾媒介发展史，我们又可以清晰地看到媒介演化的"人性化趋势"。人决定着媒介的演化，适者生存的媒介就是适合人的需求

的媒介。人的需求最终决定着媒介的演进方向，同时亦将处于传播链条末端的受众成为传播中心的用户。特别是在网络时代，传播受众从被动接受开始转变，进而主动参与、全面参与。新闻媒介发展用户个性化趋势增强，传播将从大众传播走向大众传播、分众传播、小众传播乃至个性化传播等多层次传播。在这一阶段，传播领域已经开始发生重大改变——微内容的全面崛起、多元力量的价值建构正在引发一场传媒乃至社会的"语法革命"，传统的"下游"角色成分开始发生深刻变化。

2005 年 4 月，BBC 成立了一个专门处理受众提供内容的小组。成立初期这只是一个由 3 人组成的短期实验计划，却在伦敦地铁爆炸案等突发新闻中派上了大用场。2005 年 7 月 7 日，伦敦地铁和巴士遭受恐怖分子的炸弹袭击，事发仅 6 个小时之内，BBC 就收到公众发来的 1000 多幅照片、20 段录像、4000 条短信以及两万封电子邮件，人们以传统媒体从未见识过的方式参与这一突发事件的报道。次日，BBC 的晚间电视新闻便破天荒播放了一组完全利用民众提供的素材剪辑出来的新闻。BBC 世界报道主任理查德·赛姆布鲁克称，媒体与受众一起完成报道，其影响是变革性的：现在我们知道了，有大事发生的时候，公众可以给我们提供的新信息与我们向他们播报的信息一样多。从今往后，新闻报道成为媒体与受众之间的合作。

伦敦遭受恐怖袭击报道是受众大规模主动参与社会主流报道标志性事件。以此为分水岭，标志着传统传播链条末端的受众向传播中心靠拢出现了飞跃，标志着传者本位向用户本位的转移从量变到了质变。

（二）对媒介个性化认识提高到时代的高度

业界论及媒介个性化特点的不乏其人，但真正将媒介个性化提高到一个时代高度来认识的目前仍不多见。首先提及媒介个性化时代的是路透集团首席执行官汤姆·格罗瑟。2005 年 3 月 7 日格罗瑟在伦敦《金融时报》举办的"新媒体与广播研讨会"上发表演讲时指出，"如果说 19 世纪是报纸时代，20 世纪是广播电视时代，那么本世纪将被定义为媒介个性化时代"。[①]

格罗瑟在此后的一系列演讲中多次表示，传统媒体必须拥抱业余人士；要把用户置于我们事业的核心。路透利用事实和技术的力量为用户和它自身创造价值，探索出新的更好的商业途径。个性化服务是我们永远的追求。

已经与 Google、雅虎等互联网巨头达成交易的美联社还在新媒体领域不断寻找新的合作伙伴，特别是 MySpace 等社交网络站点。美联社认为，在个性化的新媒体时代，是内容向受众靠近，而不是受众自动靠近内容。因此，传统媒体应当做好所有内容被"Google 化"、"Tivo 化"的准备。美联社总裁

---

① 汤姆·格罗瑟：2005 年 3 月 8 日伦敦《金融时报》

托马斯·柯里表示，美联社将在保持其核心价值的同时进行大幅度改革，以适应电子时代的挑战。因为传统的印刷物、广播等都已经不再适应"Web 2.0"的时代需求。未来的新闻是属于"我"的个性化新闻，将由用户自主决定在何时、何地、何种设备及如何运用。

谷歌 CEO 埃里克·施密特 2009 年 4 月首次出席报业公司高管集会时倡议，报业公司高管应为网络创建一种"新的形式"，如推出新的发布模式，向消费者提供其想要阅读的个性化内容等。施密特在随后天于圣地亚哥召开的美国报业协会年会上发表主题演讲称，试着找出消费者想要的东西来。如果你们令消费者感到厌烦，那么就将无法拥有他们当中的任何人。报业公司应与谷歌联手创造一些产品，这些产品应当具备吸引读者在浏览完搜索引擎页面上列出的标题之后，还有兴趣做更多事情的能力。施密特表示，谷歌正在构想一种个性化的、拥有"层次结构"的信息形式以吸引读者。

美国《纽约时报》专栏作家弗里德曼在 2006 年出版的世界畅销书《地球是平的》一书中把全球划分为三个时代：1.0 时代推动全球化的主体是早期资本主义国家，他们靠着船坚炮利强行推广世界贸易。在 2.0 的时代靠的是商业运作，跨国公司是 2.0 时代的主要推动力量。到了 3.0 时代，推动力量改变了，是中小企业和个人。记者不一定出现在每个事件的现场，而个人是无所不在的。事实上最近许多世界著名的事件第一个报道的不是传统媒体，而是某些有一定工具的个人。全球化从 1.0 到 2.0 再到 3.0，世界发生了很大的变化。笔者预见，在全球以人为本的大环境下，Web3.0 将成为一个个人化的工具，它将成为个人改变世界的一个工具。

二、受众向传播中心靠拢的时代背景及原因分析

考察媒介个性化时代的源头变化，依然可以从社会影响、技术影响以及媒介自身影响三个维度观察得出。

（一）媒介个性化的社会原因分析

社会分众化、市场碎片化，营销个性化，使媒介环境逐渐向有利于受众的方向倾斜，并形成"以消费者为中心"的质变，真正形成以人为本的媒介环境。

1、社会结构演变社会分层导致传播环境变化

首先是工业化带来的城市化，其次是城市社会的分层化，由此导致社会结构以及对新闻信息传播格局的变化，它一方面扩大了传统大众媒体的受众规模，另一方面也改变了其受众的结构居民的信息需求出现差异化、细分化、专业化，即所谓的受众"碎片化"。

有研究表明，当一个社会的人均收入在 1000—3000 美元时，这个社会便处在由传统社会向现代社会转型的过渡期，而这个过渡期的一个基本特征就

是社会的"碎片化"：传统的社会关系、市场结构及社会观念的整一性出现了巨大的变化，从精神家园到信用体系，从话语方式到消费模式瓦解了，代之以一个一个利益族群和"文化部落"的差异化诉求及社会成分的碎片化分割。

美国未来学家阿尔温·托夫勒认为，信息社会植根于社会生产的非群众化，是一个非群体化的社会。在信息社会中，非群体化生产代替了传统工业社会的群体化生产。生产的非群体化带来了消费的非群体化、社会结构的非群体化、价值取向的非群体化等诸多变化，形成了整个社会非群体化的发展趋势。

2. 企业营销方式向以消费者中心的精确营销转型

20世纪初，美国汽车制造商亨利福特的观点是"为消费者生产一模一样的黑色轿车"，今天，在计算机的帮助下，沃尔沃汽车公司的顾客可以从20000多种不同部件组合的汽车中选择他所喜爱的一种。Web3.0时代，集Web2.0与移动优势的手机等传播平台出现，使完全个性化的传播平台出现。臂如，湖南超女则通过手机短信投票，实现了电视与网络的个性互动，并演化成为一种商业模式。今后，受众媒介消费习惯将进一步向个性化方向发展。

其实早在上个世纪70年代，个性化浪潮已经初露端倪。在上个世纪70年代，历史学家们分三个发展阶段来看待这个世界，社会生活表现为地方性和小规模的前工业时期；大众传播和大量生产出现的工业时期，实现经济活动从制造到服务转变的第三或后工业阶段。

（二）媒介个性化时代的技术趋势分析

前文已经分析，当前多媒体传播网络化、融合化、互动化、聚合化、移动化五大趋势。集Web2.0与移动优势的手机等传播平台出现，使完全个性化的传播平台出现，人们可以利用手机等各种便携移动终端，实现目前互联网和其他局域性固定网络上的所有多媒体通信功能，由此导致人类社会将进入Web 3.0的时代。

互联网开始从Web 1.0的"服务商对用户"的单向传播模式以及"服务商创造价值"的理念，向Web2.0的"用户对用户"的多向传播模式以及"用户创造价值"的理念转变。Web3.0时代仍然是建立在移动通信与Web 2.0的基础之上，其特征更多地表现为媒介个性化的特点，主要特点如下：

1、适合多种终端平台，实现信息服务的普适性

现有的Web2.0只能通过PC终端应用在互联网这一单一的平台上，面临现在新的移动终端的开发与应用层出不穷，个性化的网络模式将实现不同终端的兼容，从PC互联网到WAP手机、机顶盒、专用终端，使得各种终端的用户群体都可以享受到在互联网上冲浪的便捷，实现融合网络的普适化。

2、微内容的自由整合与有效聚合

　　个性化网络模式将对用户生成的内容信息进行整合，使得内容信息的特征更加明显，从而精确地对信息内容特征标签进行整合，提高信息描述的精确度，从而便于互联网用户的搜索与整理。同时，对于内容的筛选性过滤也将成为媒介个性化的主要特征之一，对于用户发布的信息做不同可信度的分离、跟踪、论证、再发布。最后随着 RSS、TAG、ONTO 基础聚合设施的进步，将聚合技术和挖掘技术相结合，创造出更加个性化、更迅速准确的"Web 挖掘个性化搜索引擎"，由此进一步强化了其在信息整合时代的地位与作用，帮助用户实现由被动告知到主动搜索的转变。

3、良好的人性化用户体验以及基础性的个性化配置

　　个性化网络模式以人为本，将用户的偏好作为设计的主要考虑因素。Web3.0 在对于内容筛选性的过滤的基础上同时引入偏好信息处理与个性化引擎技术，对用户的行为特征进行分析，既寻找可信度高信息内容发布源，同时对互联网用户的搜索习惯进行整理、挖掘，得出最佳的设计方案，帮助互联网用户快速、准确地搜索到自己想要感兴趣的信息内容，避免了大量信息带来的搜索疲劳。通过偏好系统得出的结论再归类，在某一内容主题方面形成一种内容的聚合、推送，更好地满足用户需求。

4、技术敛聚作用引导更多地关注用户本身

　　就技术自身而言，各自独立的技术手段通过敛聚实现了资源的分享和联机互动，从而产生更大更新的功效；就媒介运作而言，技术敛聚为媒介新形态提供了积极有效的基础，使新闻机构采集、编辑方式手段便利化，新闻业某些基本因素亦发生了有利的变化。比如，新闻业依靠的两个基本关系——与信源和受众的关系，在媒介敛聚的时代已经或正在变化。对网络技术的使用，在记者、信源和受众三者之间获得了一种传播技术的平等与平衡。当三方都在因特网上获取或传送消息时，当新闻记者更多地使用博客获取消息、评论，并在工作之外籍此发表个人意见时，信源、受众和记者的边界开始模糊不清。以往我们关注太多的是新闻机构、新闻的供应者，而不是我们的受众、新闻消费者。而现在我们应该更多的关注使用新的数字化工具来和受众建立起新的、有创意的联系。"新媒介的潜力不只是发出喧闹声，而是更有意义的相互作用，更有意义的认知期望。"①

（三）媒介个性化的媒介环境分析

　　社会发展的进程，就是人类逐步摆脱自身的、自然的、社会的各种束缚与压迫，实现最大的自由与平等的过程。作为人的感觉延伸工具的媒介，其

---

① Schaffer, J., Speech to the Broadcasting Education Convention in Las Vegas, NV on 'Convergent Audiences: When Consumers are Creators', on 18 April 2004, http//www.j‑lab.org/schaffer041804.html

最大价值，也在于帮助人们不断摆脱时空束缚，最大限度地满足受众在信息、知识、情感等方面自由、平等交流的需求。使用与满足理论认为，用户有意识、有目的地利用媒介来满足自己的不同需求。人们使用媒介目的各不相同，在很大程度上，大众传播的使用者是有控制权的，用户选择能提供其需要的媒介内容满足自身需要。媒介不过是用户手中的工具，用以联系社会、他人，并用来满足自己认知需要、情感需要、个人整合与社会整合的需要以及舒缓压力的需要。因此，媒介只有成功地满足了用户的这些多层次需求，才是实现了自己作为"工具"的价值。进入新媒体时代，用户较之以前的传统媒介使用者变得更为主动。整体媒介环境向以人为本的方向发展，主动权向受众方向转移，受众的选择权决定媒体的兴衰发展，因而自觉靠近"受众"，贴近实际、贴近生活，成为媒介发展的内在规律。

近年来，媒介的发展趋势是从"大众"走向"小众"，电视设专业频道，广播提出窄播，就是意识到了不同的新闻用户多种多样的需求，并极力地去满足这些需求。进入数字时代以后，新媒体用户参与传播的程度也越来越高。网络传播的双向性使每个人既是传播者又是受传者，它改变了传统的大众传播过程受到传播者支配的局面，使传播过程变得更加平等，而这种平等也必然带来社会关系的平等；新媒介技术将保障每个人自主发表言论的权利和机会，形成"真正的观点的自由市场"。

信息技术的不断进步，使人的"千里眼"、"顺风耳"这类人体感官延伸的梦想成为现实。网络时代使媒介延伸人的感官达到空前发达的阶段，特别是即时互动技术显示了强大的生命力，网络的无线化与手机等新媒体随身携带的便捷性为定制式的生产和传播方式提供了可能性，推动媒介个性化特征日益明显。比如，个人通过发送手机短信、撰写博客日志、发起网络群聊就可以在"任何时候、任何地点，对任何人"进行大众传播，突破了传统主流媒体的话语权壁垒。这些随时进行的信息，甚至成为传统媒体的重要信息或信息来源，人际传播的性质得到凸显和强化。从理论上来讲，这种网络离散个体的多点互动改变了传统媒介的"中心——受众"模式，传播成为多个中心共同运作的结果，而离散个体的多元化、去中心化进一步消解了"大众"的概念，使社会加速进入个性化时代。

三、传者本位向用户本位的形成过程分析

（一）向用户本位传播模式推演

1、以人的媒介使用与满足为基础

社会发展的进程，就是人类逐步摆脱自身的、自然的、社会的各种束缚与压迫，实现最大的自由与平等的过程。作为人的感觉延伸工具的媒介，其最大价值在于帮助人们不断摆脱时空束缚，最大限度地满足受众在信息、知

识、情感等方面自由、平等交流的需求。

"使用与满足理论"认为，用户有意识、有目的地利用媒介来满足自己的不同需求。人们使用媒介目的各不相同，在很大程度上，大众传播的使用者是有控制权的，用户选择能提供其需要的媒介内容满足自身需要。媒介不过是用户手中的工具，用以联系社会、他人，并用来满足自己认知需要、情感需要、个人整合与社会整合的需要以及舒缓压力的需要。因此，媒介只有成功地满足了用户的这些多层次需求，才是实现了自己作为"工具"的价值。进入新媒体时代，用户较之以前的传统媒介使用者变得更为主动。

2、技术进步的五大指向：任何人、随时、随地、任意、成本低

媒介技术进步终极理想境界是满足任何人随时、随地、任意的传播需求。而在具体的细节与环节方面，技术进步的边界有的已经超出我们的想象，但是媒介创新的原则仍将遵循莱文森所描绘的媒介演化的"人性化趋势"，即"媒介的走向是产生更加自然的形式，存活下来的媒介就达到人类某种自然的生态环境"，这就是因此我们就具有了选取媒介的倾向，人是媒介生存的自然环境，人根据自身的生物学机理决定了媒介的优胜劣汰，那最终所包裹着我们感官的那个媒介形式必然源自人本身个性化的定制。

3、内容需求的三大指向：信息化、娱乐化、自我实现

内容需求的三大指向是信息化、娱乐化与自我实现，而能够综合概括这三大指向的需求，正是一种个性化的方向。在媒介内容为王的时代，个性化是一个至关重要的制作策略，它呼应时代向个性化转变的历史趋势。

近年来，媒介的发展趋势从"大众"走向"小众"，如电视设专业频道，广播提出窄播，就是意识到了不同的新闻用户多种多样的需求，并极力地去满足这些需求。各省级电视台纷纷上星后，为了吸引用户以在激烈的竞争中胜出，都力图确立自己的形象特色。中央电视台以新闻当先，帮助人们了解国内外大事，满足求新的需求等等。湖南卫视则大打娱乐牌，满足人们休闲放松的心态。

网络传播的双向性使每个人既是传播者又是受传者，它改变了传统的大众传播过程受到传播者支配的局面，使传播过程变得更加平等，而这种平等也必然带来社会关系的平等；新媒介技术将保障每个人自主发表言论的权利和机会，形成"真正的观点的自由市场"。

（二）向用户本位演变的过程分析

从媒体角度，Web1.0到Web2.0是从编辑发布新闻到为网民服务的转变，是传播本位向受众本位转移发生质变的标志。网民不仅能读、听、看、链接，还能自己写、标记、上传和修改，进行系统互动。当一个网民在某个网站不断的随时随地存取和使用信息、数据的同时，也在和其他上这个网站的网民一起共同建设这个网站。网站的版主和编辑，尊重甚至迎合网民的首创，而不应当只是按照自己的管理和编辑方针。从受众成为用户，并进一步向用户本位角色演变大致经历了以下两个阶段：

1、接收者、用户、分享者

传统媒体时代，"受众"处于传播链条的末端，是被动的接收者。但在市场经济条件下，消费者意识觉醒。因此，在传播领域，受众多少蒙上了一层用户的色彩，比以前拥有了更多的权利，但用户也仅仅是消费者，和生产没有关系。到了 Web1.0 时代，用户开始参与讨论，但讨论的话题是编辑指定的，讨论规则是编辑制定的，讨论的结果也在编辑控制之中。但用户毕竟分享了传播过程和成果，因而逐渐成为"分享者"。

2、研讨者、上传者、传播者

到了 Web2.0 时代，"分享者"可以把自己感兴趣的内容下载到自己的手机、电脑、电子纸等终端，并自己编辑、创作、转发，甚至可以利用博客和播客等自媒体传播信息，从而实现了用户角色的再一次提升。在 Web2.0 时代，传者与用户的界限慢慢消融，面对其他传者的传播者也是用户，而用户则越来越多地介入传播活动，担当起传者的角色。用户可以通过参与新闻"研讨"，上传信息、上传新闻阅读的感受而参与新闻的生产，形成一种"研讨"式的新闻生产方式，即一方面分享新闻，另一方面传播新闻，甚至一次次主导了新闻传播的走向。接收者、用户、分享者内涵并没有被淘汰，反而在原有基础上增加了研讨者、上传者、传播者的角色。

3、互动传播使用户主体进一步确立

Web 2.0 的本质是"参与式的架构"，最重要的特点就是以用户为中心，充分激发用户的主动性，发挥用户的原创能力，并真正形成网上网下的互动。"用户"与"受众"的最大区别在于前者不再只参与消费信息产品，他们还能够参与生产与传播信息。因此，新闻业的形态正在由演说变成研讨会与对话。

传播的互动功能其实始于文字诞生以前的口语传播时代，人际传播、组织传播的互动也受到极大重视。而随着时代发展，互动功能始终得以保持，并在传播中创造条件加以强化。譬如，印刷媒介的读者可以通过通讯员来稿以及定期组织读者评报等形式参与到传播的过程中；广播听众则是通过热线电话参与节目制作、播出的过程，或者将权威人士、嘉宾请进直播室，通过节目主持人串联，与广大听众进行双向交流；电视节目则是大量地邀请嘉宾，或者开展有奖竞猜、电话连线、短信支持等形式让观众更深入地参与到节目中来。

进入数字时代以后，新媒体用户参与传播的程度也越来越高。用户是主动的，传播是互动的。用户不仅有获取信息的权利，而且有充分表达自己的意见和观点的权利，新媒体时代的用户已经越来越频繁地同时扮演传者与用户的双重角色。每个人都可以进行大众传播。传统的传播形态、通道是固定的，传播者具有较强的垄断性和控制权。如今，一个人通过发送手机短信、撰写博客日志、发起网络群聊就可以在"任何时候、任何地点，对任何人"进行大众传播，突破了传统主流媒体的话语权壁垒。这些随时进行的信息，甚至成为传统媒体的重要信息或信息来源，人际传播的性质得到凸显和强化。

第二节　媒介的演进趋势与媒介个性化时代

正如本文第二章所说，数字媒介从本质上是一种双向（或多向）的交互式的传播方式，是为用户量身定制的个人化传播模式。多媒体网络化、融合化、互动化、聚合化、移动化发展的前景，可能就是多媒体个性化时代的到来。臂如，网络化使海量信息分众化、融合化使信息多媒体化、互动使个性化媒介大量出现，聚合将使网络信息消费朝着更加个性化的方向发展，用户信息消费的起点不再是某些大众化门户，而是由阅读器所定义的个性化的门户。个性化门户的产生，使个体的信息消费效率得以提高。手机这种个人化的便携终端成为媒介，使个性化时代终端载体的条件亦已完备，媒介个性化时代已经呼之欲出了。

一、在"融合"之后将出现"分"的趋势

（一）传播渠道的集中与接收终端的分散

媒介融合从技术上使传媒载体终端合而为一，但是从新一轮电子报纸、电子杂志的实践来看，终端融合体现了一种新的迹象：各种媒介产品先汇流到网络中进行传输，而后又分散到各种不同的接收终端中。即"借道"网络，而又不停留在网络，经过网络融合之后，又出现"分"的趋势。这种"合"与"分"是生产过程的一种有机结合，"合"是为了更有效地进行"分"，并由此可以保持媒介产品的多样化。

中国人民大学教授彭兰认为，对于信息生产来说，融合也许不是终极目标，而只是一个环节或一个途径。网络不一定要作为各种媒介产品的直接载体，而是可以仅仅作为媒介产品的传播渠道。这种方式，有助于在更大程度上继承传统媒体产品固有形态的优点，适应受众既有的阅读或收听、收视习惯。而网络作为传播渠道，则可以减低传播成本，提高传播速度，拓展传播空间。因此，未来传媒发展，数字网络将取代现有渠道，而在接收终端上，

人们仍然可以有多样化的选择。① 比如，喜欢报纸阅读习惯的人，可以将网络中传输的内容打印出来，或者直接看电子报纸；而偏好电视的人，则可以用电视机来观看最终内容。

（二）多媒体平台融合后的细分与个性化

媒介融合的一项基本内容就是媒介业务形态的融合，即内容的多媒体化。报纸、广播、电视与网络是这个报道体系的共同组成部分。另一方面，在构建这个大的报道体系同时，生产流程的细化成为一种必然趋势。业务形态的整合也使各种不同媒体的内容产品最终汇流为一个大市场，这一方面使原有媒体市场的界限可能不再那么分明，但另一方面这带来了产品组合的灵活性。各个媒体的内容可以更加方便地实现相互嵌入。例如，在电子报纸中嵌入电视台的节目。

在这样一种思路下，市场不仅要提供各种产品，还应该提供包括产品组合的工具，即由受众自己来定制并按自己的喜好来组合产品的一种便捷界面。RSS技术具有这样一种组合的能力，但是它更多地面向网络信息产品，未来更需要的是面向多种媒体的工具。因此，这种组合工具不应仅仅在一个单一的界面中完成信息的浏览，它应该具备一种信息的智能分发的能力，将多种信息接收终端有机地联系起来，使受众在任何方便的时候、用方便的终端获得自己所需要的内容与服务。

（三）信息企业的大联合与再分工

媒介融合带来电信、广电、IT、传媒等行业的汇流与融合，但融合之后仍然面临"再分工"。在媒介融合时代，新闻或其他信息生产与发布的技术更为多样、复杂，习惯于传统媒体生产流程的任何单一机构，也许都不足以承载多媒体内容生产的完整架构。因此，整个传媒业的机构需要在一个新的层次上进行融合、重组，每一小机构都是作为一个大机构中的一分子，完成自己所擅长的某一个"部件"或某一环节。传统媒体更多地是作为内容的提供者，而更多专业技术公司则作为内容的包装者、发布者与推广者。这种新的模式同样体现了先合后分的思路。"先合后分"实际上正是顺应了当前时代要素整合与专业化协作的社会大趋势。比如，在"神舟六号"发射的报道中，新浪独家发布的三维动画由一家专业技术公司提供；新华社关于奥运火炬登顶珠穆朗玛峰的报道，其移动信息发布平台由中国移动做技术支持。

分工的再强化，不仅有利于每一个环节的生产质量的提升，也有利于市场的整合。使过去分散的地摊叫卖式的信息发布方式，变成批发市场式的集中信息供应。中国人民大学教授彭兰认为，从宏观来看，技术的发展将促进网络新

---

① 彭兰：媒介融合时代的"合"与"分"《新闻与写作》2006年09期

闻生产更加细化、专业分工更为明显，同时可能导致在网络新闻发布通道与平台上形成新的力量对比，从而带动多样化的合作模式的形成。① 因此，衡量一个新生媒体有两个标准，一是能否最大限度地获取"全民生产"的内容信息，二是能否最大效度地满足个性化定制的消费需求，两者缺一不可。

（四）从"统一式"信息消费到"分裂式"信息消费

在第一代互联网，信息消费主要是基于门户网站这样一种模式。这种模式由此奠定了那些最重要的门户网站在某种意义上成为新的权力中心，它们控制着信息的集散、信息消费的广度与深度，甚至统一了网民信息消费的口味与步调。但是，在 Web2.0 时代，作为门户网站主要支柱的浏览器这样一种单一的信息消费平台正在被多元化的平台所冲击。RSS 阅读器就是新兴的信息消费平台中一个重要代表。RSS 阅读器可以集成多家信息来源，自动浏览和监视这些来源网站的内容，将最新内容及时传送给用户。用户利用 RSS 阅读器可以方便地读到送上门来的信息，而无需到各家网站逐一浏览，同时又可以通过信息定制与组合，实现信息消费的个性化。

Google 的个性化门户（iGoogle）是运用 Widget 的一个代表。在这样一个门户的首页上，每个人的设置都可能是不同的。每个人都可以在几百个 Widget 来源内容中进行选择自由组合，甚至可以在首页自由改变它们的位置。RSS 和 Widget 等技术的进一步普及和优化，可能使整个互联网信息消费模式呈现出"分裂"特征。过去网站同时充当着信息的采集、加工与集散（即整合与发布）三个角色，而未来在集散这个环节上，门户网站的能力将被削弱。另外，除了 RSS 和 Widget，手机、数字报纸、电子杂志等终端也给人们提供了更多元的信息消费的平台。这种定制的、分裂的、多元的信息消费平台将对以往相对集中、统一的信息消费平台形成巨大冲击。

二、分与合的再次辩证统一

上文已经论述，从信息获取的手段与平台来看，个性化无疑是一种趋势。网络作为一种媒体，个性化媒体模式冲击统一式的媒体模式也是一种趋势。但是，需要特别指出的是，这里提及的个性化趋势虽然包涵个人化，但并非就是指个人化。首先，分众化并非就是个人化，其次社会"分众"的背后有新的"聚众"的需求，分与合可以在更高层次上实现螺旋式的再次辩证统一。

（一）个性化平台与统一式平台并存

在未来，个性化平台成为人们重要消费选择的未来，统一式平台也会有它的价值。它们除了能提供信息外，还可以在很大程度上满足人们的社会环境认知需求。美国传播学者唐纳德·肖提出的"垂直媒体"与"水平媒体"

---

① 彭兰：《新一代互联网：再次改写的新闻传播景观》，载 2005 年 12 期《传媒》杂志

的概念，也有助于我们认识到未来传媒市场纵横交错的景观。他认为，"水平媒体"是作用于小众的，而"垂直媒体"则作用于大众，能将社会的各个阶层、各种人群整合起来。在肖看来，水平媒体与垂直媒体的交织，可以创造一个稳定的"纸草社会"。[①] 未来的网络信息消费模式的个性化分裂，会带来更多的小众甚至纯个人化媒体，但是，那些统一式的门户，仍然会作为垂直媒体起着社会整合的作用。但是，未来真正能生存下来的门户网站只会是少数几家。如果按照市场逻辑运行，大多数现存的门户网站将面临着转型的压力。它们可能更多地是作为单纯的原创性信息生产者，通过 RSS、Widget、数字报纸、电子杂志、手机等多种平台，来实现它们的价值转化。

（二）"个性化"信息消费与"社会性"信息消费并行

信息消费的"社会化"之所以可以与"个性化"并行，是因为在网络环境下，信息消费不仅是一个简单的信息获取与阅读过程，还是一种与他人互动、融入社会的过程。而网络中的信息消费平台不仅是一种媒体，还是一个社会。当我们从信息消费中的群体互动以及网络作为一种社会存在这一事实来看时，社会化的趋向也是必然的。[②]

网络信息消费的社会化的含义是双重的。它一方面意味着，在传统媒体时代相对独立的个人信息消费行为，在网络中变成了一种社会性的行为，能够与他人的行为集合形成强大的社会效应；另一方面意味着，作为个体的网民，其信息消费行为往往不是基于个体的自主判断与选择，而是在社会氛围作用下的复杂过程。可以说，网络信息消费的社会化意味着个体与社会之间非常密切与频繁的一种双向互动。

由于在不同层面上迎合着人们的需求，网络信息消费的个性化与社会化两种趋向得以并存，但它们之间并非一种"平行"关系，而是在交织中形成一种复杂的互动。Web2.0 时代，网络信息消费的"社会化"，在很大程度上会作用于人们个性化需求的形成过程。在一定意义上看，社会化的结果是，人们实际上越来越没有个性，人们的个性化需求，只是外壳上的五彩斑斓，在内核上却是单调同质的。反过来，网络信息消费的个性化，不过是在加速人们信息消费的社会化，最终便是在加速人们的趋同过程。[③]

（三）合——分——合：All - in - one，媒介演进的再一次螺旋式上升

在媒介由合而分之后，媒介终端的演进可能再次由分至合，就是一种媒

① 唐纳德·肖：《创造一个纸草型社会》，《国际新闻界》2004 年 4 期
② 彭兰：《个性化与社会化：Web2.0 时代信息消费的双重旋律》，《国际新闻界》，2008 年第 3 期
③ 彭兰：《个性化与社会化：Web2.0 时代信息消费的双重旋律》，《国际新闻界》，2008 年第 3 期

体能够满足信息用户的所有功能，集所有终端之大成，最终实现再一次的螺旋式上升。媒介由合而分，再由分而合的结果是 All – in – one。所谓 All – in – one，就是各种媒介终端融合，这个融合之后的媒介终端既是电话，又是电视，既是 iPod，同时也是一个掌上电脑，还是记事簿，同时也可以下载网上的信息。把它印出来，变成印刷，也可以当作手机电视来看，正如前文所论述的"大媒体"一样。由于技术还在快速的发展，现在还很难说具体哪一种媒介终端能够胜出，从目前的趋势来看，"大媒体"以手机为中心的迹象比较明显。

三、媒介个性化时代的未来展望

（一）关于《我的日报》的争论

1、尼葛洛庞帝提出《我的日报》

尼葛洛庞帝是媒介个性化时代的倡导者。他在《数字化生存》中写道，在后信息时代里机器与人就好比人与人之间因经年累月而熟识一样：机器对人的了解程度和人与人之间的默契不相上下，它甚至连你的一些怪僻（比如总是穿蓝色条纹的衬衫）以及生命中的偶发事件，都能了如指掌。[①]

尼葛洛庞帝畅想了一种《我的日报》，就是报业公司让所有采编人员都照你的吩咐来编一份报纸。这份报纸综合了要闻和一些"不那么重要"的消息，这些消息可能和你认识的人或你明天要见的人有关，或是关于你即将要去和刚刚离开的地方，也可能报道你熟悉的公司。在这种情况下，你可能愿意出高得多的价钱来买一份专门为你编辑的报纸。因为你会消耗掉其中每一个比特。尼葛洛庞帝认为，数字化的生活将改变新闻选择的经济模式，你不必再阅读别人心目中的新闻和别人认为值得占据版面的消息，你的兴趣将扮演更重要的角色。过去因为顾虑大众需求而弃之不用、排不上版面的文章，现在都能够为你所用。未来的界面代理人可以阅读地球上每一种报纸、每一家传媒的消息，掌握所有广播电视的内容，然后把资料组合成个人化的摘要。这种报纸每天只制作一个独一无二的版本。[②]

2、对《我的日报》的异议

对于《我的日报》，曾获普利策奖、现任美国论坛公司总裁的杰克·富勒提出了自己的异议。他认为，"从最基本的层面看，它不会提供任何易遇奇缘的运气"。"人们需要领导。《我的日报》无法提供这种作用。因为它不能传播到任何一个共同体中去，它是个人的、内省的、孤独的。""读者不仅仅是只想从宇宙的信息中随机撷取涌向他们的一部分，他们需要的是彼此融通、

---

①　尼古拉斯·尼葛洛庞帝：《数字化生存》第 193 页，海南出版社，1997 年

②　尼古拉斯·尼葛洛庞帝：《数字化生存》第 181 页，海南出版社，1997 年

具有意义、存在某种秩序的信息，他们需要的是知识，而不仅仅是事实，也许还需要些许智慧。""社会分化使人们感到不快，他们需要有新的方式来找到对方并相互联系。他们需要有一种能据以交谈的基础。这就是传统的总汇式报纸所一直提供的东西。"①

中国人民大学教授彭兰认为，作为一个在传统媒介工作多年的传媒人，上述评述非常深刻地说明了大众化的传统媒介在社会整合方面的功能。个性化服务虽然有它的优点，从整体上来说，却不能代替"大众化"服务。社会学家理查德·梅塞尔亦认为，大众传媒已经开始把受众分成越来越小的部分，如果我们都关注不同信息，这种文化区分将会使我们相互理解能力下降。另外，对于个性化服务，人们究竟是否知道自己的"个性"是什么？是否又知道自己的需求是什么？据资料显示，美国的一个民意调查表明，大多数接受调查者对互动电视并不感兴趣，虽然互动电视允许收视者提出要求，据此向他们提供定做的电视节目。②

在信息与选择相对匮乏的情况下，我们比较容易认清这些，但是在信息爆炸的时代，在众多选择面前，我们却可能终日沉溺于对自己个性的追求却丧失对它的认识。阿尔温·托夫勒在《未来的震荡》一书中曾经指出，"决定，甚至一个很小的决定，都变得更为艰难了。这决不是偶然的。为了应付日常生活的压力，我们需要比被禁锢于某一固定的生活模式时更多的有关琐碎得多的事物的信息。因而我们感到焦急不安，压力重重，孤苦伶仃，并继续生活下去"。"过度选择的强化迫使我们无休止的进行自我检查，良心责备和内心反省。它使我们面临当前最普遍的疾病，即'个性危机'。人类从未碰到过更复杂的选择。对个性特征的追求并不是由于'民众社会'缺乏选择性，而恰恰是由于我们的选择太多，太复杂了。"③

著名传播学者罗杰·菲德勒也论及《我的日报》。他说由聚焦狭窄的《我的日报》来广泛取代被我称作《我们的日报》的主流报纸与杂志，看起来是不大可能的。可是，在将来的社会里，即使出现向这种媒介形式的少许倾斜，就有可能产生社会和政治的影响。《我们的日报》试图拓宽我们的视野，并且为了向不同社区内的几乎每一个人介绍重要的和有潜在兴趣的新主题，提供一个动态背景；而《我的日报》就其设计意图而言，限制了人们的视野并制约了人们对新思想、新问题和新课题的接受。人们也许会发现自己生活在一

---

① 杰克·富勒：《信息时代的新闻价值观》第254－256页，新华出版社，1999年
② 沃纳·赛佛林，小詹姆斯·坦卡德：《传播理论：起源、方法与应用》第5页，中国传媒大学出版社，2006年
③ 阿尔温·托夫勒：《未来的震荡》第354－355页，四川人民出版社，1985年

个更加封闭孤立、更加分割、更加危险的世界中……①

目前学界关于《我的日报》与《我们的日报》的争论，恰恰从另一个侧面印证了上文提到的媒介个性化与社会化的关系。正如大众传播与个性化传播将并存一样，《我的日报》与《我们的日报》亦将共存。只是媒介个性化的指向将更加清晰。

（二）媒介个性化时代未来图景

个性化传播时代正在到来，而各种信息技术的创新又正在扑面而来，不断刷新我们对于个性化时代刚刚储存的记忆。在当前信息技术发展趋势的基础上，媒介未来图景或许是可以预见的。

约翰·V·帕天利克在其2005年新版《新闻业与新媒介》中进行了畅想，他这样写道：在网络电子环境中新闻报道的根本变化，一种新的新闻形式正在出现，或许最好的描述是将其称为"全景化报道"。全景化报道包括5个基本方面：1、传播形式的广泛性；2、超媒介；3、增强受众参与；4、动态化的内容；5、个性化服务。②

罗杰·菲德勒在《媒介形态变化——认识新媒介》中对未来媒介进行了大胆想象与推理。他写道，互联网和消费者在线网络将与电话和卫星、电缆电视系统合并起来，组成一个无缝的、全球电脑媒介传播服务。所有的家庭和办公室，即使在最遥远的地方，都将被接通光纤网络，直接卫星服务将变得十分平常。人际传播的电脑的中介形式可望混合声音、图像、文本和图表。为了确保隐私权，几乎所有的数字互动和交易将被加密。下一代电脑媒介通常启用个人"智能"代理器。个人代理器用来收集、分类、过滤信息和娱乐，以符合个人的要求和口味。代理器将从经验中学习，适应每个人喜好的变化……③

中国人民大学教授、博士生导师喻国明立足于网络技术发展现实的基础上，对未来媒介演进进行了推演。他认为，自媒体的崛起与去中心化，使渠道过剩，并转向对传播软实力的倚重，传播权威面临重新诠释。个性化的媒体消费与媒介使用习惯及传播规则的改变，使网络公司具有更加强大的对于极其丰富的网络资源的提纯、整合的技术能力，形成具有个性化、定制化的内容服务产品及相关的衍生产品。网络公司可以比较彻底地与传统媒体的服务内容和盈利模式划分界限，形成自己独特的个性化、智能化服务模式。今后的新媒体意味着无限的生产、无限的传播以及无限的需求。④

---

① 罗杰·菲德勒：《媒介形态变化——认识新媒介》第208页，华夏出版社，2000年
② 约翰·V·帕天利克：《新闻业与新媒介》第5页，新华出版社，2005年
③ 罗杰·菲德勒：《媒介形态变化——认识新媒介》第161页，华夏出版社，2000年
④ 喻国明：《谈谈WebX.0的社会内涵及其行动逻辑》，《新闻与传播》2008年第3期

中国传媒大学教授、博士生导师刘江认为，未来数字时代的演进很可能将是在移动多媒体的基础上，全方位利用物联传感技术、虚拟现实技术实现人与人、物与物、人与物之间无缝隙的全联网时代。在全联网时代，人机互动、人工智能将达到一个新的高度，甚至于进入一个新闻自动化生成的时代。数字时代信息技术的进步和信息采集生产消费模式将进一步满足人类的新闻信息需求，使我们距离任何人在任何时间、任何地点满足其任意需求的理想境界而更近、更近。

第三节　媒介个性化时代与传媒的蓝海战略

传统媒体长期没有互动终端，如何应对个性化挑战呢？在媒介个性化时代，传统媒体如何将核心竞争力有效延伸进入媒介个性化时代？如何回答这一问题，将决定传统媒体在未来传媒格局中的地位与作用。在未来媒介个性化时代，在格局尚未形成之前，资源禀赋的贡献已经远远让位于能力，谁能对媒介个性化时代更好地理解与领悟，谁就将占领制高点。具体到传统媒体来说，如果换一种视角，换一种思维方式，通过实施价值创新的蓝海战略，有时弱势可以变成优势，短处可以变成长处。传统媒体可以发挥其规模优势，打造无处不在、任取所需的新的互动终端，以迎接媒介个性化时代的挑战。

一、媒介个性化时代传媒价值创新必要性分析

进入数字时代以后，传媒媒体与非媒体用户的数量、种类、要求在日益增多，受众个性化需求日益强烈，而传媒传统产品结构已难以满足用户需要。另一方面，个性化媒介正在崛起。

（一）传统媒介与非媒体用户个性化需求越来越多

传统媒体为了适应受众个性化需求纷纷进行调整，综合性媒体增加细分内容，专业媒体则强化优势提供独特内容。媒体用户由此对传媒的新闻信息产品也产生个性化需求。媒体个性化需求目的在于满足各自的目标受众需求，形成差异化的市场竞争力。

随着社会经济的发展，全社会企业、机构以及个人对信息需求日益增多，非媒体用户的数量将与日俱增，大有超过媒体用户之势，而且其个性化和多样化趋势十分明显。

（二）微内容全面崛起

在宏内容方面，目前媒介竞争已经到了一个相对比较饱和的时期。而微内容的聚集和崛起则刚刚开始形成一种巨大的社会力量，它依靠着新的传播

技术、新的传播通路,把过去被我们忽略不计的那种微内容、微力量、微价值重新聚拢起来,呈现全面崛起之势,导致传播格局发生巨大变化。

1、新闻博客等微内容形成一种"竞争的真相陈述"[①]

在网络空间,来自不同信源的信息集合汇聚,在开放的空间中信息得以不断叠加、补充,被证实或被证伪,日益趋于完整、全面和立体,也渐趋于能够最大限度地接近事件的本质真实。同一时间、不同地点,同一问题、不同表述的传播模式,能够使信息的深度和广度、时效性和真实性得以日渐完善。目前新闻博客对超链接的依赖性衍生出新的知识模式,这些微内容形成一种竞争的真相陈述,从而形成一种历史的超越。[②]

在全球率先披露美国总统性丑闻的德拉吉报告是微内容崛起的标志性的事件。1998 年 1 月 17 日,被誉为"人民的记者"的美国销售员马特·德拉吉通过他的网站 www. drudegereport. com 发布克林顿总统和实习生莱温斯基有染的消息《德拉吉报告》,彻底击败所有的新闻频道、电台和纸介出版物,成为最有名的新闻媒介。德拉吉与收音机的发明者马可尼、电视的发明者贝尔德、CNN 的创办者特纳一道被法新社评为 20 世纪最有影响力的十人之一。

在中国,华南虎事件也引起了传媒业内对微内容崛起的广泛关注。2007 年 10 月 12 日,陕西省林业厅发布了被认为是猎人周正龙拍摄的华南虎照片,引起网民怀疑并引发大规模网络讨论,"挺虎派"与"打虎派"均以博客作为最重要的信息发布地。此后的一两个月时间,从披露照片瑕疵到寻访年画虎的来源,网民从被动收看新闻的角色变成事件调查的参与者,反"客"为主。由于虚拟社区有很强的参与性和互动性,社区成员在这一虚拟空间里可以对某些信息进行个人解读和评论,并补充自己掌握的信息,使社区中的信息呈滚雪球式传播,无形中延伸了信息传播的广度和深度。

由于各种力量的介入、各方信息的汇聚使炮制假虎照者由信誓旦旦到认罪伏法,由事件的扑朔迷离到真相最终水落石出。让我们回顾华南虎事件,仔细品味信息披露到真相渐显的过程,可以对微内容竞争的真相的陈述有更真切的感受。

---

① Gallo, Jason (2004) "Weblog Journalism: between infiltration and integration", in: Minnesota Blog Collective (Ed.), Into the Blogosphere: rhetoric, community, and culture of Weblogs, http://blog. lib. umn. edu/blogosphere/ Weblog_ journalism. html, accessed 1 February 2005

② Matheson, Donald and Allan, Stuart (2003) "Web*logs* and the War in Iraq: journalism for a network society?", paper presented at the Digital Dynamics Conference, Loughborough, UK, November. 转引自 Haas, 2005

案例：从华南虎事件看"竞争的真相陈述"

2007年10月12日，陕西省林业厅召开新闻发布会宣布"镇坪县发现野生华南虎"，同时公布了当地农民周正龙10月3日拍摄的两张华南虎照片，并向其颁发奖金2万元。

数小时后，质疑虎照真实性的帖子出现在色影无忌论坛，认为虎照有利用图片编辑软件Photoshop编辑制作之嫌。

10月15日，天涯社区出现了一则《陕西华南虎又是假新闻？》帖子，帖主"党指挥枪"针对老虎图片提出6点质疑，要求网友们帮忙鉴定。随后怀疑这组照片真实性的言论，陆续出现在国内各大网站论坛，甚至占据论坛的头条位置，有着很高的点击率。

10月19日，中国科学院植物研究所植物学专家傅德志在其实名博客中指出华南虎照片造假，他还于11月2日向高层递交揭露虎照造假的报告。

围绕华南虎照片真伪的争论，周正龙和以自己的专业分析质疑照片作假的中科院植物学家傅德志，都誓言以自己的脑袋担保，由此形成了分别以傅德志和陕西省林业厅宣传干部关克为代表的"倒虎派"和"挺虎派"，双方各自开设了博客，并各有自己的一帮网友支持。"倒虎派"还创建了名为"打虎英雄堂"的博客圈，而事件的最为核心的人物——拍虎者周正龙也在别人的帮助下开设了自己的博客，他们都在网上对事件的进展发布有关信息和意见。

华南虎事件引发各个专业领域的网友参与其中，运用摄影技术、植物学、动物学、拓扑学等有关知识为自己的观点和言论作支撑。一网友发帖呼吁："能否发动网友从各种书籍资料上寻找到周正龙所拍华南虎照片的原版图案？如果是翻版的，一定有原图啊！"

11月16日，一位名为攀枝花xydz的网友就发现周正龙所拍老虎与自家墙上一张《老虎卧瀑图》年画中的老虎姿态、斑纹都极为相似，他通过山东网友小鱼啵啵啵上传了老虎年画，以较为确凿的证据质疑周正龙所拍华南虎为纸老虎，使这场争论走向白热化。

一位网名叫19楼的网友则亲自到年画老虎的出版商——浙江义乌威斯特彩印厂老板包装厂厂长骆光临处采访拍摄，这段视频被央视《社会纪录》用于其12月7日播出的节目——《风景画中的老虎》中。因公益诉讼而知名的青年法律学者郝劲松也卷入其中，他选择以司法途径追查"真相"，在博客中他记录了自己的起诉过程。而国内各大网站都专门制作了关于华南虎事件的专题，如腾讯网的《华南虎新闻手册（2007）》、新华网的《"虎照事件"全程追踪》、人民网的《华南虎事件始末追踪》、新浪网的《华南虎照片疑云》、搜狐的《真假华南虎》、华商网的《华南虎口水战》，全程关注这一大众热议的事件。

网络的质疑之声有增无减，网民自发的证伪活动刺激了更多的网民加入进来，促进了事态的进一步扩大。网上的种种争论和信息，成为报纸、电视、电台的信息来源和进一步采访加工的素材，有意无意之间已经直接或间接加入了传统媒体的传播链条之中。而传统媒体在虚拟网络对真相不懈探求的影响下，也抓住了这一吸引眼球的公众事件，跟踪报道事件进展，追问事件真相。来自网络上民间舆论的呼声也引起了《人民日报》和央视《新闻调查》、《新闻三十分》、《360°》等权威媒体、品牌栏目的关注，在观望之后它们终于也参与到对此事的报道中来，发出了自己的声音。如《人民日报》发表《人民时评："华南虎事件"让谁蒙羞》，CCTV《新闻调查》则推出了很有力度的深度报道《虎照疑云》，香港的凤凰卫视和台湾的年代电视台也从各自视角报道了这一事件。

2008 年 6 月 29 日，华南虎照作假事件尘埃落定，此案涉及的十三名人员分别受到不同程度的处分。

2、拓展了新的适于表达、易于表达的"公共领域"

哈贝马斯在他的经典著作《公共领域的结构转型》中认为，公共领域指的是介乎于国家与社会（即国家所不能触及的私人或民间活动范围）之间、公民参与公共事务的地方。它首先指我们社会生活中的一个领域，某种接近于公众舆论的东西能够在其中形成、向所有公民开放这一点得到了保障。哈贝马斯这样描述这个公共领域的特征："意见不再受经济条件的限制，它让人们看到，交谈和争论如何完美地融合，无关紧要的事情（去哪里旅游和怎样去）与重要的事情（戏剧和政治）一样受到认真对待而且穿插进行。"[①] 比利时布鲁塞尔自由大学媒介社会学中心主任汉斯·韦斯特拉滕教授更加重视公共领域理论在当代社会情境下的现实意义。他认为，哈氏的公共领域概念是以如下要素为基础的：公共领域需要这样一个论坛，它对尽可能众多的人开放，可以在其间表达和交流多种多样的社会经验；在公共领域中，各种论点和意见可以通过理性的讨论来展开交锋；系统地和批判性地检验政府的政策是这种公众领域的首要任务。[②]

按照上述逻辑来推理，博客、论坛等微内容崛起不仅在实践上脱颖而出，也成为理论研究者谈及"公共领域"的一个重要例证。各种网络论坛正在成为一种自由而富于理性的民意表达场所，这里所形成的意见正在对社会产生

---

① 奥利弗·博伊德－巴雷特、克里斯·纽博尔德：《媒介研究的进路》第 293－294 页，新华出版社，2004 年版

② 展江：《哈贝马斯的"公共领域"理论与传媒》，《中国青年政治学院学报》，2002 年第 2 期

直接的影响。比如，人民网强国论坛、新华网发展论坛因其开放的、批判性的、多元意见交汇的"观点的自由市场"，成为"虚拟空间的公共领域"、"现代民间舆论场"。这种变化在现阶段反映了论坛在人们心目中的价值，而在未来则代表了人们对网络媒体的一种理想。

中国人民大学教授彭兰认为，哈贝马斯认为要成为理想的公共领域，应该相应地具备一种理想的商谈环境。而在实践中看，虽然与一般论坛相比，强国论坛的交流氛围更为理性，但是它仍然没有达到"理想的商谈环境"的境界。这里面的限制性因素很多，例如管理者的干预、论坛中"意见领袖"或强势话语者的影响、非理性情绪的相互传染、从众心理的干扰等。但是，有了这样一种公共话语空间的存在，人们关心社会生活的热情将得到鼓励，人们积极独立思考的习惯也会逐渐培养起来。而作为一个公共话语空间，强国论坛还有一个重要作用，那就是它可以将弱小的个体的声音汇聚成强大的集体的声音，使之广为传播，尽管这种汇聚并不一定在所有情况下都是理性的或建设性的。[①]

在 2008 年"5·12"汶川地震中，凭借即时、互动、全方位、多触点传播与多媒体呈现等技术优势以及庞大的用户基础，微内容在媒体新格局中后来居上，同时为网络公共空间的作用作了另一种诠释。比如，从 IM 工具弹出窗口发出第一条地震消息，阿坝藏族羌族自治州政府在震后通讯不畅的情况下，从互联网上发出的求援信息。四川烹饪高等专科学校一名二年级学生在 QQ 群中首发的帖文"有个地方特别适合空降"，被众多论坛、博客转载，最终为空军救灾行动提供了有力帮助……新华网对此评论说，"在此次抗震救灾的报道中，IM 网络媒体利用交互性的优势，成为了发布最新消息的平台，为救援行动提供了前所未有的帮助"。[②]

2008 年 10 月 29 日，深圳海事局党组书记林嘉祥涉嫌在酒楼公然猥亵一名为其指路的 11 岁少女。林嘉祥绝没有想到这一事件引发了网络舆论哗然，从人肉搜索到评论抨击，从论坛声讨到博客谴责，在短短的时间内林嘉祥身败名裂。正如网友"策马入林"在自己的博客中所说："每个人都是一羽话语蝴蝶，同频共振即可掀起舆论风暴。而互联网给了每个人一只麦克风，每个人都可以成为记者、作家、新闻发言人，蝴蝶又有了麦克风，更容易形成话语声浪、文化波涛。"[③]

3、微内容领域已经成为可以左右舆论的重要战略市场

---

① 彭兰：《强国论坛的多重启示》，人民网传媒频道，2004 年 4 月 26 日
② 《感受时代脉动 网民打造 Web2.0 时代"我媒体"》，大洋网，2009 年 1 月 5 日
③ 策马入林：《一亿人做一件事》，新浪博客"策马入林见风致"，2008 年 10 月 20 日

以往中国网民对自己的定位以及大众对网民的定位，基本上都是"非主流"，各种网络恶搞事件与"芙蓉姐姐"之类网络人物都是佐证。但近期中国网民的表现明显有了改变，由分享向怀疑转变，由非主流向主流靠拢。这种靠拢体现在网络上的"议程设置"，网民们现在比以往更积极地关注一些更为严肃的社会"主流问题"。以前不屑于在网络上发表言论的传统意见领袖，他们也逐渐发现网络是个很好的平台，并将自己的舆论阵地转移到网络上来，网络整体上呈现出由非主流向主流演化的倾向，微内容领域已经成为可以左右舆论的重要战略市场。

中国网民反对拉萨"3·14"事件中的表现鲜明地体现了由非主流向主流的靠拢。在这一次事件中，中国人数众多的网民旗帜鲜明地和政府站在同一阵线中，进行了一种自我证明，自我超越和救赎，同时也让人们意识到微内容已经开始在全球话语权竞争的新较量中开始崛起。2008 年 3 月 14 日藏独分子挑起严重暴力事件后，一些西方媒体进行歪曲或不实报道，但随后中国网民举行反藏独大签名、自建 anti – CNN 网站，网友自发 MSN 红心"爱中国"签名等活动。一位 23 岁的青年饶谨于 3 月 20 日开通了一个域名为 anti-cnn. com（反 CNN）的个人网站，标题为："西藏真相：西方媒体污蔑中国报道全记录"。在揭露某些西方媒体歪曲报道中，在国内实名博客博联社里，博友鲍昆的《我对这次拉萨骚乱和西方媒体报道的看法》、博友储献珠的《认清一些西方媒体卑鄙无耻的嘴脸》、博友王哲男的《没有僧人的拉萨街头》等很多文章都被推到了首页显著位置。网名"情缘黄金少"的加拿大华裔青年做的一段视频《西藏过去现在将来永远是中国的一部分》在网上被广为传播，每天浏览量达几十万，评论上万条，引起了西方社会的巨大反响。4 月 18 日，英国路透社中文网刊登的一篇文章写道：中国人"需要意识到的是：你们已经成功了。由于你们在互联网上发表的大量言论，以及越来越多热心的外国博客们乐此不疲地把你们的言论翻译成外文，与全世界分享，西方世界这次空前地了解了中国人的想法。"①

---

① 包立德：《"反 CNN"与"反反 CNN"》，载英国路透社中文网，2008 年 4 月 18 日

图 6-1　CNN 主持人卡弗蒂在主持节目时激怒中国网民

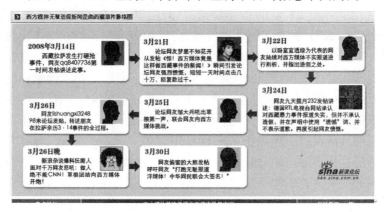

图 6-2　新浪锐话题网页截图：做人不能 CNN，网民团结向西方媒体开炮
http：//bbs. sina. com. cn/zt/w/08/attackcnn/

（三）个性化媒体新型营销模式已初露端倪

并非所有人都看好 Web2.0 之后的个性化媒介。百度董事长兼 CEO 李彦宏曾在 2006 年 9 月召开的互联网大会 "2006 国际互联网高层峰会" 上表示，非常火的所谓 Web2.0，太多的风险投资投进来，这个情形跟 1999 年与 2000 年初的网络泡沫有类似之处。李彦宏说，Web2.0 的挑战在于没有商业模式，泡沫破灭只是时间问题。①

也许李彦宏的观点只是一家之言，时至今日，也许李彦宏的看法可能会

① 搜狐 IT 频道，2006 年 9 月 21 日，http：//it. sohu. com/20060921/n245467150. shtml

有一些改变。今后将是个性化媒介真正崛起的时代。但正如李彦宏所指出的一样，个性化媒介成长的关键在于寻找到切合其自身特点的成熟的商业模式。目前来看，个性化媒介的商业模式已初露端倪，今后将更加趋于完善。

1、博客营销模式

从流量和更新数量上，博客已经成为新浪最大的频道。网站流量评估机构 Alexa. com 公布的数据显示，新浪名人博客的访问量已经超过了财经和新闻，位居第一，而搜狐博客频道流量也位居第二，博客已经成为网民舆论潮流的"意见领袖"和"信息播种机"。

博客已经成为互联网最新鲜的内容源泉，其影响力丝毫不亚于传统媒介，同时已经成为各门户网站的重要流量来源。但相对而言，大多数博客写作者只是赚到了名声，并没有多少人直接在博客上拿到广告分成。博客依然在是流量转化为商业价值比较低的一个频道，其商业价值并未得到充分挖掘，但这同时也意味着无限广阔的新空间。当用户上网浏览习惯越来越碎片化时，一个博客的力量是有限的，但如果借助跨平台的优势，将大量专注于同一个领域的博客聚合在一起，就会形成强大的口碑影响力和关注度。利用博客来打广告和营销，抓住的是市场上的长尾效益。

比如，利用博客的影响力，有的博客每个月的收入可以达到几十万的收入水平。徐静蕾曾经创造的全球博客累计浏览量之最，她依靠写博客获取了不菲的利益——在 2006 年她的博客极度走红之后，包括 AMD、索尼爱立信、智联招聘，大笔的广告订单都看中了她的网络身份。一些财经博客通过隐晦并不直接的商业模式与鲜明的唱多与唱空股市，也可以实现收益。腾讯更是凭借 QQ 空间和点卡充值等手段，直接从博客空间运营上赚到了不菲的现金收益。

博客营销案例一： Stormhoek **葡萄酒博客营销**

Stormhoek 是英国一家小葡萄酒厂家，它的产品号称是最好的新西兰酿酒技术和最佳的南非葡萄的结合。但 Stormhoek 没有钱投放广告，于是他们想到了一种独特的营销方式：2005 年 6 月，他们给一些博客作者们免费送去了大约 100 瓶葡萄酒。收到酒的博客作者们纷纷在自己的博客上撰文谈及此事，以及品尝酒后的感受。参与讨论的包括伦敦皇家学院的天体物理学家安德鲁亚弗博士和微软的技术专家罗伯特·斯考伯。

因为厂家选择的这些博客作者本身有相当的影响力，而且博客与博客之间又有大量的链接与互访，他们之间的交流又辐射到更多的博客群体，在不到一年的时间里，这家酒厂的葡萄酒销量迅速大增。据 Stormhoek 统计，在这两个月中，有 30 万人通过 Blog 开始知道这家公司。有一篇新闻报道说微软公司在伦敦举办的一次"怪才聚餐"中点名要求提供这个酒，Stormhoek 已经成为所谓"伦敦数码人"的首选葡萄酒。

博客营销案例二：博客写作植入广告式营销

庄雅婷可算是最新一轮的博客致富者，她正在连载撰写的小说《阿尔法女郎》，计划写15万字，以连载章节的方式贴在博客上，背后则是拿千字500元的稿费。支付稿费的博客服务提供商只有一个要求，将众多化妆品品牌植入到小说中，包括夏依、欧莱雅、美宝莲，甚至还拉来了香港海港城、威尔士健身会所、代官山等地产赞助，总额度超过百万元。

博客营销案例三：阿里妈妈博客广告联盟式营销

阿里妈妈（www. alimama. com. cn）推出了全国联播产品，使其从原本广告 C2C 平台转变成 B2C 平台。与原本的 C2C 广告自由交易平台不同，转变成 B2C 平台的阿里妈妈主导了所有交易环节，将不仅是一个平台提供商，并且成了服务提供商。阿里妈妈通过合作、买断等形式，聚合大量的 C 类网站流量，推给广告主做品牌广告，而在这其中，相当一部分的都是个人博客站点。

阿里妈妈的博客营销服务以硬广告的投放为主。对于那些在平台上自主交易的博客广告，阿里妈妈将不会收取任何费用。但如果是阿里妈妈买断或者租赁的博客广告位，阿里妈妈会与博主分成，按照广告交易额收取比例大约百分之二十的费用。收费模式有按照点击付费（CPC）、按照流量付费、按照广告位租用时长付费等。

在评估博客价值方面，大多数博客广告联盟和代理商选择的做法是首先跟第三方专业评估机构合作。比如，阿里妈妈已经跟市场调研公司艾森尼尔森合作，对网民行为分析、网民本身特点、网民年龄、性别、兴趣爱好、在网站行为消费、忠实度等一些综合指标来评价博客的价值。除此之外，阿里妈妈会自己做一些评估。

2、视频播客网站赢利模式

视频播客网站以互联网为平台，聚合视频和音频两种传播形式，面向跨国界的海量受众，在未来数字化传播格局中将扮演举足轻重的角色。

目前，视频播客内容和服务比较有名的国际站点包括：YouTube、MySpace、Yahoo、微软 MSN、Google、Video 和 AOL。其中盈利最稳定、市场份额最高的是美国的 Youtube，其盈利模式也是众多视频播客网站模仿的对象。最新的统计数据表明，YouTube 已占据美国多媒体市场29%的份额；其次是 MySpace 占19%，而 Yahoo、微软 MSN、Google、Video 和 AOL，每家仅占到3% –5%。YouTube 成立于2005年底，该网站由用户上传自制的短片（喜剧为主），并向公众免费开放。我国视频播客网站的发展几乎与世界同步。2005年4月，我国最早的视频播客网站"土豆网"上线，此后的一年半时间内，国内类似的网站飞速发展，目前有大小网站150家左右。

尽管视频播客网站来势凶猛，但其盈利模式却都还处在探索阶段。各家网站都还在深入挖掘优势或者努力培育特色，以此为基础来制定战略。盈利模式多元化，是视频播客网站的共同特点。

视频播客网站盈利模式案例一："赞助商频道"

"赞助商频道"是 YouTube 新推出的一个赚钱项目，与给普通用户免费空间不同，这个项目为一些品牌广告商提供一个内容推广的专门频道，以此来收取频道费用。当然，这些品牌广告商也可以像普通用户一样免费上传产品宣传视频，但用这种方式传播的信息很可能被淹没，达不到营销效果。"赞助商频道"项目主要吸引的是那些需要直达消费者的品牌广告商。希尔顿酒店女继承人帕里斯·希尔顿就同 YouTube 签署了一项协议，她将在 YouTube 上拥有一个专用频道播放她的 MTV 和幕后花絮，以促进其音乐事业。

国内视频播客网站 Mofile 也已经开始"赞助商频道"的商业测试，目前 Mofile 的"赞助商频道"已有美国艺电（EA）、"洋腔洋调美语网"和"信乐团经济公司"三家合作公司，用户已可以在 Mofile 的"赞助商频道"上看到"talk da talk"（英文学习节目）和信乐团近日上海演唱会的视频内容。

视频播客网站盈利模式案例二：贴片广告

在"赞助商频道"出现以前，视频播客界广泛讨论的另一商业模式是"贴片广告"。其运营模式为：网站将品牌广告商提供的视频广告置入到原创视频播客的前端或后端，广告商根据该视频播客内容的浏览情况支付相应的广告费用。

贴片广告的模式具有很多优势：具有与电视广告相同的视觉冲击力、广告浏览具有强制性、可按点击量实现广告追踪和统计。目前困扰贴片广告的最大问题，是视频播客内容中的某些背景歌曲和音像素材可能牵涉其它作品的版权，对其进行商业操作可能引发法律纠纷。正是这个原因，使得贴片广告这种盈利模式还没能大量普及。据业内人士介绍，YouTube 之所以还没有开始"贴片广告"，很大程度也是因为 YouTube 上来自盗版电影的视频内容越来越多。但 YouTube 正在开发自身的广告系统以求未来能带给公司更多利益，如通过战略合作伙伴关系给电视节目商推广节目。2006 年 8 月，YouTube 就与美国电视网 NBC 接洽了一系列合作计划，通过为 NBC 推广节目拓展自身广告系统。

2006 年 3 月 15 日，土豆网进行首轮"贴片广告"测试。这轮测试吸引了拜耳药业、eBay 易趣、youxi. cn 和东风起亚汽车等广告商。测试中，为保护原创视频播客的利益，土豆网规定：一，视频播客可以自己选择是否插入广告，也可以剔除不喜欢的广告类型，如"烟酒类广告"等；二，视频播客的分成方式与 Google "广告联盟"（Google Adsense）相似，用户每点击一次浏览，他们将获得一分钱收入，当其账户达到 100 元时，就可以向土豆网支取广告收入。

视频播客网站盈利模式案例三："广告联盟"分成

目前 YouTube 的最大利润来源是 Google "广告联盟"分成。有业内人士猜测，因为 YouTube 浏览量巨大，假以时日，也可能与 Myspace 一样，反过来向 Google 索求独家广告栏投放权。早在 2006 年 8 月，因为拥有巨大浏览量，Myspace 已经获得由 Google 付出的四年高达 9 亿美金的 "Google Adsense" 独家广告栏投放权。

视频播客网站盈利模式案例四：线上线下结合

与传统媒体的线下合作已成为视频播客网站相对稳定的利润来源，但这仍局限在有一定实力和资源的视频播客网站。今年初转型为视频播客站点的 "网友天下"，就已与 57 个广播电台开始了合作，无线收入也已成为 "网友天下" 的主要收入来源。而 Mofile 则在探索另一形式的线下盈利模式：他们计划把上海南京路上的 '淘宝城' 直接搬到网上。届时，所有用户都可通过网络查看该商城各商铺的信息，网站则将从中赢利。

目前来看，报社、通讯社等传统媒体网络视频刚刚起步，无论节目内容、网站建设、还是受众培育都还不健全，距离收费乃至盈利还有相当长的路程。虽然 "赞助商频道" 和贴片广告这两种盈利模式比较适合播客网络视频的发展，但是，"赞助商频道" 模式最大的难题在于寻找到赞助商，贴片广告模式最大的难题在于内容中非原创部分的版权问题。

二、媒介个性化时代传媒服务延伸的可行性分析

当人们普遍关心工业化生产是否会由于其规模化、标准化而抹杀个性时，未来学家托夫勒却意识到，超工业化革命实际上带来了生活方式的高度多样化。传媒越来越呈现出分众传播、个性化传播的特征。

另外，传媒产业不同于一般行业的独特地位造就独特品牌，在国内外具有相当大的舆论影响力，形成了被广泛认同的品牌形象。依托这种长期以来形成的品牌，传统媒体在向微内容领域拓展具有一定的优势。

（一）新闻信息产品种类丰富可为各类用户和受众提供完善服务

除了整合全球信息的各类门户网站以我，在各类传统媒体中，号称消息总汇、信息总汇的世界性通讯社在满足世界各地、各种类型的用户和受众新闻信息需求方面首屈一指。美联、路透、法新、新华等传媒提供的产品和服务具有以下特点：其一，多形态：提供的产品包括文字新闻、图片、图表、音频、视频、网络新闻、手机信息、经济信息、数据库等；其二，多语种：至少用 6 种以上的语言文字发稿；其三，多品种：根据不同用户需要设置不同内容结构的产品；如发稿线路，可有不同的地区专线、语文专线和内容专

线；其四，大容量：新闻信息发稿量大，可以满足用户和受众的各类信息需求。以路透社为例，路透社共使用 19 种语言发稿向全球 209 个国家播发实时新闻，平均每天文字稿件约 800 万字，有约 1300 张图片，有视频内容 250 条。此外，路透集团财经产品有路透 Xtra 家族产品、路透商人家族产品、路透知识家族产品、路透财富经营者家族产品等。路透企业产品有数据包产品、市场数据系统、企业信息产品、风险管理产品。

（二）全面进入新媒体领域可直接覆盖并服务广大终端受众

随着信息传播技术的不断进步，互联网、手机、数字电视等新媒体发展十分迅猛。新媒体的发展，不但改变了新闻信息的传播方式以及传媒业的整体格局，而且改变了广大受众接收、获取和使用新闻信息的习惯，对人类社会各个领域产生了广泛而深远的影响。新媒体已经成为影响世界舆论和人类生活的极其重要、直接的媒体形态。传媒要积极影响世界舆论，就必须具有全面进入新媒体领域的能力，直接覆盖并服务广大的受众。而正如上文所述，近年来，路透、美联、法新、新华、CNN、BBC 等传媒都不约而同地加大了进军新媒体领域的步伐，并积极开始了战略转型，已经具有全面进入新媒体领域的能力，直接覆盖并服务广大终端受众。上文已经详细论述，这里不作赘述。

三、媒介个性化时代与传媒蓝海战略

综上所述，传媒在媒介个性化时代通过实施蓝海战略进行价值创新多点产出有其必要性，具有一定的可行性。前提是传媒建立无处不在的媒介网络直达用户终端，延伸其规模优势，为用户提供丰富的、能够各取所需的选择。

正因如此，报社和通讯社等传统媒体必须建立通达受众的渠道，而且这些渠道应该是全天候、无缝链接的。这就要在多媒体报刊、移动新媒体、电子阅览器和户外显示屏等渠道上下功夫。另外，如何把传媒新闻信息产品的优势资源挖掘出来，形成现实的优势能力，仍然需要进一步深入探讨。

笔者设想，未来媒介个性化时代应该分别在生产方式、消费方式、组织形式、商业模式等几个方面加快进行价值创新，抢占媒介个性化时代的制高点，形成一种适应媒介个性化时代的信息服务的商业模式。

（一）个性化信息的聚合与维基协作式生产

1、个性化信息的聚合

在互联网时代之前，"微内容"就存在，但那时只是作为私内容而存在。但是，当 Google、百度等有效的搜索聚合工具出现以后，互联网所具有的互连互通、海量存储和相关链接等等特性，一下子把这种原本微不足道的离散的价值聚拢起来，让这些私内容真正进入公共话语空间，形成一种强大的话语力量和丰富的价值表达。通过这种个性化信息的聚合，生产者与消费者身份合一，内容多为原创，具有个性化，生产者的增加极大满足并激发了消费者的个性化需求。但是，如何汇聚这些个性化终端的生产，尚需要创建一种适应新媒体环境的平等协商的对话机制。

目前一些前沿网站已摸索出了"RSS 聚合 + 搜索定制聚合 + 个性化平台"的模式，加强用户对信息获取的便捷和高效。如雅蛙创新的 WidgetRank 的聚合技术和算法，能够自动有效的分析、抓取和聚合任何博客、论坛、网站等 RSS 地址，通过关键字的搜索可以在海量信息中找到消费者想要的信息，同时消费者可以聚合、定制这样的信息并按照自己自由选择的阅读方式呈现，成为消费者阅读新闻、博客的个性化的重要平台。

2、维基协作式生产与公民新闻

在蓝海战略和长尾理论之后，维基经济成为当今经济和互联网界的热门思想之一。在 2008 年新出版的《维基经济学》中，该书作者唐·泰普斯科特和安东尼·威廉姆斯提出，目前最具颠覆性的技术就是大规模协作，两人援引在互联网上广为流行的维基软件，将由此衍生的"投入和共同创造"的经济命名为"维基经济学"。维基思想的诞生让世界进入一个全新的商业时代——创意来自于所有人，并由所有人共同完成，这给数字出版的启示在于传统的内容生产方式将可能发生革命性的变化。在商业中，也许从来没有比今天更激动人心、也更加危险的时候。因为稳定消失了。创造一家永远不会被技术所颠覆的企业的想法行不通了。目前维基百科、一起写网（www.17xie.com）、译言网（www.yeeyan.com）为代表的维基协同创作、协同翻译平台的异军突起，也从一个侧面体现出维基协作的强大力量，维基创作有望成为数字化时代内容生产的下一个制高点。

作为新闻信息生产来讲，维基协作即"公民新闻"的生产与发布。目前非专业新闻工作者开始传播大量信息，他们或者是不同主题和地区的新闻撰稿人，或者是有幸在现场见证新闻事件的人，或者是一些临时投稿者都可以参与新闻信息的生产与加工。这对专业新闻工作者而言，是一个挑战，但同时也可以丰富内容资讯来源，甚至可以看做是迎接新技术挑战，把草根形式和思想当成对自己革命的一次良机。

3、移动信息发布

20 世纪 80 年代末和 90 年代初，SNG（卫星新闻采集系统）开始得到运用，带动了现场直播这一远程即时声画传播新形态的出现，后来的 DSNG 使这一系统更加如虎添翼。由于 SNG 和 DSNG 能使采拍、编辑、播出同步合一，而且因为小型化和机动性强，可以深入到绝大多数的新闻现场，可以适应各种恶劣的现场环境，不像传统微波、电缆传输技术会受到地域、天气、城市高楼等条件的制约，能够实现在现场对新闻事件第一时间、"零时差"地进行直播和信号传输，从而为新闻直播的常态化发展提供了必要的技术物质准备。

诺基亚研究中心与路透社长期合作研发新媒体，其对外宣布的首个项目正是新型移动媒体。根据双方共同致力的这项移动媒体计划，可转变记者归档新闻报道的方式，即便是在最偏远的地区，依靠这个归档、发布文章所需的小型工具包，应用这个移动媒体便能够帮助记者完成整个报道，包括发表文章、照片、音频和视频报道。最后还能归档编辑以发布给公众。整个过程，记者无需离开新闻现场进行，并能够确保读者和观众们得到最新的高质量新闻报道。可以预见，在今后传感物联网的基础上，这一移动信息发布模式与公民新闻的运作模式相结合，可以打造一个真正实时互动的新闻信息传播网。

（二）个性化信息生产与消费 信息与服务结合更加紧密

1、个性化定制信息

人工智能被誉为计算机发展史上的下一座里程碑。随着人工智能技术的进一步发展，必将对内容的生产形式产生影响，使得基于消费者需求的个性化内容成为可能。个性化和定制式特征带来了一对一的精准传播。以网络和手机为代表的新媒体有着锁定目标精确性和信息抵达高效性的优势，大大减少了传播对象的不确定，它使模糊的大众传播与小众传播群体更加细化，信息服务更加丰富多彩。比如，亚马逊网会记录读者购买过的图书，并通过人工智能向读者推荐他可能喜欢的图书，亚马逊还会为某位读者提供可能与他兴趣相仿的人购买的图书。

2、信息与服务融合越来越紧密

产业融合的加剧将使得内容产业与IT业、电信业、互联网业的边界越来越模糊，这也意味着信息内容和技术、服务之间变得越来越紧密。目前，通过网络互动平台，电子商务、电子政务、远程医疗、远程教育等形式，信息与服务联系已经密不可分。而今后通过这个媒体平台，生产者不仅是向消费者提供信息，还可以向消费者直接提供无缝服务，更提供一揽子信息服务解决方案。

3、信息生产与消费结合越来越紧密

在个性化时代，媒体的信道功能得到了无限放大，信息的一端是专业机构和草根混合型的全民产生的内容生产方式，另一端是精准化的个性定制信息消费方式。媒体的功能就是将"全民生产"的信息最大效度地满足每个民

众个性化定制的消费需求。

图6-3　个性化的信息生产与消费模式

理查德·坡设想了一种未来所谓"黑盒"的雏形："第四波革命就是一个黑盒——内部结构非常复杂，外表却很简单"，体现出了后互联网时代，用户操作十分方便，然而背后的工艺却耗费大量人力物力，异常艰辛。而这个黑盒最后到底将是什么模样，传统媒体有必要紧密跟踪这些个性化技术的前进趋势。传统媒体的战略转型一定是传播者个性化的转型，全媒体的转型，媒介个性化的转型。

媒介发展到最后可能就是现在研究的最前沿——全息技术，它能通过模拟现实世界的每个细节，对人的感官全面包裹，进而达到虚拟世界的极致，是虚拟世界与现实世界融为一体，而人在多维世界中存在与发展。新媒体的Living特征将更加突出。新媒体报道是现在进行时的，新媒体是有生命的。新媒体的报道和后面的跟帖组成了一个报道的整体，是互动的，有产生、发展、高潮与结束的整个过程。

（三）以人为本的扁平化管理 协作开放的商业模式

我们在组织管理转型章节中提到，以往社会与企业的运作都是靠严格层级制来组织的。进入数字时代，虽然层级制没有消失，但是技术特性、人口特征和全球经济的深刻变化产生了社区、协作和自发组织，而不以层级和控制为基础的强有力的新生产模型。正如上文所述，今后消费者不仅仅是消费最终产品，而且通过重新创造产品和服务而成为"生产兼消费者"。组织大规模协作是一种机制与利益，这种新的组织方式最终将替代传统的公司组织成为国家财富创造的主要动力。媒介个性化时代的管理是人本管理，甚至将管理扁平化到每一个人。这将是个性化管理的新境界。

媒介个性化时代，新闻传播的价值诉求将发生两大转型：资讯提供——构建保障社会安全的"网"；意见表达——构建活跃的公共话语平台。自Web2.0时代以后，MySpace、InnoCentive、Second Life、Youtobe这样的网站组织利用大规模协作为参加者创造实际价值，宝马、波音、宝洁这样的传统公司通过这种模式采用协作和自发组织作为新的力量来降低成本、加速创新，同顾客和搭档们共同生产产品、提供服务。笔者预计，随着网络后台技术又一次向用户端转移，它将赋予一个有创意的个人以强大的资源聚合能力和社会服务功能。到了那个时代，"全民出版"与维基协作将风行天下。在这种协作的商业环境模式下，独到的、稀缺的、且又合乎人们需要的创意将成为最可宝贵的资源，其重要性将大大超过资本与企业规模——因为有了创意，个人都可以借助强大的网络工具，足以与一个规模化的机构的运作相媲美、相抗衡。

《数字化生存》的译者胡泳认为，向外看，而不仅仅是向内看，这将是一场管理与商业思维上的大跃进。或许，我们可以说，这是自 20 世纪早期通用汽车发明公司概念以来最大的跃迁。在未来信息与知识管理时代，维基协作式生产更有可能搜集到有价值的创意。因为生产与消费合作可以使消费者积极、持续地参与产品的创造，而那些注意发掘消费者洞察力的公司将能够获得竞争优势，维基模式就是通过驾驭协作，不仅在公司内部而且从公司外面去寻找战略方向和充满智慧的创意，以获取更强竞争力。

第七章　数字时代传媒战略转型风险控制

传统媒体战略转型的动因来自于数字化带来的机遇与挑战，亦来自于其自身全球化拓展的需要。无论是因为数字化还是全球化带来的变化，当传统媒体实施战略转型时，都因为公司原有的发展模式已经遇到了瓶颈，不转型就会被日新月异的外部世界发展抛在身后，就会被压制在一个日益狭小的生存空间中难以获得进一步的成长，直至沉沦。但我们仍然要看到，很多企业在实施战略转型后，结局却截然不同。有的转型后如"凤凰涅槃"获得新生，有的则转型缓慢，最后淡出人们视线。

战略转型并不等于一定成功，相反战略转型作为企业发展战略的全面调整，反而可能是其发展过程中的惊险一跃。对于规模庞大的传统媒体而言，同样存在诸多的战略风险。不管是宏观上的判断失误，还是具体执行过程中出现偏差，其后果往往都是致命的。导致企业转型失败的原因很多，可能在于企业对市场发展趋势把握不准确；可能在于企业对于内部优劣势的分析不透彻，配套的措施跟不上；也可能在于对战略执行得不坚决，具体方案制定错误等等。

当我们置身于"不确定时代"，有众多难以预料的变化给企业造成前所未有的困难。我们需要对未来的不确定性带来的战略风险进行防范与控制，在转型的过程中进行有效的风险管理显得尤其重要。

第一节　战略转型过程中的风险分析与防范

风险系统管理，首先需要对风险来源进行分析。从传统媒体实施转型战略的具体情况来看，风险主要体现为战略决策风险与战略执行风险。

一、战略决策风险

（一）转型方向决策风险

数字时代传统媒体战略转型面临很大的决策风险。以通讯社为例，通讯社战略转型面临三大战略取向：其一，向新媒体供稿。像应对报纸时代出现广播、广播时代出现电视一样，根据媒介的社会化分工原则，积极发展面向新媒体形式的供稿业务。在当前阶段，通讯社普遍加强了对网络与手机等新媒体的供稿，特别是加强对网络视频的发展，延伸了通讯社的业务范围，发现了新的市场；其二，在新媒体平台运营。加入传统媒体战略转型进程，基于网络平台运作，直接向全媒体方向拓展。其三，向新媒体供稿与向新媒体平台运营转型，两者兼而有之，并行不悖。但是，如果我们仔细分析通讯社向新媒体供稿与向新媒体平台运营转型的过程，我们会发现这两极化的发展方向有互相矛盾之处。一方面，通讯社作为为媒体供稿服务的大众传播的工具，它应尽量减少稿件雷同，减少与供稿媒体的竞争；而另一方面，通讯社在直达用户终端方面有过多种途径与尝试，比如自办报刊媒体，在电视台创办栏目，通过网络和以前的服务对象在同一起跑线竞争。通讯社多媒体化，媒体通讯社化，通讯社向全媒体化方向发展，与现有媒体构成严重的竞争关系。一方面通讯社越过媒体直接服务受众，另一方面媒体不断扩大信息采集范围，越过通讯社直接进行信息交换，同时网络媒体对通讯社中介对位形成冲击，对通讯社发布时效构成挑战。，通讯社战略转型最大的风险亦在于此。通讯社顺利战略转型当然一切好说，但如果战略转型不成功，可能面临邯郸学步的危险，即全媒体战略转型之后在新的媒体格局中没有竞争力，而通讯社原有的新闻信息供稿业务市场又丢掉了。

实际上，在市场发育最早、最完全、竞争最充分的财经、娱乐、体育等领域，通讯社的供稿职能正在受到削弱，在娱乐报道方面尤其明显，即使在通讯社占优的财经资讯领域，通讯社的市场份额也在下降，这一点从雨后春笋般成长起来并不断扩大影响力的财经报纸、财经电视栏目、频道就可略见一斑，一方面财经报道范围扩大，而另一方面通讯社的财经报道的相对市场份额大大缩小了。

和通讯社一样，在数字化媒介演进的趋势面前，报纸、广播、电视等传统媒体的战略转型亦面临诸多战略风险。但是，不转型很有可能处于更加尴尬的境地。

（二）核心竞争力理解出现重大失误导致决策失误

战略转型要遵循核心竞争力扩张原则。自核心竞争力理论诞生以来，经历了一个重大的变化，即自然禀赋资源贡献率下降，竞争优势从资源上升到能力。在数字化与全球化时代，核心竞争力就是整合全球各要素的能力，在于对数字媒介核心理念的理解与感悟。

但是，对于数字媒介的理解与感悟显然存在高下之分，对于核心竞争力的理解千差万别，很多决策者对于数字时代传媒核心竞争力理解不到位，可能由此导致企业在战略转型中犯下刻舟求剑或者激进冒进的各种错误，导致企业出现重大战略失误。对全球化与数字化的理解不到位，在战略方向上就可能出现选择失误或过于追求宽泛的多元化，从而严重干扰传媒核心业务和主攻方向，甚至可能导致战略转型可能出现重大失误。

比如，密纹唱片和留声机曾经风靡一时，但现在它们已经难觅踪迹；人们曾经对录音机产生过依赖，但它们如今同样早已被取代；20 世纪末 CD 刚培养完人们的阅读习惯，MP3、MP4 又身影闪动。在飞速发展频繁更新的新技术新媒体浪潮面前，印刷时代虽然并非简单的终结，但传统媒体、特别是报纸的未来不容乐观却是事实，国外有专家甚至预测报纸将在 2040 年消亡。未来未必尽然，然而与新传播方式、新受众信息需求格格不入的传统新闻机构及媒体必然为受众所放弃。可以预见，数字时代开启，将有一个相当长的纸质与电子、印刷与数字化共生的过渡时期。在过渡时期，传统出版与数字出版复杂的冲突、博弈和共生考验着出版人的商业洞察力、战略决断力、技术行动力。这是一道产业转身的"斜坡"，目前尚无法预言斜坡有多长，斜坡有多斜。①

（三）战略决策者知识结构缺陷导致决策失误

美国管理学家罗伯特·卡茨将管理者的能力划分为三个方面，即技术能力（战术能力）、人际关系能力（社会能力）和思维能力（战略能力）。技术能力可看成操作能力，人际关系能力涉及媒介管理者与所接触的人之间的关系，可看做一个人与他人共事，共同完成工作任务的能力，包括领导、激励、排解纠纷和培植团队协作精神等。所谓思维能力包括将媒介组织看做是一个整体，洞察内外环境之间的关系，以及正确理解整个媒介的各个部分。不同管理层次对能力要求的百分比是有差别的，人际关系能力对管理层均很重要，但随着管理层次上升，技术能力在能力中所占百分比急剧下降，而思维能力（战略能力）却急剧上升。对媒介高层管理者来说，最重要的活动和技能是进行媒介战略管理。②

但是，由于信息内容产业的文化产品特性，在大众传媒业，媒介管理与运营市场化的企业有相当大的距离，各层管理人员往往出身业务干部，普遍缺乏

① 陈昕：《美国数字出版考察报告》第 4 页，上海人民出版社，2008 年
② 邵培仁、陈兵：《媒介战略管理》第 6—7 页，复旦大学出版社，2003 年

战略管理思维能力。由于数字时代技术发展在媒介整体运营中占有不可或缺的地位，因此对战略决策者的技术素质也提出了很高的要求。在这一背景之下，战略决策往往隐藏着由于决策者知识缺陷而造成的战略风险。在这一发展过程中，不同的媒介必须认清自己所独具的优势，任何模棱两可和盲目跟风都会使媒介战略的评价与选择产生偏差，进而使媒介战略管理陷入困境。

二、战略执行风险

（一）市场经营风险

目前世界信息市场竞争渐趋激烈。由于跨国界竞争导致政府监管的缺位以及政策法规的不一，特别是新闻数字版权问题没有统一的说法，信息市场的无序竞争和恶性竞争愈演愈烈。在这样的情况下，遏止传统业务快速下滑的势头，保持收入的增长，巩固传统媒体在整个市场中的地位，为战略转型创造有利的外部条件，对传统媒体来说是一个非常艰巨的任务。

在战略转型过程中，传统媒体还将涉足系统集成、IPTV 等一些相对陌生的业务领域，而这些新业务的商业运作模式与经营传统的传统媒体业务大相径庭，对于传统媒体的市场营销、财务管理、人才管理等无不提出了全新的要求。此外，传统媒体在人们心目中一直是一个内容提供商，如何在市场建立一个现代综合信息服务提供商的品牌形象，对传统媒体而言也是一个需要跨越的难关。

在传统媒体战略转型过程中，如果市场开拓不力，或者缺少运作与执行能力，都有可能导致企业发展缓慢。数字时代是"快鱼吃慢鱼"时代，发展缓慢，最终也将一步步失去主动。

（二）市场战线太长财务风险

通过许多战略转型企业的成败研究，我们发现，是否拥有充足的现金流是企业能够成功战略转型的关键因素之一。许多战略转型企业成功的背后，都有现有主业的大量而又非常稳定的财力特别是现金流的支持。而很多战略转型的企业失败，不是行业选择错误，而恰恰是由于企业不能提供稳定的现金流或者说没有足够的财力支持才导致的失败。很多企业在主营业务没有得到足够发展甚至还需要大量投资的情况下，就贸然进入新的行业，结果两个行业都需要大量投资，有限的资金满足不了企业的发展，资金运用分散，不能形成有效的竞争优势，一方面主营业务发挥不足，竞争能力减弱，另一方面，新进入行业资金投入缺乏，造血功能不足，结果两个行业都得不到发展，甚至于主副业一起荒废。

（三）观念转变与文化调整风险

目前传统媒体新媒体战略已经形成，但是正如一切行业的战略转型一样，在传统体制内运行过程中，新媒体平台的话语权依然有待大幅提升，新形式报道相当多时候依然是传统主体报道的配角和附庸，其运营模式仍留有传统模式的明显痕迹。另外，数字化系统的搭建要求传统媒体重新考虑内容的丰富扩充与质量提升、资源的共享与合理使用。标准和平台的建立更是牵涉到各方利益的博弈。即使在同一传媒集团内部，各种利益主体诉求不一，各方都不愿意打破自己所习惯的旧有模式与利益格局，如果各方都把保证自己的利益作为任何改革的前提去考虑，如果没有真正的利益共享与风险均担这样的精神，那么媒介融合与资源整合就会摩擦四起，变得举步维艰。

（四）法律与政策风险

网络传播是超越国界的。在网络信息跨国境传播中，各国文化传统不一，法律环境不一，使信息的跨国境传播面临法律与政策风险。比如，一国认定有害的信息在另一国并不认为有害；而一国认为无害的信息，在他国反而认为有害，跨国传播挑战司法管辖。但是，与网络传播飞速发展形成鲜明对比的是，相关政策法规管理落后，网络传播很难追责。

另外，传统媒体在传播信息中，虽然极力强调其客观报道与平衡报道，但是仍然无法摆脱其立场与主观色彩，特别是在跨国境传播中，面临较大的意识形态的差距可能导致意想不到的政治风险。这种风险和全球媒体战略并购风险交织在一起，形成了更加复杂的战略风险。西方主要国家政府对媒介文化产业实行解除规制或放松规制后，近年来出现一个让人意想不到的倾向，即民众个人或民间团体取代政府，成为反对媒介产业垄断的主要力量。比如美国的"制止大媒体"运动是一个例子。该运动提出"大媒体，坏主意"的口号，建立专门的网站对公众进行普及性教育，说明为什么集团化的"大媒体"是有害的，并展示由若干垄断媒体公司瓜分美国电视、电影、报业、出版、网络、电讯等部门的实际资料。①

三、战略风险的防范与控制

传统媒体的战略转型是一个复杂的系统工程，涉及方方面面，不可能一

---

① http：//www.stopbigmedia.com

蹴而就。在转型的过程中，传统媒体应该加强各方面的研究与准备，将风险降至最低，确保转型的成功实现。要减小这些风险，可以从两方面下手，一是减少风险实际发生的概率，二是减少风险实际发生给企业带来的危害，做好各方面的准备工作，有计划有步骤地实施转型计划。

综观世界级企业战略转型的经验与教训，需要把握以下几条根本原则：

（一）战略聚焦防止全力出击战线过长

所谓战略聚焦，就是要有一个清晰的发展战略方向，要围绕事业中心，勇于并善于取舍，夯实核心竞争力，形成自己的竞争优势。面对战略转型的多重目标与转型趋势，要防止全力出击战线过长，要分清轻重缓急，分阶段各有侧重解决战略转型的各个目标。

报纸、通讯社、电视台等传统媒体向全媒体、两极化方向发展。所谓全媒体即包含有各种齐全的媒介形式，所谓全媒体发展就是向规模化、集团化、全球化、多媒体化、媒体集群方向发展。但是，需要指出的是，在规模化、集团化、全球化"做加法"的同时，要善于"做减法"。《华尔街日报》曾经尝试向综合型门户网站进军，但现在回缩到其核心的读者定位群体。作为传统媒体主流资讯内容提供商在全媒体时代，应该有较强的优势，但同样也并非包打天下，而应有所为有所不为。

战略聚焦就是要形成差异化特色。特色的形成依赖于资源的独特、定位的精准和内容的不可替代性，依赖于传统媒体独特的生产方式和传统媒体资源的优化配置和价值链条的有机支持。形成特色与众不同，能够满足人们中心性需要，产生很大的市场价值和社会价值。比如路透社更加注重信息资讯，而美联社更加注重全球重大政经新闻的解读，而新华社作为发展中国家的通讯社，在发展中国家和新兴市场具有广阔天地。

战略聚焦就是要先做强再做大，或者是在做大的同时要做强。没有"做大做强"的基础就没有"做强做大"的平台，两者在企业发展过程中相辅相成，只是根据企业发展中的不同阶段而采取有侧重性的选择。从"做大做强"调整为"做强做大"，这是由"外延扩张"转向"内涵发展"的重大战略转型。

战略聚焦就是要善于把自己的资源聚焦，以形成价值倍增效应。比如，选择传媒覆盖地区或领域中那些最具社会行动能力的人群作为自己主打的目标受众，以便通过他们形成以一当十的社会影响力；选择一个社会或一个领域最为关键的地区或方面集中覆盖，以取得占据领域制高点的市场效应；根据时代发展或领域发展的热点或是焦点自觉地定制传播产品，扩大社会影响力。

（二）遵循价值共享原则

战略转型应遵循核心能力扩张原则，要和自己的核心竞争力挂钩，不能"原地起跳"，没有任何"助力"，要借助积累下来的助跑的速度，再去跳跃新的领域。媒介大融合为信息与内容产业相互进入提供了契机，并且其延伸服务具有广阔的增长空间。传媒在实行战略转型时，要求新进入的行业与现有行业之间在资源、人力、管理、技术或者渠道方面有一个比较大的共享空间，使其在现有行业取得成功的某些关键因素能够方便、快捷而且有效的复制到新进入的行业之中，从而在新进入的行业中，一开始就能站在一个比较高的起点之上。比如，新华社和黑龙江电视台合办电视栏目"新华视点"，就是利用新华社多年形成的文字版的"新华视点"品牌的市场号召力、策划力量和成熟的运作模式，通过电视手段表现而打造的精品电视栏目。

（三）坚持企业战略方向不动摇 加大文化整合

传媒战略转型要明确未来发展愿景，确立清晰的战略方向，并能始终坚持战略方向不动摇。

传统媒体战略转型一般都会涉及进入新的业务，在新业务领域的成功也就决定了战略转型是否成功，所以新业务选择至关重要。确立战略方向以后，面临各种诱惑或者是挫败，都要坚持战略方向不动摇。

在战略整合中，面临机制与文化的整合时，由于各利益主体诉求不一，因此调和各利益群体矛盾提出共同未来愿景十分重要，而且应该以共同愿景凝聚人心。传统媒体的数字化转型必须突破传统主体报道的藩篱，遵循新媒体运行规律，在发展目标上寻求突破，由网络、多元化视频平台、多媒体数据库等战略引擎分兵突围，分进合击，并最终完成传统媒体整体转型的历史使命。要赋予新媒体平台更多功能，整合优势资源助推新媒体发展，通过扩大影响力，提升竞争力，成为传统媒体突围数字时代的新生力量和未来收益的主要增长点，为整体转型提供先期试验。

（四）加大战略联盟管理 防范整合风险

战略联盟是合作伙伴联盟的相对松散组织结构，企业组成战略联盟的目的就是要从战略联盟中获取最大的收益。这就要求使联盟成功运行，对联盟实施有效的管理，以防范整合带来的巨大风险。资本并购是战略联盟的进一步升级，对双方文化、体制与机制的融合都提出了更高的要求。防范整合风险，首先要尊重文化差异，工作中加强协调，减少摩擦和冲突。在合作中，要倡导学习合作伙伴的文化，建立知识在本企业内部推广应用的制度。加强传统媒体战略联盟管理，其一要建立与网络媒体、移动通信运营商以及其他媒体的战略合作关系，以传媒品牌和影响力为核心，整合媒体资源。其二要以国际化的视野整合信息资源内容，通过与国际传媒集团合作，获得更多全球化的内容资源。其三要充分利用传统媒体集团成熟的盈利模式，通过资本运营获得更多的外部资金，为整合媒体资源提供资金保障。

为防范整合风险，同时需要紧紧把握战略稀缺要素，力求掌握市场重要的稀缺要素，在战略合作中立于不败之地。

（五）积极应对不确定性风险因素做好防范布置

目前数字时代新闻传播环境的剧变，它的显著特征包括：新闻无处不在，在全球各地都可以得到信息，报道迅捷、互动性、多媒体形式的内容和完全按受众的个性化需求提供内容服务。同时，这种变化又是对新闻业最珍视的价值原则的挑战。在任何一个拥有计算机和调制调解器的人都可以成为全球出版人的媒介环境中，内容的可靠性、准确性和真实性，是否核准过消息来源都值得怀疑。[1] 此外，1996 年美国电信法案对撤销管制做出了规定，世界许多国家跟进使得新闻传播领域涌现出了越来越多有实力的竞争者。大媒体向外爆炸的同时，也向内引爆。相关行业各个角落的公司涌进相同市场，彼此合纵连横，相互竞争，这些力量共同作用而使得新闻业处于不确定的环境之中。

传统媒体战略转型需要积极应对不确定性风险因素，做好防范布置。比如，内容来源的不确定性，需要加强甄别有效利用；对政策法规等不确定性产生的战略风险，传统媒体应该将全球化与本土化战略相结合。对于技术与商业模式博弈的不确定性，本文将在下面的文章中展开专门论述。

第二节 未来技术发展方向分析与风险控制

对传统媒体来说，信息技术发展在未来三至五年将是充满变数的关键时

---

① 约翰·V·帕天利克：《新闻业与新媒介》第 3 页，新华出版社，2005 年

期，特别是虚拟现实技术、传感网络技术将在短期内可能就将对传媒格局产生重大影响。

一、技术发展可能带来格局变化的不确定性

（一）手机终端能否改写传媒格局

正如上文分析指出，媒介融合带来广播网、电信网与互联网等多网融合，我们正在进入移动多媒体时代。拥有众多用户终端和良好收费模式的手机终端可能将成为最重要的媒介，并可能改写传媒格局。

手机媒体最大的优势是携带和使用方便，是受众接触时间最长、距离最近的媒介。手机媒体作为网络媒体的延伸，具有网络媒体互动性强、信息获取快、传播快、更新快、跨地域传播等特性。目前，手机媒介的内容并不丰富，但手机相对于受众的天然亲近性和当前的类型化现状让它内容融合的潜力巨大。2009 年 1 月中国三大运营商获得 3G 牌照，标志着作为发展中大国的中国在美国、英国、法国之后也进入了一个移动宽带的新时代，由此预示着世界移动互联网已迎来一个内容为王，应用极大丰富，并不断出现迅速创造财富机会的黄金时代。移动宽带时代的到来，不仅为传统媒体带来新的价值、活力和收益，更是为一批新型的、竞争性的虚拟运营商创造了无限的商机。

居于融合中心的角色决定手机在未来移动多媒体时代的中心地位，它理应积极寻求广播和网络的内容互助。在面对观众日益提升的个性化内容需求上，融合可以发挥三者长处，获得最优化的媒介效益。

业内人士认为，博客、视频等用户自创的内容不仅改变了互联网的面貌，也将改变移动通讯行业的格局。因此，手机越来越多的应用正在要求手机制造商制造满足用户需求的手机，制造商必须针对这些创新应用提供完善的解决方案，比如更完善的多媒体处理器，更大、更清晰的显示屏幕。第一代互联网中，网民更多的是通过无意的行为在进行着新闻的再生产，那么，在移动多媒体时代，手机用户可能会接过网民自制内容的习惯与传统，通过博客、维客等手段，更制度化地、更专业地参与到原创性的新闻生产中。届时这些手机用户的博客大众化可能将成为网络新闻传播的中坚力量，作为新闻信息的再加工者、整合者以及解读者，他们将显现出在新闻生产环节中的独特价值。

尽管受制于技术标准、政策、商业模式、终端等因素，手机媒体的发展存在着许多不确定性，但是手机媒体正在改变现有传播格局，形成新的交流环境，冲击舆论调控机制，导致社会控制进一步弱化。很多专家预测，今后

移动宽带模式下，手机终端可能会改写传媒格局，实现由 PC 为中心向以手机为中心的跨越。

（二）虚拟现实技术创新趋势及不确定性

有一种观点认为，如果说数字技术的划时代创新，微软浏览器技术开创了世界互联网第一纪元，Yahoo 和 Google 的搜索引擎技术开创了互联网第二纪元的话；那么，虚拟现实融合技术将开创互联网的第三纪元。

虚拟现实技术将对信息的娱乐化提出更多的技术支持，并成为创意文化产业创新的主要驱动力。正如上文分析指出，信息娱乐化、媒介娱乐化甚至整个社会的娱乐化将对报纸、通讯社等传统媒体构成较大的挑战，而虚拟现实技术将进一步加剧信息娱乐化进程，对传媒未来发展形成挑战。因此虚拟现实技术将对传媒发展造成很大的不确定性。

1、什么是虚拟现实技术

虚拟现实技术又称灵境技术，兴起于 20 世纪 90 年代，为人机交互界面的发展开创了新的研究领域，为智能工程的应用提供了新的界面工具，为各类工程的大规模的数据可视化提供了新的描述方法。这种技术的特点在于，计算机产生一种人为虚拟的环境，这种虚拟的环境是通过计算机图形构成的三度空间，或是把其他现实环境编制到计算机中去产生逼真的"虚拟环境"，从而使得用户在视觉上产生一种沉浸于虚拟环境的感觉。

虚拟现实技术可以使人通过视觉、色觉、听觉、力觉、触觉和运动等多维感官，沉浸在身临其境之感的虚拟环境之中，并能根据自己的愿望实时地操纵和改变此种环境，与虚拟境界进行实时交互，从定位、定量计算的综合环境中获得感性和理性的认识，给人以一种真实的存在感。但是，虚拟现实是一种感觉到的现实，并非真实的现实，故称其为虚拟现实。沉浸其境、实时交互、自由构想三个要素构成了虚拟现实的基本特征。其中前两个要素反映了现实性，后一个要素反映了虚拟性。2008 年虚拟现实技术被列为最值得期待的 10 大技术之首，虚拟化技术是自网络泡沫破裂后最重大的革命性技术。

2、虚拟现实技术的重要技术特征

虚拟现实是利用计算机生成一种模拟环境（如飞机驾驶舱、操作现场等），通过多种传感设备使用户"投入"到该环境中，实现用户与该环境直接进行自然交互的技术。虚拟现实技术因此具有以下四个重要特征：其一，多感知性。所谓多感知性就是说除了一般计算机所具有的视觉感知外，还有听觉感知、力觉感知、触觉感知、运动感知、甚至包括味觉感知、嗅觉感知等。理想的虚拟现实就是应该具有人所具有的感知功能。其二，存在感，或者称临场感，它是指用户感到作为主角存在于模拟环境中的真实程度，理想的模拟环境应该达到使用户难以分辨真假的程度。其三，交互性。交互性是指用户对模拟环境内物体的可操作程度和从环境得到反馈的自然程度（包括实时性）。例如，用户可以用手去直接抓取环境中的物体，这时手有握着东西的感觉，并可以感觉物体的重量，视场中的物体也随着手的移动而移动。其四，自主性。自主性是指虚拟环境中物体依据物理定律动作的程度。例如，当受到力的推动时，物体会向力的方向移动、或翻倒、或从桌面落到地面等。

（三）物联网的创新趋势及不确定性

物联网就是"物物相连的互联网"，它是通过射频识别（RFID）、红外感应器、全球定位系统、激光扫描器等信息传感设备，按约定的协议，把任何物品与互联网连接起来，进行信息交换和通讯，以实现智能化识别、定位、跟踪、监控和管理的一种网络。物联网的核心和基础是互联网，是在互联网基础上的延伸和扩展的网络，其用户端可以延伸和扩展到了任何物品与物品之间，进行信息交换和通讯。

物联网是继计算机、互联网与移动通信网之后的又一次信息产业浪潮，是一个全新的技术领域。物联网中非常重要的技术是 RFID 电子标签技术。以简单 RFID 系统为基础，结合已有的网络技术、数据库技术、中间件技术等，构筑一个由大量联网的阅读器和无数移动的标签组成的，比 Internet 更为庞大的物联网成为 RFID 技术发展的趋势。物联网用途广泛，遍及智能交通、环境保护、政府工作、公共安全、平安家居、智能消防、工业监测、老人护理、个人健康等多个领域。美国权威咨询机构 FORRESTER 预测，到 2020 年，世界上物物互联的业务，跟人与人通信的业务相比，将达到 30：1，因此，"物联网"被称为是下一个万亿级的通信业务。物联网将进一步造成传播生态环境的剧变，成为世界媒体未来角逐的重点。

二、技术风险预防与控制

（一）防止技术短视和技术过于超前

报纸、通讯社等传统媒体实施战略转型的关键在于能否适应数字时代，其新产品开发还是新业务推广，都离不开数字技术的支撑。如果失去了安全、稳定的数字技术支撑，再好的转型战略也无法实施。因此，传统媒体能否跟上世界技术步伐，处理好新技术与原有技术继续使用的关系等，都将直接影响着战略转型的顺利与否。另外，信息流在全球范围的流动，可能带来信息安全的问题。信息安全需要技术保障，但另一方面由此带来巨大的技术风险。

正如上文介绍，从现在的信息技术发展趋势来看，移动宽带技术、虚拟现实技术、传感物联技术可能会带来传播格局变化。此外，IT 生物技术、记忆芯片植入技术等技术创新也可能带来媒介市场的巨大变化。对于这些变化，决策者对于技术发展趋势的失察，很有可能造成战略转型的动作迟缓，甚至是决策失误。因此，传媒当务之急是需要防止技术短视，密切跟踪当前信息技术发展前沿趋势，未雨绸缪做好应对之策。另一方面，技术变革提供了各种可能性，但仍需要遵循创新扩散曲线，如果过于超前，则可能成为市场的铺路石，为他人做了嫁衣裳。

（二）引入战略合作伙伴共担风险

目前在信息技术领域，电信、搜索引擎等渠道运营商与技术运营商实力强大。在全球化进入要素合作阶段，传媒一方面要抢占信息技术的制高点，另一方面又要防止资金链断裂，可以实施要素合作式的扩张，尽量降低战略投资风险。要建立这个新的价值链，就必须转变经营战略，从战略运营的层次连接更多资源，并根据发展的需要实现资源的最佳组合。

第三节　商业模式博弈与数字版权保护

和出版业、广播业、影视业相比，互联网产业面临技术与版权保护的困难更大。版权人强调，互联网环境下版权的侵权几率加大，要求更强有力的版权保护；而技术界则更加热衷于开发快捷、便于共享的传播软件，或者对原有传播软件进行改进、升级，扩大其可适用的传播方式，进而使得搜索引擎 Google、百度等互联网服务提供商更多地面临版权共同侵权责任。互联网版权保护的困境主要集中在版权征得事先授权的困难以及付费的标准难以确定。更困难的是，内容提供商无法拒绝互联网提供的发展契机，它们首先关注的已不再是报纸新闻被免费链接带来的损失，而是如何实现充分利用网络平台发布新闻以保持和提升影响力。但是，内容提供商的盈利模式面临困境，在互联网领域，消费者已经习惯了免费获得新闻内容，内容提供商采用的网络订阅模式前途莫测。另外，未来传统媒体的衰退速度仍然无法准确评估，政府对于网络媒体管制、数字版权保护等方面的重大决策依然充满变数。

一、传统内容提供商网络收费模式存在不确定性

传统内容提供商向数字出版转化最大难点在于如何把握数字出版的本质和特点，建立起相应的商业模式及赢利模式。目前来看，报网融合、报网互动以后，基于网络平台的阅读收费模式是传媒是生存与发展的需要，是占领和扩大舆论阵地的需要，是产业升级转型的必然措施和当前的战略选择。但问题的关键是，长期习惯免费的网民能否接受网上收费，传统内容提供商网络收费模式能否被接受面临较大的不确定性。

（一）网络已经形成免费阅读模式

自上个世纪 90 年代互联网大众化应用以来，互联网行业高速发展，微软、雅虎、新浪、谷歌、百度等一大批网络巨头公司诞生，几乎所有的新闻信息网站都是免费的，人们获取新闻信息的渠道多样广泛，并且十分廉价。互联网"共享"的精神树立了网络的赢利模式是"将流量变广告"，而网络阅读免费。网络普及初期大量的信息以"免费午餐"的形式发布与消费，以至于在一定的意义上互联网文化可以说是一种免费文化。目前传统内容提供商想改变这种网络阅读的免费习惯已经很难。但另一方面，在电子图书、手机报、数字电视、网上游戏、网上音乐以及更多数字内容领域，虽然同样历经艰辛，但已经成功完成赢利模式的塑造。显然，在当前的现实状况下，新闻信息内容提供商在网络化生存与其他数字化生存相比面临一种悖论。同样是信息内容提供，两者生存模式与结果是不一样的。互联网的信息服务，应该与其他手段、其他媒介的信息服务一样探索合理的收费模式，为网民带来网络阅读的快乐与方便同时获得合理的经济支撑。因此，在跟随技术发展、实现技术创新的同时，内容提供商必须同步完成赢利模式的创新。

（二）阅读收费能否被接受存在不确定性

在新媒体的挑战下，许多美国报纸都面临生存危机。传统报纸提供报纸电子版的"免费午餐"进一步加剧了危机。为应对危机，目前已经有很多的报纸尝试网络收费。比如，知名财经媒体网站《金融时报》网站、英国《经济学家》网站和美国的《福布斯》网站以及中国的《财经》网站等也都相继准备实施收费计划。道琼斯公司下属的华尔街日报网站已经开始收费阅读，是美国新闻网站中办得最成功的一家，其在线付费订阅用户在 2005 年第二季度就已经达到 74.4 万，如果再加上公司下属的道琼斯新闻网站、Factiva（与

路透社合资），一共有260万订户。高流量又吸引了大量的网络广告，加上订阅费收入可观。《华尔街日报》网站在传统报业网站中算是做得最好的，但阅读收费一波三折，经历了多次反复。从历史来看，《纽约时报》曾尝试向网上读者收费，但没有成功，可见与网民免费阅读习惯的较量不是一件轻松的事情，提供高附加值信息的成本也是需要在收费与广告两种模式中寻求平衡。从长远来看，《华尔街日报》网络阅读收费能否接受仍然存在不确定性。

二、内容提供商与搜索引擎运营商博弈未来走势难以确定

网络免费阅读习惯大大压缩了内容提供商的赢利空间，而反观网络运营商谷歌、雅虎、百度等则找到了一条相对成熟的赢利模式。搜索引擎运营商在网络上通过网页将所有的读者、内容和广告商相互联系起来，整合全球信息，使人人皆可访问并从中受益。但网络新闻搜索与传统媒体的关系，搜索引擎使用传统媒体的新闻信息究竟要不要付费，双方始终各执己见，业界观点也莫衷一是，两种赢利模式博弈未来走势难以确定。

（一）传统媒体与搜索引擎合作利大于弊还是弊大于利

作为内容批发商，通讯社主要为报纸等发行机构提供内部网络消息，并从发行机构的订阅中赢利。然而，搜索引擎的发展从根本上威胁到了这种封闭式的商业模式。因为订阅机构发现，他们花钱购买的这些资讯完全可以从谷歌、雅虎等搜索引擎上免费获得。

除通讯社以外，很多内容提供商也一直在批评谷歌等"新闻综合网站"，透过罗列新闻搜寻链接，充当即时新闻门户网站，吸引网民浏览，但却不愿与新闻媒体分享网上广告收入。《华尔街日报》总编罗伯特·汤姆森说："某些网络媒体坐享其成，因此被称为寄生虫或网络时代的技术绦虫毫不为过。"[1] 新闻集团总裁默多克认为："如果拥有一个像《纽约时报》或《华尔街日报》这样的新闻品牌，是不需要搜索引擎和新闻聚合网站帮助提高点击率的，我们能够容忍他们窃取版权吗？"[2] 美联社宣布将对那些未经授权而使用该社新闻者提起诉讼，并表示将开发一种内容版权跟踪系统，以确定其新闻是否被合法授权使用。

谷歌产品和知识产权法律顾问亚历山大·迈吉里弗雷称，谷歌新闻及其他网站通过提供链接和摘录索引，给报纸带来了数以百万计的浏览量和巨大

---

① 朱珊：《美国报媒遭受网络困局》，中国新闻出版报，2009年04月21日

② 同上

的广告空间。谷歌认为，在网络时代，信息传播是难以被限制住的，想要从中获利只能通过广告，这也是谷歌97%收入的来源。读者从谷歌搜索中的诸多网站最终链接到报纸网站，每月会给报纸带来1000万次左右的点击量。①

谷歌CEO施密特描述了一个更为开放、互动的发展模式，即报纸应当主要拓展网络发行市场，网络版不需要任何投递费用，而且其发行量应当是印刷版发行量的5~10倍。此外，他建议报纸除提供专业新闻外，还要更多地利用移动互联网服务，建立起可以与其他商业模式相结合的报纸网络平台，通过链接、超链接将各种内容资源整合起来，并与电子商务工具相结合，将动态的、不断更新的内容提供给终端用户。

（二）数字版权诉讼 双方博弈"合理使用"解释权

目前美联社与法新社等内容提供商与谷歌等网络搜索引擎技术商的矛盾已十分尖锐，但从当前的司法判决来看，未来仍然有较大的不确定性。

2005年3月，法新社因谷歌未经许可便使用其新闻中的标题、导语、图片而起诉谷歌。双方对此各持其辞，法新社认为，标题、导语是新闻中的重要内容，因此谷歌的行为造成了侵权；而谷歌却认为标题、导语等不具创造性，他们是在合理使用的范围内引用，而且谷歌把法新社的图片用做缩略图索引的时候已经做过改动，因此不应当受版权法保护。"法新社诉Google案"因证据不明被驳回后，两者最终达成和解协议，但是双方争执中的"合理使用"问题依然悬而未决。

谷歌与美联2006年8月曾签署内容特许协议，该协议可能用来补充Google News的新服务将采用美联社的内容，但谷歌拒绝确认新服务将放在何处。由于谷歌此前还从未对刊登在Google News网站的内容付费，因此对于正在被谷歌和雅虎等互联网巨头侵蚀广告收入的新闻机构而言，该交易意义重大。美联社新媒体市场部副总裁简·西格雷夫（Jane Seagrave）表示，新兴的这批网络巨头多半都不愿为内容付费，传统媒体必须为改变这样的局面而努力。只有业务模式合理，才能形成十分牢固的合作关系。

在美联社之后，谷歌在2007年又分别与法新社、英国报纸联合社和加拿大通讯社等3家通讯社达成协议，付费使用其新闻内容及图片。② 在过去几年中，谷歌一直在与上述4家新闻社就内容授权进行商谈，双方分歧主要集中

---

① 同上
② 樊文静：《搜索引擎VS传统媒体》，出版商务周报，2007年9月25日

在谷歌搜索引擎是否可以合理使用，是否侵犯版权。

三、加大战略整合力度推进版权保护

作为技术运营商，谷歌、百度公司只有与内容提供商合作，其商业模式才可能成立。技术运营商应该尽全力帮助出版公司在全世界范围内寻找读者为自己的主要任务，并充分考虑内容提供商的利益。但问题是，在目前搜索引擎运营商与内容提供商之间的博弈中，内容提供商明显处于下风。虽然随着移动宽带时代来临，内容提供商的处境可能会有所好转，但依然面临很大的不确定性。

内容提供商真正改变目前的困境，可能很大程度上要寄望于数字版权保护。这既是大势所趋，而且切实可行。中国奥运会版权零盗版就是明证。虽然目前来看，数字版权保护面临极其复杂的局势和变数，但版权保护环境的日益完善，将为传统媒体业务提供坚实保障。

（一）大力推动数字版权保护的社会氛围

网络信息表现出高速、准确、完美的复制性能，对使用者具有明显的开放性、自由性，这给用户带来极大的便利和实惠，恰恰也容易造成网络出版物极易被盗版复制，不仅著作权人的合法权益受到侵犯，出版者也蒙受了经济损失。对此，中国新闻出版总署、中国信息产业部于 2002 年颁布了《互联网出版管理暂行规定》，并于当年 8 月 1 日起实施，加强了对互联网出版活动的管理，推动网络版权保护。从国际来看，美国、欧洲、日本等国家版权保护已经构筑了知识经济的大厦的基石，形成了一整套版权保护的法律法规。着眼于未来为内容提供商公平的生存空间，传统媒体应联手利用其影响力，大力推动数字版权保护，形成良好的社会氛围。

目前来看，因为数字版权还未完全覆盖，对盗版网站特别是一些比较小的网站维权成本很高，所以传媒应把矛头指向控制新闻流量走向的大户，比如谷歌、雅虎、百度、新浪、网易等。以前，谷歌或者雅虎转载新闻标题和简短摘要是合法的。但是现在，美联社可能提出转载新闻标题也是非法的。如果谷歌要转载标题和摘要，则必须先付费。目前美联社、法新社同谷歌的法律诉讼因为"合理使用"的问题使新闻的数字版权问题仍悬而未解，但传统媒体应多方维权推动数字版权保护。

从中国新华社的情况来看，维权是发现用户新需求、扩大合作内容的重要线索。2006 年在对违约用稿的一次集中整治中，新华社北京分社发现新浪

超量用稿的问题。北京分社营销平台首先对网站滚动播发国内、国际、财经、体育等采用新华社稿件集中的频道进行了两个星期的持续监测，将全部监测数据汇集成表，列出采用日期、稿件标题、使用频道、链接地址等详细信息，随同北京分社营销平台出具的《新华社致新浪网违约侵权告知函》，一同送达新浪内容部门高层。详细的数据记录和告知函中依据协议违约条款提出的赔偿要求，立即引起了新浪高层的重视。在这一事件的直接作用下，新浪在公司内部重新修订了编辑流程和部分岗位管理规范，并在协议条款更加严格的情况下，以翻倍的价格签订了新一年供稿协议。

（二）构建长尾型版权保护体系

长期以来，数字版权保护遇到授权"瓶颈"，因而在版权保护中存在长尾现象。在版权产业中，头部的产品是那些畅销的音乐、影视大片、图书等作品，其版权人对版权保护的要求很高，这部分市场已经被大的版权集团所垄断，他们目前还没有完全加入数字版权产业之中；中间部分版权人的权利要求处于模糊阶段，比如学术著作、科学技术等专业书籍、读者群体较少的作品，其版权人为了能够有更多的读者，不会太刻意强调版权，有可能通过较低的谈判条件解决授权；到了尾部，权利人基本上对版权保护没有什么要求，主要是提高知名度或者出于兴趣的创作，比如网络博客上的即兴创作社区的共享资源，这部分作品有可能按照默示许可、版权认领以及开放授权的模式避开事先授权的"瓶颈"而取得发展优势。

版权保护中的长尾现象，既是生活中现实，有其存在的合理性，亦可以按照这样的逻辑构建版权保护体系。可以预见，今后内容提供商与运营商之间的博弈仍将继续。传媒作为内容提供商，既是这一市场规范的受益者，也成为市场规范的主要推动者之一。在目前情况下，传统媒体对付搜索引擎还应有所保留，就是要牢牢掌握自己的核心产品和处于非尾部的产品，同时努力建立自己的数字仓库，让搜索引擎在自己的服务器中进行搜索而不是到搜索引擎运营商的服务器进行搜索。另外，非主流资讯较长生命周期与短暂展卖时间的矛盾越来越突出，使得出版业的"长尾"越来越"粗"，实体出版完全无力消化，网络展示与检索是未来的出路。

（三）加大数字技术保护力度 建立小额支付制度

着眼于数字时代的发展，数字版权保护从载体加密向内容加密和版权管理发展。128 位编码技术的 IPv6 互联网协议具有强大的 ID 编码资源，这为基于内容管理的数字版权保护提供了可能。重点要解决 DRM 系统的体系结构、数字内容加密、多媒体水印，多媒体素材授权有效性审核、身份识别、密钥管理、数字版权使用的跟踪和版权等问题。比如，美联社 2009 年 4 月开始开发一套系统来跟踪并识别网上的盗版内容，并且采取措施为内容版权拥有者争取到一份合理的收入。

在内容提供商围攻下，谷歌开始有让步的迹象。施密特在美国内容提供商协会（NAA）年度大会上作出回应。他认为，Google 能与内容提供商建立业务关系，这是 Google 所能想到的唯一解决方法。着眼于未来发展，内容出版商应与技术运营商共同支持对一些个性化的、拥有"层次结构"的信息建立小额支付制度。比如，信息产品在吸引读者浏览完搜索引擎页面上列出的标题后，如果还有兴趣继续阅读，则通过小额支付的方式，构建一种买卖双方的平衡。

（四）谨慎参与内容保护联盟

数字版权保护不力，一个很重要的原因在于内容商认识不统一，力量分散各自为战，被处于强势的网络内容整合商各个击破。针对网络廉价使用内容媒体稿件引起内容媒体联盟抵制的事件已经发生多起，目前包括中国在内的世界各国都已成立了多个各种形式的传统媒体内容联盟。但据笔者观察，多个内容联盟实际上比较松散，业内有专家认为，由于内容联盟缺乏超大级别的媒体加入，使内容联盟对搜索引擎巨头徒唤奈何。因此有业内专家提议，要通讯社为龙头的内容提供商参与方能奏效。但是，通讯社等传媒龙头能参加这些的内容联盟吗？

目前媒介大融合，技术运营商开始参与产业价值链的分割。对于内容提供商而言，对于新兴媒介强有力的竞争，只能顺应技术发展趋势，而不能借当前的内容优势采取封杀的办法。以通讯社为龙头的内容提供商需要与搜索引擎等网络技术商进行新闻"合理使用"的讨价还价，贸然采用封锁的办法，一是可能引起网络媒体扩大采访的反制，有失败的风险，二是不符合市场经济自由竞争之精神。

当年美国广播电台诞生以后，三大广播公司出现，美国报纸、通讯社与广播的竞争值得我们反复回味。当年广播崛起，越来越多的广告从报刊流向广播，1929 年电台广告占同期报刊的 1/20，而到 1933 年报刊广告比高峰时期的 1929 年下降 45%，电台的广告收入却翻了一番。为了反击广播的挑战，美国报刊人发行人协会决定，今后不再向广播网提供新闻，当时的美国三大通讯社——美联社、合众社和国际新闻社，只允许向自己所属的电台播送新闻简报，而且还必须付费。至于全国性的广播网，即使掏钱购买，通讯社也概不提供。为了应对报刊的新闻封锁，广播电台自行派遣记者采访，成立广播通讯社。哥伦比亚广播公司 CBS 成立广播新闻社只几周之后，便见成效，丰富多样的新闻源源不断地涌入，报界与通讯社联合围堵广播宣告失败。通过回顾这段历史，以通讯社为龙头的内容提供商需要谨慎参与内容保护联盟，应该与搜索引擎等网络技术商进行新闻"合理使用"的讨价还价的谈判，在谈判中达成双方利益的妥协，由此带来双方共赢，通讯社也可以规避加入内容联盟封锁搜索引擎、门户网站等新媒体而带来的一些战略风险。

参考文献

1、唐润华，《解密国际传媒集团》，南方日报出版社，2003 年版

2、闵大洪，《数字媒体概要》，复旦大学出版社，2003 年版

3、周鸿铎，《传媒产业资本运营》，经济管理出版社，2003 年版

4、彭 兰，《网络新闻学原理与应用》，北京：新华出版社，2003 年版

5、冯广超，《数字媒体概论》，北京：中国人民大学出版社，2004 年版

6、陈力丹，《世界新闻传播史》，上海交大出版社（沪），2002 年版

7、蔡帼芬、徐琴媛：《国际新闻与跨文化传播》，北京广播学院出版社，2003 年版

8、喻国明，《传媒影响力：传媒产业本质与竞争优势》，南方日报出版社（广州），2003 年版

9、喻国明，《传媒竞争力：产业价值链案例与模式》，北京：华夏出版社，2005 年版

10、虢亚冰、黄升民、王兰柱，《中国数字新媒体发展报告》，北京：中国传媒大学出版社，2006 年版

11、赵子忠，《内容产业论：数字新媒体的核心》，北京：中国传媒大学出版社，2005 年版

12、郭庆光，《传播学教程》，北京：中国人民大学出版社，1999 年版

13、郑超然，《外国新闻传播史》，北京：中国人民大学出版社，2000 年版

14、程曼丽，《外国新闻传播史导论》，上海：复旦大学出版社，2004 年版

15、方兴东、王俊秀，《博客（E 时代的盗火者)》，中国方正出版社，2003 年版

16、彭兰，《中国网络媒体的第一个十年》，清华大学出版社，2005 年版

17、熊澄宇，《信息社会 4.0》，湖南人民出版社，2002 年版

18、匡文波，《手机媒体概论》，中国人民大学出版社，2006 年版

19、匡文波，《网络媒体概论》，清华大学出版社，2001 年版

20、刘津，《博客传播》，清华大学出版社，2008 年版

21、童晓渝，蔡佶，张磊，《第五媒体原理》，人民邮电出版社，2006 年版

22、陆小华，《再造传媒——传统媒体系统整合方略》，北京：中信出版社，2002 年版

23、谢新洲，《网络传播理论与实践》，北京大学出版社，2004 年版

24、吴廷俊，《科技发展与传播革命》，华中科技大学出版社，2002 年版

25、明安香，《信息高速公路与大众传播》，华夏出版社，1999 年版

26、张维迎，《博弈论与信息经济学》，上海人民出版社，2005 年版

27、崔保国，《信息社会的理论与模式》，高等教育出版社

28、范以锦，董天策，《数字化时代的传媒产业》，暨南大学出版社，2008 年版

29、宫承波，《新媒体概论》，中国广播电视出版社，2007 年版

30、刘继南、周积华、段鹏，《国际传播与国家形象——国际关系的新视角》，北京广播学院出版社，2002 年版

31、[加拿大] 马歇尔·麦克卢汉，《理解媒介——论人的延伸》，1964 年

32、[美] 阿尔文·托夫勒（著），《第三次浪潮》，三联书店，1983 年出版

33、[美] 尼古拉·尼葛洛庞帝，胡泳、范海燕（译），《数字化生存》，海口，海南出版社，1997 年

34、[美] 拉罗斯·斯特劳巴斯，《今日媒介：信息时代的传播媒介》，清华大学出版社，2002 年出版

35、[美] 罗杰·菲德勒，《媒介形态变化——认识新媒介》，华夏出版社，2000 年出版

36、[美] 保罗·保利森，《软边缘：信息革命的历史与未来》，清华大学出版社，2002 年出版

37、[美] 约翰·奈斯比特，《大趋势——改变我们生活的十个新方向》，中国社会科学出版社，1984 年出版

38、[美] 比尔·盖茨，《未来之路》，北京大学出版社，1996 年出版

39、[美] 托马斯·鲍德温，《大汇流——整合媒介信息和传播》，华夏出版社，2000 年出版

40、[日] 石坂悦男、杜敬一、杉田光信，《媒介信息化现状》，评论社，1993 年

41、[美] 休·休伊特，杨竹山、潘浩（译），《博客：信息革命最前沿的定位》，北京：中国铁道出版社，2006 年

42、[美] 迈克尔·布隆伯格，《布隆伯格就是布隆伯格》，中国商业出版社，2003 年 6 月出版

43、[美] 纳西姆·尼古拉斯·塔勒布（著），《黑天鹅》，中信出版社，2008 年 5 月出版

44、[美] 曼纽尔·卡斯特（著），夏铸九（译），《网络社会的崛起》，社会科学文献出版社，2003 年版

45、[美] 希尔曼（著），澄宇、崔晶炜、李经（译），《数字媒体：技术与应用》，北京，清华大学出版社，2001 年

46、[英] 戴维·冈特利特（David Gautlett）著，彭兰（译），《网络研究：数字化时代媒介研究的重新定向》，北京：新华出版社，2004 年

47、［日］桂敬一，《多媒体时代与大众传播》，北京：新华出版社，2000 年

48、［美］保罗·利文森，何道宽（译），《数字麦克卢汉——信息化新纪元指南》，北京：社会科学文献出版社，2001 年

49、［美］约瑟夫·R·多米尼克（Joseph R．Dominick），蔡骐译，《大众传播动力学：数字时代的媒介》，北京：中国人民大学出版社，2004 年

50、［美］保罗·利文森，《软边缘：信息革命的历史与未来》，北京：清华大学出版社，2002 年

51、［美］迈克尔·波特，陈小悦（译），《竞争优势》，北京：华夏出版社，1997 年

52、［德］布凌格（著），留德中国物理学者学会（译），《未来世界的100 种变化》，科学出版社，2005 年

53、［澳大利亚］（Richard Watson）理查德·沃特森著，张庆（译），《未来 50 年大趋势：我们将身处一个怎样的世界》，京华出版社，2008 年

54、［美］比尔·布林，加里·哈默（著），陈劲（译），刘君楠（编），《管理大未来》，中信出版社，2008 年

55、［美］唐·泰普斯科特（著），何帆，林季红（译），《维基经济学》，中国青年出版社，2007 年

56、［美］克里斯·安德森（著），乔江涛（译），《长尾理论》，中信出版社，2006 年

57、［美］沃纳·赛佛林，小詹姆斯·坦卡德（著），《传播理论——起源、方法与应用》，华夏出版社，2000 年 1 月版

58、［澳］罗伯特·默多克（著），《传媒产业的价值》，《新闻与传播》，2000 年版

59、［美］约瑟夫·斯特劳巴哈、罗伯特·拉罗斯，《今日媒介：信息时代的传播媒介》，清华大学出版社，2002 年版

60、［荷］叶海亚·R·伽摩利珀，《全球传播》，清华大学出版社，2003 年版

61、［美］罗伯特·福特纳，《国际传播——全球都市的历史、冲突与控制》，华夏出版社，2000 年版

62、［法］阿芒·马特拉（著），《世界传播与文化霸权》，中央编译出版社，2001 年版

63、秦昌桂，《新华社广告中心竞争力研究》，对外经济贸易大学 2007 年硕士学位论文

64、贺伟，《新华社对外宣传报道影响力研究》，中央民族大学 2006 年硕士学位论文

65、雍国雄，《新华社新闻信息业务战略和运作变革研究》，四川大学

2004 年硕士学位论文

66、文贻炜，《论新华社电视深度报道及其创新》，广西大学 2004 年硕士学位论文

67、李薇，《试论 3G 对传播的影响——以新华传媒为例》，武汉大学 2005 年硕士学位论文

68、邵成武，《数字时代的影像革命》，南京师范大学 2007 年硕士学位论文

69、方政军，《新华社产业发展战略研究》，2005 年华中科技大学博士论文

70、李烨，《信息化时代传媒影响力研究：新华社发展战略探讨》，中国人民大学 2006 年博士论文

71、吴长伟，《数字时代的传媒变革——以新华传媒为例》，2008 年中国人民大学博士论文

72、K. M. Shrivastava, News Agencies：From Pigeon to Internet, New Dawn Press, 2007

73、Joseph R. Dominick, The dynamics of mass communication : media in the digital age, China Renmin University Press, 2003

74、The Missouri Group Telling the story：The Convergence of Print, Broadcast and Online Media, Bedford/St. Martin's, 2004

75、Downie, Leonard Jr. and Kaiser, Robert. The News about the News, Knopf, 2002

76、Dizard, Wilson Jr. Old Media, New Media：Mass Communications in the Information Age, Longman, 1999

77、Dominick, Joseph R, Sherman, Barry L. and Messere, Fritz. Broadcasting, Cable, the Internet and Beyond：An Introduction to Modern Electronic Media. McGraw – Hill, 1999

78、Martin, Chuck. Net Future, McGraw – Hill, 1998

79、Biagi Shirley, Interviews that Work. Wadsworth, 1992

80、Berkman Robert. Find it Online：How to Uncover Expert Information on Any Subject Online or in Print. Harper, 2000

81、Block, Mervin. Writing Broadcast News：Shorter, Sharper, Stronger, Bonus Books, 1997

82、Bonime Andrew and Pohlmann Ken C., Writing for New Media, John Wiley & Sons, 1998

83、Doug Underwood, When MBAs Rule the Newsroom：How the Marketers and Managers are Reshaping Today's Media, Columbia University Press, 1993

84、McCombs M. E. and Shaw D. L., The Agenda – Setting Function of Mass Media, Public Opinion Quarterly, 1972

后 记

　　本书是以我的博士论文为基础改写的。

　　在职攻读博士课程，整整三年，在炼狱中的天堂。在中国传媒大学美丽的校园，在人生第二个起点。进入一个无止境创新的新媒体研究领域，进行数字时代传媒战略转型研究，对我是一次孤独的长征，一次艰难的战略转型。从记者的感性、敏锐到学者的博学、深刻，从记者的博采众家之长到学者的创新研究与系统思维，这是一次方法论的强化训练，一次思维的全面提升。

　　研究两字，说来轻松，实却艰辛。整整三年，清晨赶地铁早班车到新华社以后，要完成稿件的编辑和终审，只能在下班之后继续进行媒介演进与传媒战略转型研究的探索与追寻，每天需要跨越两座山峰。整整三年，在新华社前沿的嵌入式的体验观察与实践，战略转型相关理论学习与研究，形而上的思考与形而下的工作，几乎所有的一切都凝聚在这一点。终于尝试可以进行相关研究的理论提升与创新了。

　　感谢恩师刘江教授。刘江教授是我天堂炼狱的领路人。刘江老师的总体把握是本文研究方向始终在洋溢着创新冲动同时没有偏离正轨的根本保证。在具体行文逻辑推理与文句修饰中，刘江老师的高屋建瓴与严谨作风亦给我诸多启迪。我要衷心感谢刘江教授三年来在做人、读书、治学等方面给我的教诲和其他方面对我的关心。

　　感谢已故恩师刘洪潮，是他将我领进中传的博士殿堂。他老人家虽驾鹤西去，但他依然屹立在天地之间，他的精神照耀着我，激励着我前行。

　　感谢焦然、严鸿璋、房方、唐润华、姜岩、王大军、赖茂生、徐九武、何德功等各位老师对论文选题提出的宝贵意见以及有关论述的深入思考。感谢杨正泉、蔡帼芬、周鸿铎、丁俊杰、刘守训、刘笑盈、何兰、陈卫星等中国传媒大学诸位教授的热心帮助与指点。感谢王志纲老师，这位新华社记者出道的中国著名战略咨询家为我打开了一扇中国战略之门。感谢方政军、吴长伟、李烽、梁志勇等通讯社研究的先行者，特别感谢方政军、吴长伟同志，他们出于对博士后来者的理解与同情，慷慨地帮助和奉献，使本文研究得以加快进程。为摆脱低水平重复研究，我一次次站在巨人的肩膀上，切实感受到人类文明与智慧的薪火传承，感受到站到巨人肩膀之上的艰辛与苦乐。

　　在天堂中炼狱，见证这种过程，经历这种过程，将是人生一段最沉甸甸的积淀与升华。他们本没有生活之忧，但为着一种理想，他们再次进入校园苦学。他们已经没有了天之骄子的荣光，但他们依然在微薄清贫的环境中艰守与求索，他们是中国的脊梁，他们是新时代最可爱的人。

感谢新华社原副社长鲁炜同志以及湖南分社侯严峰、于磊焰、刘敏、信息部邓九翔（现已调任云南分社社长）、张彬、曹文忠、李健、王天文、吴学俊等同志，还要感谢新华社新闻研究所卓培荣、朱国圣、刘光牛、徐胜、李勇华、陈怡、刘滢等同志给予的关心、指导与帮助。感谢张希、徐蕊、高攀为本文做的一些英语翻译工作。此外还要感谢孙宝传、陆小华、霍小光、王亚红、刘君、段赛民等同志以及在这里无法一一列举的新华社许许多多的同事，他们对通讯社发展的思考与探讨，丰富了笔者的思路，具有深刻的启迪和借鉴意义。在这里，特别感谢笔者工作了十五年的新华社湖南分社、东京分社及总社信息部的同志们，在新华社从事新闻工作的实践与思考为笔者撰写论文奠定了良好的基础。

特别要感谢我的家人，我的父母、妻子和女儿。东渡扶桑，京城求学，六年光阴如白驹过隙。在美丽的天堂，痛并快乐地炼狱，几乎每天要跨越工作与学业两座山峰。虽然没有虚度年华，但依然倍觉愧对年迈的父母，六年时间几乎无以尽孝。特别感谢夫人李莉芹，六年时间，她用瘦弱的肩膀支撑起长沙的家。无论我在天涯海角，都给予我坚定不移的宝贵的支持。也感谢我的女儿念瑾，在没有爸爸陪伴的日子里，照样评上了三好学生，还获得了长沙市开福区钢琴独奏一等奖。

"路漫漫其修远兮，吾将上下而求索"。学无止境，笔者将在新的历史起点继续前进。

2010 年 5 月